U0556800

追寻意义的足迹

汉日语言研究与探索

林璋 —— 著

社会科学文献出版社
SOCIAL SCIENCES ACADEMIC PRESS (CHINA)

序

大学毕业至今，已经整整 41 年。41 年来，我在语言的旷野中一直追寻着意义的足迹。

读大学的时候我就对日语的语法特别感兴趣，梳理概念、收集例句、分析异同，课前的预习做得跟老师备课差不多。这种积累还是有效果的，大三的时候我在《日语学习与研究》1981 年第 2 期上以《读者来信》的形式发表了对该刊 1980 年第 3 期刊登的一篇论文的商榷意见，内容涉及形式名词、补格助词和同位语。《读者来信》的刊登，对我是一个巨大的鼓舞，激励我去思考更多的语法问题。不过，限于学术资源，当时只能在日本传统的学校语法的框架内来学习。

读研的时候，想着在理论上充实一下自己。于是，我主要学习了日本传统国语学的理论语法，当时国语学的理论语法还是日语研究的主流。但是，到了 21 世纪初，日本的语言学界发生了颠覆性的变化，国语学研究退场，走过 60 年历程的"国语学会"（国語学会）于 2004 年更名为"日语学会"（日本語学会），会刊《国语学》(『国語学』) 也随之更名为《日语的研究》(『日本語の研究』)。这是研究对象——日语定位的改变，同时也是研究范式的转变。原先研究日语的国语学是国学的一个分支，而后来作为日语学研究对象的日语则是世界语言大家庭的一个成员。而我自己的研究方向在这之前不久也完成了从日本传统国语学向现代语

言学的蜕变。

在读大学的时候我就开始学习翻译、进行翻译研究，一直没有间断过。所以，后来转向现代语言学研究时，也就比较顺利地适应了汉语研究的路子。为了更好地理解现代汉语，我在共时层面上了解了方言语法，按照汉语的语法框架调查了福州方言、厦门方言和宁波方言的语法，对共性和个性、语音和文字有了更直观、更深入的理解；在历时层面上了解了近代汉语，对语言的演变有了一个粗浅的认识。有了翻译和翻译研究的积累，有了研究汉日两种语言的普通语言学这个工具，进行汉日对比研究就是水到渠成的事了。

本书对日语的探讨首先从传统理论语法入手，然后在现代语言学的视域下探讨具体的语言现象，包括日语中的受益动词，动词的历时变化以及共时的语法问题。对汉语的研究以时体为中心拓展到方言和社会语言学。汉日对比研究在讨论了研究方法论之后，就时体和语态、情态这些传统的语法范畴进行考察。

语法研究就是考察形式和意义之间的关系。形式比较直观，而意义则需要我们去探究、去论证。语法规则其实就是意义表达的规则。我们研究语法，其实就是研究意义表达的条件，或者说是规则的边界。这样的研究工作，说得诗性些，就是"追寻意义的足迹"。

本书汇集了我迄今为止语言研究的主要成果，共25篇论文。这些文章发表的时间跨度近30年，发表的地方有国内外的各类刊物和各种文集。此次整理成册，一是对自己多年的研究历程做一个记录和总结，二是通过这个过程，重新梳理这些文字之间的关系，形成一个较为系统的体系，这也是本书并非以文集形式而是以章节式呈现的原因。

过去发表论文，对格式没有太多的要求，后来逐渐有了要求，但基本上是各自为政，各出版物的要求都不完全一样。此

次，按照出版社的格式要求对全书做了统一处理。具体工作大致如下：

1. 统一了全文的格式，对文献的引用方式和参考文献的格式做了调整，完善了参考文献信息；

2. 增补了引文页码等引用信息；

3. 修改了一些错别字等硬伤。

这些文章使用的文献，有的自己手头就有，有的是学校图书馆的，有的甚至是日本的图书馆的。好在学校的图书馆现在提供线上查询服务，国内的文献几乎都能查阅到。又好在陈燕青老师正好在日本的国立国语研究所访学，日本的文献都帮我查到了。但是，要在短时间内核对其中的文献内容和引文页码，工作量还是比较大的。

内容方面未作调整，保留了原来的状态。有些地方，如今看来不尽如人意，就当作成长的印迹吧。

这些论文中有4篇是用日语写的，此次由黄毅燕老师、陈燕青老师和蔡妍老师译成汉语。福建师范大学外国语学院为本书的出版提供了资助。社会科学文献出版社的李薇编辑对全书进行了非常专业的、认真细致的审读。妻子曾岚协助核对了全书的文献材料。在此一并致以衷心的感谢！

2023年7月于福州

目　录

上篇　日语研究

第一章　日语传统句法和词法研究 ………………………… 003
　　第一节　日语的句子 …………………………………… 003
　　第二节　词类划分探析 ………………………………… 014
　　第三节　日语助词的分类 ……………………………… 028
　　第四节　日语接续词的句法功能 ……………………… 037

第二章　受益动词研究 ……………………………………… 047
　　第一节　日语授受关系 ………………………………… 047
　　第二节　日语中受益动词同现的句式 ………………… 057
　　第三节　日语中表达授受事件时的句式选择 ………… 073

第三章　语法化研究 ………………………………………… 081
　　第一节　「てしまう」的语法化分析 ………………… 081
　　第二节　日语敬语动词「申し上げる」的词尾化 …… 093
　　第三节　复合动词中「～だす」的语义变化路径 …… 107

第四章　构式与构词研究 …………………………………… 131
　　第一节　「Nの＋Xの」构式的句法结构和语义解释 … 131
　　第二节　「V＋かける」构成的体 …………………… 137

中篇　汉语研究

第五章　汉语时体研究 ·················· 157
　第一节　汉语的数量词和体 ·················· 157
　第二节　"了₁"：从完整体标记到时标记 ·················· 177
　第三节　闽语持续体的构成 ·················· 191

第六章　方言与社会语言学研究 ·················· 212
　第一节　宁波方言的反复问 ·················· 212
　第二节　《华语官话语法》与十七世纪的南京话 ·················· 245
　第三节　语法研究和语言政策 ·················· 259

下篇　汉日对比研究

第七章　汉日对比的方法论研究 ·················· 283
　第一节　语法对比研究中的语料问题 ·················· 283
　第二节　汉日自指和转指的形式 ·················· 298
　第三节　汉日传闻表达的平行分析法 ·················· 314

第八章　汉日语言体的对比研究 ·················· 322
　第一节　作为状态完成的结果维持 ·················· 322
　第二节　"V上"和「V上げる/V上がる」构成的体 ·················· 334

第九章　汉日语态、情态对比研究 ·················· 345
　第一节　汉日两种语言中的施事主语被动句 ·················· 345
　第二节　汉语"了"和日语「夕」的情态用法对比 ·················· 361

参考文献 ·················· 375

本书符号使用说明

*XXX：表示该说法完全无法接受。

$^{*?}$XXX：表示该说法极度接近无法接受。

$^{??}$XXX：表示该说法基本上无法接受。

$^?$XXX：表示该说法不自然。

$^\#$XXX：表示该说法本身是自然的，但其所表达的意思与这里要讨论的意思不同。

XXX（YYY）ZZZ：表示 YYY 可有可无。

XXX*（YYY）：表示 *（ ）生效时即不使用 YYY 时不可接受，去掉 *（ ）时即使用 YYY 时可接受。

XXX（*YYY）：表示（ ）生效时即不使用 YYY 时可接受，去掉（ ）时即使用 YYY 时不可接受。

~{XXX/YYY}~：表示在该例句中使用 XXX 或者 YYY。

XXX$_i$YYY$_i$：表示 XXX 与 YYY 同指。

XXX$_i$YYY$_j$：表示 XXX 不与 YYY 同指。

Ø：表示这个位置上没有所讨论的语言形式。

[XXX]：表示 XXX 是语义特征。

[+XXX]：表示具有 XXX 的语义特征。

[-XXX]：表示不具有 XXX 的语义特征。

"XXX"：表示 XXX 是汉语。

「YYY」：表示 YYY 是日语。

上 篇
日语研究

第一章　日语传统句法和词法研究

第一节　日语的句子[*]

一　语法研究的基点

语法，一般包括句法和词法两大方面，因为语法处理的最大单位是句子，最小单位是词。也就是说，句子和词是语法研究对象的两个端点。那么，究竟从哪一头说起更为合理呢？

山田语法是从对词的研究开始的。"实际上，词的单位这个问题是一切语法研究的基础。"（山田孝雄，1936：26）[①]他认为，词作为表现思想的材料，是通过分解而产生的（山田孝雄，1936：26）。这里便产生了一个问题，分解或分析都需要一个被分解或被分析的对象。在尚未找出这个对象之前，是不可能对它进行分解或分析的。山田语法的这个缺点，在他的另一本著作中表现得更加明显："所谓单词，是作为词而达到分解极限的单位，它表明某种观念，是谈话、文章的结构的直接材料。"（山田孝雄，1954：8）[②]这里，"单词"和"词"实际上是同一个概念，以一个未经定义的概念"词"来给"单词"下定义，这显然是不科学的。

---

[*]　原名《论日语的句子》，载《解放军外国语学院学报》1990年第1期。
[①]　该文献的汉语表述为笔者所译，下同。
[②]　这是修订版，初版为1922年。该文献的汉语表述为笔者所译。

我们国内的语法书,譬如王曰和编的《日语语法》和朱万清编著的《新日本语语法》,也都是从词法开始的。这两本语法主要是供教学用的,理论上没有太多的阐述,整个语法体系基本上沿用日本的学校语法体系。新出①的《大学日语教学大纲》也是从词法开始的,第一个项目便是"词的分类"。

词的分类是一件非常复杂的工作,它在很大程度上反映出一个语法体系的理论基础。《大学日语教学大纲》所采用的分类法在学校语法中最为常见:内容词分为名词、代名词、数词、动词、形容词、形容动词、连体词、副词、接续词和感叹词;功能词分为助动词和助词(《大学日语教学大纲》修订组,1989:277)。另外,我们以副词为例来看词的分类过程:独立词→没有词尾变化→不可以作主语→作修饰语→修饰用言(王曰和,1981:2)。如果说词有没有形态变化还可以在某种程度上脱离句子来看,那么,"独立词""不可以作主语"等都是以这个词在句子中的作用来判断的。可见,较合理的程序应该是先究明句子的性质,然后再以某种手段来分析句子,找出它的组成成分,说明它的性质。下面,我们就来看日语的句子。

二　寻找句子

要说明句子究竟是什么,首先必须要找到句子。现代语言学告诉我们,意义的传达是以声音(即语音)为载体实现的,文字只不过是语音的符号而已。我们知道,人们为表达某一种思想而说出一段话。在语言学上,这段话被认定为一个单位,称作"话语"(discourse)或"文本"(text)。在意义上,"话语"或"文本"是一个连续体;在语音上(即形态上)它并不是一个连续体,而是由若干个语音的连续体构成的。这一个个语音的

---

① 文中指1989年。

连续体，我们称为"句子"。每一个句子在语音上都是一个连续体，并且独立于其他的句子。这样，我们便找到了我们的研究对象——句子。

找到"句子"之后，我们该来探讨句子的性质了。学校语法一般采用桥本语法的定义，即"一、句子是语音的连续。二、句子的前后必定有语音的中断。三、句子的末尾附加特殊的语调。"（橋本進吉，1948：5）[①]这个定义只考虑句子的形态特征，因此长期以来被语法学界指责为形式主义的定义。山田孝雄博士在桥本语法问世之前就对类似的观点提出过批评，他说："语调圆满地完结并非句子的定义，而是结果的记载。"（山田孝雄，1908：1164）[②]

纵观日本语法学界，注重探索句子本质的研究构成了理论语法研究的主流，而山田博士则是这一领域的开山祖师。语法研究主要从形态、意义和功能这三个方面进行。众所周知，山田语法是侧重意义的语法体系，但实际上它也十分重视对功能的研究。山田语法中有两个十分重要的概念，一是"统觉作用"，二是"陈述"。"统觉作用"是用来统一所要表达的思想的，而"陈述"则是"统觉作用"在语言上的表现。所谓功能的研究，实际上就是研究句子的组成部分之间的关系及其统一的。山田孝雄给句子下定义之前，先规定了一个单位，叫"句素"（「句」）。山田说："一个句素，指的是经统觉作用活动一次而组织起来的思想在语言上的表现。"（山田孝雄，1936：917）"这种句素经过运用便构成句子。"（山田孝雄，1936：1051）山田语法中的这个"句素"，相当于我们说的复句中的分句，但山田博士没有说明"运用"是如何进行的。譬如，要表示"樱花开"这个思想：

---

① 该文献的汉语表述为笔者所译。
② 该文献的汉语表述为笔者所译。

桜の花が咲く

是"句素",经过"运用",便成为:

桜の花が咲く。

这就是"句子"。

时枝诚记博士在谈到句子的定义时说:"作为规定句子性质的条件,大体上可以考虑以下三点:一是具体思想的表现,二是具有统一性,三是具有完结性。"(時枝誠記,1978:197)①

时枝博士对以上各项做了详细的阐述,他说:"具体思想是客体界与主体界结合而成的。因此,所谓具体思想的表现,可以说是客体表现与主体表现结合而成的。"(時枝誠記,1978:197~198)时枝语法中所说的客体表现,指的是「犬、山、打つ、高い」之类的"客体词"(「詞」);主体表现指说话人的判断,如「だ、ない、が」之类的"主体辞"(「辞」)。而「犬だ。」便是客体表现与主体表现的结合,因此是"具体思想的表现"。所谓"统一性",指的是主体表现与客体表现的统一。时枝博士认为,能够使句子统一的表现,可归纳为三种:"一、伴随用言的陈述;二、助动词;三、助词。"(時枝誠記,1978:201)其中,"伴随用言的陈述",如:

裏の小川がさらさら流れる。■

由句末的"零符号"■来表示。

助动词如:

---

① 该文献的汉语表述为笔者所译,下同。

今日は波の音も静かだ。

由「だ」来统一「今日は……静か」。

助词则如：

今日もまた雨か。

由「か」来统一前面的部分。

时枝语法所说的"完结性"，其本质是"完结形式"（時枝誠記，1978：203），即用言或活用语的终止形。

但是，如果我们仔细观察的话，不难看出，山田博士虽然致力于究明句子的性质，但他没能实现自己的愿望。从句素到句子，他只提出了"运用"二字。从现代语言学的角度看，"运用"属于言语的范畴。如果说单句是句素的运用，那么复句如：

春になれば，花が咲く。

是句素的一次运用还是两次运用呢？山田博士曾经说过，"经统觉作用统合的思想在语言形式上的表现即句子"（山田孝雄，1936：1060），但是他没有声明一个句子——不论是单句还是复句——只能有一个统觉作用来统合全部思想。因此，按照山田博士的说法，复句有两个句素，便有两次统觉作用；两个统觉作用分别统合的思想在语言形式上的表现必然地推导出两个句子！于是，我们可以说，山田博士并没有找到句子的本质。即便我们替他解释说，"运用"后的"句子"较"句素"多了"语调"，山田博士也不会接受这番好意的。在同样的意义上，我们可以说，时枝语法的句子定义较山田语法也没有质的突破。"具体思

想的表现"和"统一性",只不过是山田语法所说的"统觉作用"和"陈述"的另一种说法而已,而作为"完结形式"(终止形)的"完结性",并不比"特殊语调"来得高明。因为它同样是"结果的记载"。也就是说,并不是因为有了终止形才有句子,而是恰恰相反:因为它是句子,所以才用上终止形的。那么,应该如何寻求句子的本质呢?

三 句子的成立

渡边实教授一改过去从词法入手的研究方法,将整个语法体系的重点放在句法上,并且以功能的方法贯穿始终。从其代表作《国语构句论》(『国語構文論』)的取名便可看出这种思想。渡边教授说:"所谓构句的功能,就是为了形成语言表现的有机统一性而被赋予语言内部意义的各种作用的总称。"(渡边实,1971:16)①构句功能分为两大类:"表示素材的功能"和"构成关系的功能"。二者的结合便是"成分"。"所谓成分,就是表示素材的功能和构成关系的功能的结合体。"(渡边实,1971:41)确定了功能的方法以及这些基本概念之后,渡边教授依次论述了统叙成分、陈述成分、连用成分、连体成分等"句子成分"。

渡边教授在论述这些句子成分时,首先将构成关系的功能区分为"叙述的功能"和"陈述的功能",他说:"所谓叙述,就是将一个思想或一件事情的内容形态化并使之完备的语言主体的表现活动。为使内容完备而起作用的各种构成关系的功能,统称为叙述的功能。"(渡边实,1971:67)"所谓统叙,就是上述叙述的功能中专门用以统一、完成叙述的功能。"(渡边实,1971:67)统叙的功能运作之后,得到"叙述内容",叙述内容"在句法上被赋予表示素材的功能"。(渡边实,1971:67)"所谓陈述,

---

① 该文献的汉语表述为笔者所译,下同。

就是以叙述内容为素材，决定它与语言主体之间关系的句法功能。"（渡辺実，1971：67）

我们以「桜の花が咲く。」为例来看渡边语法中的"句子"。渡边教授认为，用言如「咲く」除了具有表示素材（「咲く」的概念）的功能之外，还具有统叙的功能，即统一「桜の花が」和「咲く」，进而构成「桜の花が咲く」这一叙述内容。因为使用了终止形，所以它表示语言主体（说话人）的判断，而"判断"（区别于疑问、感叹、申诉、呼唤）正是陈述的一种。渡边教授说："所谓句子，从句法功能方面看，是被赋予叙述内容的表示素材的功能和被赋予判断作用的陈述的功能的结合体，因此是成分的一种。"（渡辺実，1971：68）而渡边语法的完整的句子定义是："句子，在外部是形态的独立体，在内部是意义的完结体，在句法上是功能的统一体。"（渡辺実，1971：16）

现在，我们可以对渡边语法的句子作个简单的评述。渡边语法继承了山田语法和时枝语法中功能的思想，并发扬光大，使功能的方法成为语法研究的系统的方法，从句子定义到句子成分直至词的分类。这是一项极有意义的研究，在方法论和研究结果上都有重大的突破。尤其渡边教授在研究句子时，将目光集中在句末，从句子的成立来看句子的特性。但是，渡边语法受山田语法和时枝语法的影响太深，最终还是没能找到句子。

渡边语法中的"叙述内容"相当于山田语法的"句素"，后者因运用而成句，前者因陈述而成句。"以因统叙的功能而完备的叙述内容为素材，再展叙不运作而陈述运作时，句子便告成立。"（渡辺実，1971：92）渡边语法的陈述是说话人的主体表现，其中最典型的就是"陈述助词"（即"终助词"和"感叹助词"，亦即《大学日语教学大纲》中的"语气助词"），如：

ねえ、君、わかってもらえるかね。

そしたらネ、一緒にネ、……

（渡辺実，1971：146）

这些「ねえ、ね、ネ」作为陈述的内部意义，都表示"对对方的呼唤"，因此是同质的；但同为陈述助词，能够使句子成立的只有「ね」。也就是说，「ねえ、君、わかってもらえるかね」这个陈述成分是句子，而「そしたらネ」这个陈述成分却不是句子。换言之，渡边语法中有两种同性质的陈述。因此，"陈述"不能使句子成立。跟山田语法一样，渡边语法在复句方面也出现了类似的问题。例如：

長崎へは今夜出張し、広島へは来週あらためて出張する。

在渡边语法中，系助词「は」表示"累加与陈述的关系"（渡辺実，1971：417）。照此说法，前一个「は」应累加于「出張し」，后一个「は」应累加于「出張する」。于是，陈述便运作了两次，最终变成了两个句子。另外还有一个问题，就是把句子等同于成分。在时枝语法中，客体词和主体辞的结合叫作"短语"（「句」），句子由（以用言为中心的）客体表现和主体表现（主体辞）结合而成。因此，句子和作为句子成分的短语之间没有质的区别。同样，在渡边语法中，表示素材的功能加上构成关系的功能是成分，而作为素材的叙述内容和作为构成关系的功能的陈述相结合便是句子。因此，句子和句子成分之间也没有质的区别。然而，所谓句子成分，其实就是句子的组成部分。说句子是句子的组成部分，这无论如何都令人难以接受。因此可以说，渡边语法只找到了"成分"，而没有找到"句子"。

北原保雄教授另辟蹊径，在渡边语法的基础上提出了"断

止作用"(「断止作用」)。"句子,因为停止叙述才成为句子。这是通过表现主体的精神的断止作用进行的,其结果,句子被赋予完结性。"(北原保雄,1981:64)① 北原语法中的"完结性"是"断止"的结果,与语言形态无关。"连用形也一样,如:

(今日はうららかないい日だ。)裏の小川はさらさら流れ。

停止了,便可赋予它完结性。"(北原保雄,1981:61)与渡边语法的见解相反,北原教授认为:"不是因为有了主体表现才停止的,而是因为停止才用上主体表现的。"(北原保雄,1981:61)

断止作用是一种功能,它只用于构成句子,而不用于构成成分。因此,断止作用区别于其他的句法功能。至此,历经几十年的坎坷,句子才第一次作为句子成立了!说句子是因为说话人不再说话(即停止叙述)而成立,这看上去似乎是理所当然的,没有什么惊人之处。但正如我们前面看到的,要在理论上系统地证明其合理性,并非易事。

北原教授找到了对句子成立起决定性作用的"断止作用",但北原语法的"断止作用"还存在一个小小的技术性问题。在解释用言的连用形也可以结句时,北原教授说:"也就是说有两种表现:用上它时必然地被赋予完结性的表现,以及虽不是必然的,但也可被赋予完结性的表现。"(北原保雄,1981:61)前一种"表现"指的是诸如「ね」之类的主体表现;后一种"表现"是指连用形结句之类的说法。所谓"必然地被赋予完结性",就是说语言主体的断止作用受到语言表现的左右,不是依语言主体的意志进行的,而后者则是根据自己的意志进行的。换言之,前

---

① 该文献的汉语表述为笔者所译,下同。

一种断止作用是非任意的，后一种断止作用则是任意的。那么，哪一种断止作用在理论上更为合理呢？答案很明确——非后者莫属。如果我们选择前者，那么我们就要退回到渡边语法的"陈述造就句子"的理论中去。在日语中，任何主体表现都不能"必然地被赋予完结性"。北原教授甚至还举出以下两个例子：

これからきっと起こるだろう事態に、うまく対処するために……

彼はたぶん行くまいが……

（北原保雄，1981：61）

借以说明"不是因为有了主体表现才停止的"。遗憾的是，北原教授没有明确地意识到断止作用的任意性问题，并以此完善他的"断止"学说。

四　句子的定义

作出上述分析之后，现在我们可以来给句子下定义了。

句子是语言主体停止语言行为而产生的。作为结果的句子，是形态的独立体、意义的完结体和功能的统一体。

在语言表达中，处于最表面的是语音（或语音的符号——文字）。我们假设语言主体要用语音来表达某一思想。如果语言主体不停地（除了呼吸换气之外）一直发音，那么"句子"是很难成立的。请看下面这个例子：

さう、さうだ、笛の心は慰まない、如何なる歌の過剰にも、笛の心は慰まない、友よ、この笛を吹くな、この笛はもうならない。僕は、僕はもう疲れてしまつた、僕はもう、僕の歌を歌つてしまつた、この笛を吹くな、

この笛はもうならない、一昨日の歌はどこへ行つたか？追憶は帰つてこない！春が来た、友よ、君らの歌を歌つて呉れ、君らの歌の、やさしい歌の悲哀で、僕の悲哀を慰めて呉れ。

(三好達治,「僕は」)

这是三好达治的散文诗《我》(「僕は」) 中的第一段, 在一般情况下, 划线的部分应该成为一个句子, 但作者打破常规, 没有让它们成为句子。由此可见, "句子"之所以成立, 是因为语言主体 (即说话人) 不想继续往下说。本节所说的停止语言行为, 指的是语言主体认为思想的表达已经完结, 并通过语言主体的意志这一精神作用来终止语言行为。因此, 断止作用是任意的。断止作用的任意性表现在两个方面: 一是在通常情况下"该"停止的, 语言主体可以不让它停止, 即不使用断止作用; 二是在通常情况下"不该"停止的, 语言主体可以运用断止作用, 使之成句。

当我们得到一个业已成立的句子——作为结果的句子时, 我们首先看到的是一个语音的连续体, 它的前后都有停顿 (即表达的空白), 这个语音的连续体以停顿独立于其他的语音连续体。因此, 句子首先是形态 (语音) 的独立体。在语言中, 语音是意义的载体。在句子这个层面上, 形态的独立 (即成句) 必然地意味着意义的完结。本节所说的完结指意义表达的完成, 意义的完结体是叙述内容和陈述方式的总和。句子是一个有机统一体, 这个有机统一体是通过功能组合起来的。使句子成立的断止作用就是句法功能之一。以「桜の花が咲く。」为例, 首先是「桜の花が咲く」这个叙述内容, 然后是表示判断的终止形以及表示叙述的语调, 最后是断止作用。这一过程如图1-1所示:

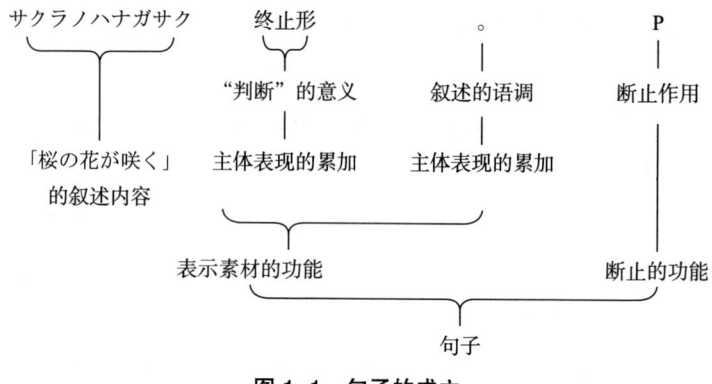

```
サクラノハナガサク    终止形        。           P
    │           │          │           │
    │        "判断"的意义  叙述的语调    断止作用
    │           │          │           │
「桜の花が咲く」  主体表现的累加  主体表现的累加
的叙述内容       │          │           │
              表示素材的功能            断止的功能
                        句子
```

图 1-1　句子的成立

这里，"判断"的意义和叙述的语调都属于意义的范围，它们与叙述内容结合构成意义的完结体。P 是停顿（pause），是句子成立的最终标志。

第二节　词类划分探析[*]

一　问题提起

语法研究总是以某个前提为基础的。不论赞成与否，前提都始终存在。本节将尝试进行词类划分，其前提就是日本的学校语法所说的十种词性。

日本的学校语法，顾名思义是以教学为目的的语法体系。尽管都称为日语语法教学，但日本的日语语法教学和中国的日语语法教学性质有很大不同。在日本，语法教学是从已具备一定读写能力的小学开始的，学校语法的主要任务是纠正语言表达。而在中国，日语是外语，日语教学一般从一开始就是用日语教科书在教室里开展学习的。作为日语教学中不可缺少的一个环节，语法

---

[*] 原名「品詞分類への試み」，载北京日本学研究中心编《日本学研究·5》，经济科学出版社，1996。陈燕青译。

教学是与日语教学同时展开的。因此，中国的日语语法教学的首要任务不是纠正表达，而是正确理解。另一个不能忽视的要素是学习者。中国日语学习者开始学习日语的时间，早的话是中学，有的是大学或者是更晚。这些学习者已经具备了思考能力。他们在通过逻辑思维理解语法的同时，也要求语法体系要符合逻辑。从这个角度来看，日本的学校语法在很多时候并不适用于中国的日语教学。

这个问题从词类划分中也可窥见一斑。学校语法存在分类过程中使用标准不一致，或者分类结果出现形容动词这一奇怪的名称等问题。本节重点探讨词的分类过程，同时也将重新思考形容动词这一名称。

二 广义的词类划分

本书认为词类划分可以有广义和狭义两种。所谓词类划分就是对词（「語」）进行分类。但是问题在于什么是词，词又是从何而来。要明确这些问题，首先必须对句子进行认定、定义和分析。与语法体系相关的就是词的广义分类。

关于句子的认定、定义和分析，在笔者的部分研究中已有论述（林璋，1990；林璋，1991），主要结论如下。

语法分为句法（「文論」）和词法（「語論」）两部分，语法研究从句法开始更为合理。

在语言学中，语义的传达是通过语音实现的，文字只不过是一种语音的符号。人们是为了传递某种思想而说话。在语言学中，这种说出的话被称为话语（discourse）或文本（text）。话语或文本在语义层面属于一个连续体，但在语音（即形态）层面则并非连续体，而是由某些语音上的连续体共同构成的。这种语音上的连续体就是句子。从分析的角度来看，句子首先是在形态上成立的。

因此，句子是语言主体停止语言活动后成立的（林璋，1990）。正如渡边语法所定义的，作为语言活动产物的句子是形态的独立体、语义的完结体和功能的统一体（渡辺実，1971）。

这里所说的"停止"是指语言主体认为思想的表达已经完结，并通过语言主体的意志这一精神作用来结束言语行为。因此，句子的成立是任意的（林璋，1990）。既有使用终止形或所谓终助词也无法成句的时候，如例（1）；也有不用终止形也可以成句的时候，如例（2）。

（1）さう、さうだ、笛の心は慰まない、如何なる歌の過剰にも、笛の心は慰まない、友よ、この笛を吹くな、この笛はもうならない。僕は、僕はもう疲れてしまつた、僕はもう、僕の歌を歌つてしまつた、この笛を吹くな、この笛はもうならない、——昨日の歌はどこへ行つたか？記憶は帰つてこない！春が来た、友よ、君らの歌を歌つて呉れ、君らの歌の、やさしい歌の悲哀で、僕の悲哀を慰めて呉れ。

（三好達治，「僕は」）

（2）（今日はうららかないい日だ。）裏の小川はさらさら流れ。

（北原保雄，1981：61）

由这两个例子可知，成句的决定因素是北原所说的"断止作用"（北原保雄，1981）。这种断止作用在形态上体现为停顿或表达上的空白。

如果对句子进行分析，首先得到的就是"陈述体（「陳述体」）+断止作用"。断止作用是无标的，而陈述体是语言主体所说出的句子的全部内容。以（3）为例，「太郎がここで本を読む

だろう」这一内容与结束句子的语调〔例（3）中是陈述语气〕的符号"。"一起构成陈述体。"P"表示停顿，起断止作用。

（3）太郎がここで本を読むだろう。P

陈述体可进一步分析为叙述体（「叙述体」）和陈述表达（「陳述表現」）。以（3）为例，陈述体由「太郎がここで本を読む」这一事态（即叙述体）和「だろう」这一语言主体的陈述表达构成。陈述体通常都是由某种"内容"和语言主体的陈述表达构成。

叙述体可以进一步分析为各种成分和句法功能，如例（4）[①]。

（4）太郎がここで本を読むコト
　　　——→　——→　→　←——

以例（4）来说，语言主体自「太郎が」开始向「本を」展开叙述，到「読む」处停止叙述。因此，在 SOV 型的日语中，可以说必然地是由主格、宾格、补格承担展开叙述的功能，述格承担停止叙述（即止叙）的功能。然而，若仅仅是展开叙述后停止，还无法得到叙述体的立体结构。主格并不是和补格或宾格直接相关，还必须通过说话人的精神上的综合作用，以述格为中心形成立体的格关系。这种精神上的综合作用就是统叙（「統叙」）功能。格关系是在统叙功能之上建立起来的。在统叙功能的作用下，例（4）可以表示如例（5）。

（5）太郎がここで本を読むコト

---

① 例（4）和例（5）的分析方法借鉴自北原保雄（1981）。

这里的「太郎が」、「ここで」、「本を」和「読む」称为句子成分。成分由概念和关系构成。主格成分、补格成分和宾格成分均可以拆分为概念和关系，但述格成分「読む」无法拆分。换言之，「太郎が」、「ここで」和「本を」是由两个词构成的，但「読む」则是一个词。在拆分后的「太郎が」中，「太郎」具有表示素材的功能，「が」具有构成关系的功能，未能拆分的「読む」同时具有表示素材和构成关系的功能。

以上简单讨论了获得词的过程。这种分析方法也有助于下文狭义的词类划分。

三 狭义的词类划分

狭义的词类划分是指对按照上述过程分类得到的词进行分类。不过，此时用什么方法进行分类至关重要。作为可能的语法手段，可以采用语义、形态、功能的分类方式，但理想的方式是以单一方法进行分类，这一点自不待言。

关于词类划分，日本语法学中有以下代表性分类。

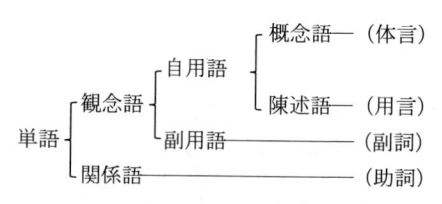

```
                    ┌ 自用語 ┬ 概念語 ─（体言）
            ┌ 観念語 ┤        └ 陳述語 ─（用言）
単語 ┤        └ 副用語 ────────（副詞）
            └ 関係語 ─────────────（助詞）
```

图 1-2　词类划分（山田孝雄）

资料来源：社団法人日本語教育学会編『日本語教育事典』，1982，大修館書店。

在山田的分类中，单词首先分为观念词（「観念語」）和关系词（「関係語」），这两个术语是基于语义命名的，而下位的自用词（「自用語」）和副用词（「副用語」）则是从功能角度的分类。最后的概念词（「概念語」）和陈述词（「陳述語」）的对立

也令人费解。这是因为前者是基于语义的分类，而后者是基于功能的分类。同时，山田的分类结果仅限于体言、用言、副词和助词。

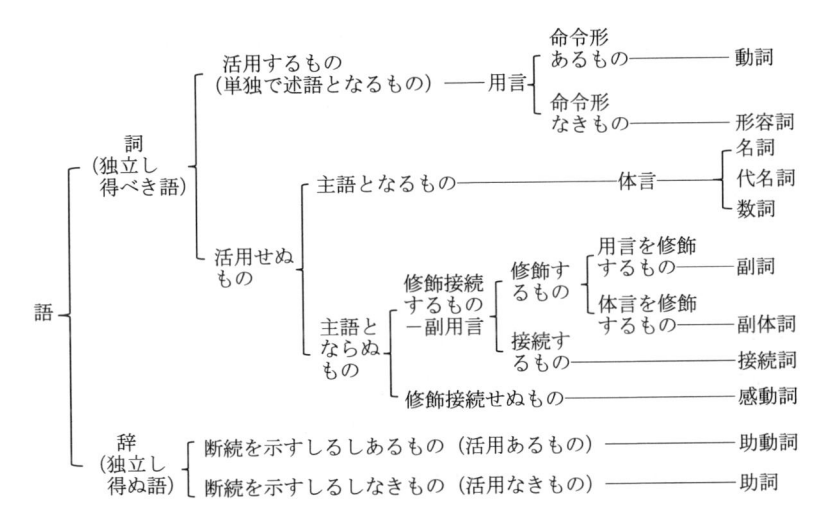

```
                                    ┌─命令形
                  ┌─活用するもの──用言┤ あるもの────動詞
                  │ (単独で述語となるもの)└─命令形
                  │                      なきもの────形容詞
         ┌詞─────┤                                  ┌名詞
         │(独立し │                                  │代名詞
         │得べき語)│                ┌主語となるもの──体言┤数詞
         │        │                │                ┌用言を修飾
         │        │                │        ┌修飾す─┤するもの──副詞
         │        └活用せぬ        │ ┌修飾接続─るもの └体言を修飾
語───────┤          もの          ┤ │するもの─       するもの──副体詞
         │                        │ │ 副用言└接続す
         │                        └主語と─          るもの────接続詞
         │                          ならぬ └修飾接続せぬもの────感動詞
         │                          もの
         │
         └辞─────┌断続を示すしるしあるもの（活用あるもの）────助動詞
          (独立し│
          得ぬ語)└断続を示すしるしなきもの（活用なきもの）────助詞
```

图 1-3 词类划分（桥本进吉）

资料来源：社团法人日本語教育学会編『日本語教育事典』，1982，大修館書店。

桥本语法的分类要详细得多，但是其采用的是形态和功能并用的分类标准。「活用するもの」（有活用的）及「命令形あるもの」（有命令形的）属于前者，「独立し得ぬ語」（无法独立的词）、「主語となるもの」（可用作主语的）、「修飾するもの」（用于修饰的）、「断続を示すしるしあるもの」（有表示断续标记的）等属于后者。但不作区分直接列出名词、代词、数词三类，则不甚妥当。

时枝语法的分类十分粗糙。是否包含"概念过程"是语义标准，而是否"改变词语形式"（「その語形式を変える」）属于活用，即形态方面的问题。在时枝的分类中，正式的分类结果只有体言和用言两个。

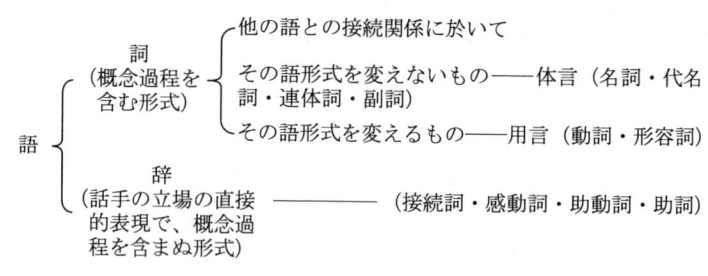

```
         ┌─ 詞              ┌─ 他の語との接続関係に於いて
         │ (概念過程を ─────┤  その語形式を変えないもの──体言（名詞・代名
         │  含む形式）      │  詞・連体詞・副詞）
    語 ──┤                  └─ その語形式を変えるもの──用言（動詞・形容詞）
         │
         └─ 辭
            (話手の立場の直接 ───── （接続詞・感動詞・助動詞・助詞）
             的表現で、概念過
             程を含まぬ形式）
```

图 1-4　词类划分（时枝诚记）

资料来源：社团法人日本語教育学会編『日本語教育事典』，1982，大修館書店。

渡边语法是用功能这个单一的标准进行分类的，但其分类结果多少有些问题。其中，副助词和提示助词（「係助詞」）被划分到与助词相同的层面上。副助词和提示助词本属于助词的下位类，如果将其与助词并列，就成了不是助词的副助词和提示助词。另外，把"判定词（「判定詞」）"归入用言也存在问题。"判定词"一般被归为助动词，即虚词（「辞」）。正因为是虚词，才"缺少统叙素材"[①]（渡边实，1971：408）。然而，把这种"缺少统叙素材"的词归到"被赋予表示素材的功能"之下，只能说是矛盾的。另外，该分类还把"情态词（即情态副词）"从副词中剥离，归入体言。渡边实举了以下例子，认为其中的「と」属于"连用助词"（即格助词）。

（6）しっかりと握っている。
（7）しっかり握っている。

但是，渡边实指出，可以"无形化"的连用助词是「が、を、に」，「と」不能无形化。如果这一说法正确的话，例（7）就只能视为误用。反之，如果例（7）不是误用，「と」也就不是渡边实

[①]「統叙」，即统一叙述。——译者注

所说的"连用助词"。因此,"情态词"就不属于体言。很遗憾,例(6)和例(7)都不是误用。我们不得不说渡边实对"情态词"的定位是错误的。

学校语法的分类过程和桥本语法很接近,使用的是功能及形态标准。

在上述词性分类中,只有渡边语法和学校语法承认所谓的"形容动词"这一词类。二者的认定也存在较大差异,学校语法把"形容动词"归为用言,渡边语法则把"状名词"①归为体言。

关于"形容动词",可以提出以下三个问题:第一,所谓的"形容动词"是否具有词类的特性?第二,如果具有词类的特性,那么是何种性质?究竟是体言还是用言?第三,词类的名称是否妥当?

关于第一个问题,如果不承认所谓的"形容动词"具有词类的特性,那么恐怕要将其词干归入名词之中。然而,形容动词(的词干)显然与名词性质不同。名词可以接受连体修饰,但形容动词(的词干)无法接受连体修饰,而可以接受连用修饰。

---

① 渡边语法中对形容动词采用的是'状名词'的说法。——译者注

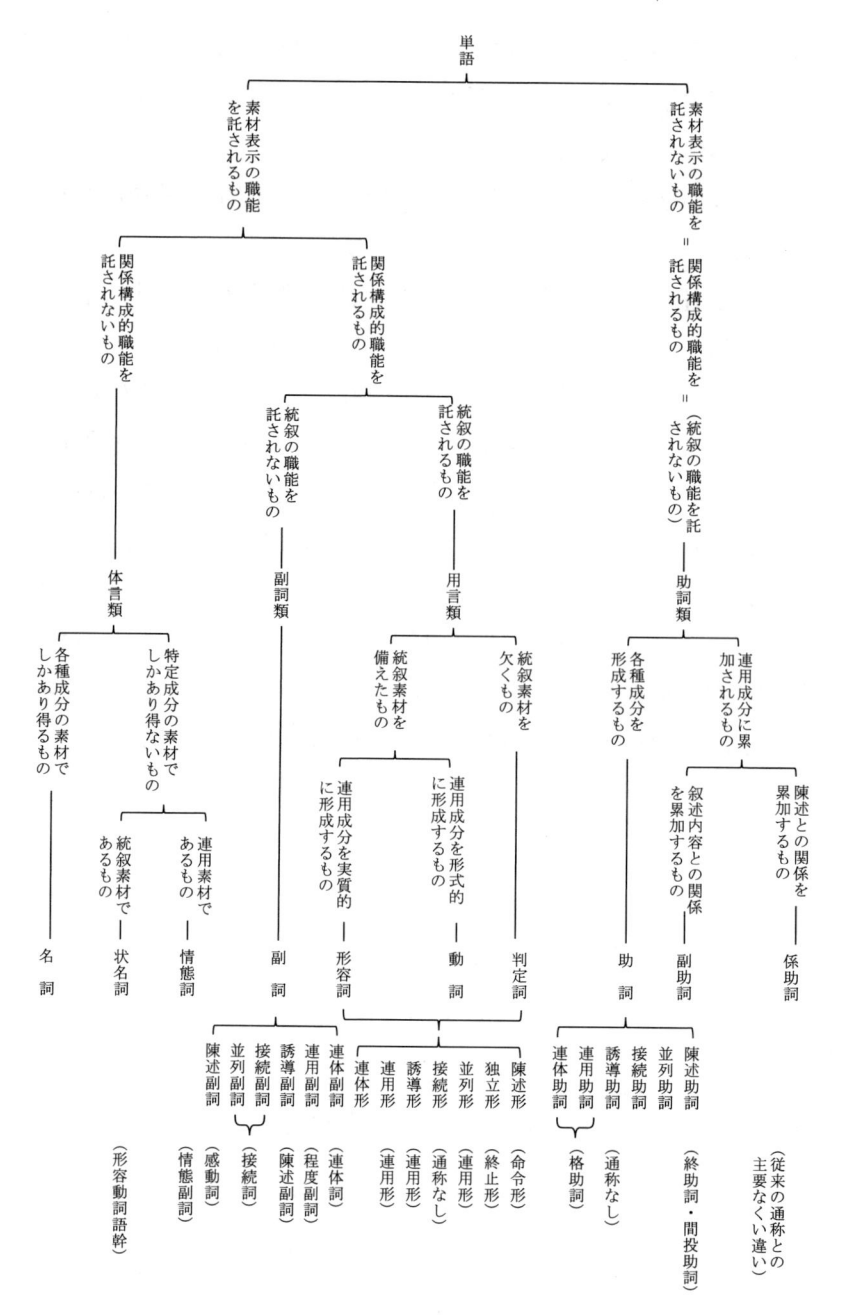

图 1-5　词类划分（渡边实）

资料来源：渡辺実『国語構文論』，1971，塙書房。

第一章　日语传统句法和词法研究

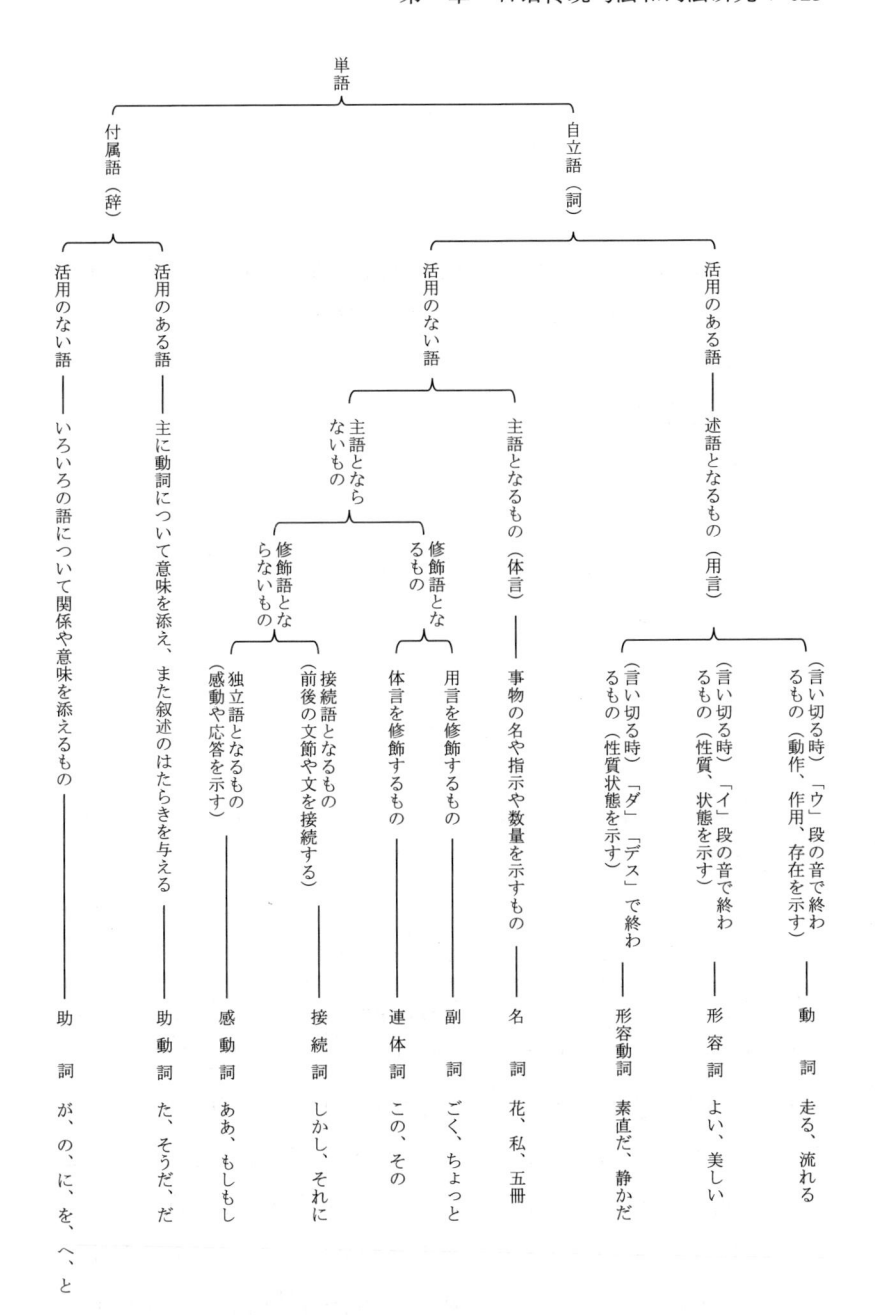

```
                                    単語
                    ┌────────────────┴────────────────┐
                付属語（辞）                       自立語（詞）
              ┌─────┴─────┐              ┌──────────┴──────────┐
         活用のない語   活用のある語      活用のない語          活用のある語
              │            │         ┌────┴────┐                 │
              │            │    主語となら  主語となる          述語となるもの
              │            │    ないもの   もの（体言）          （用言）
              │            │    ┌───┴───┐     │          ┌───────┼───────┐
              │            │ 修飾語と 修飾語と  │      （言い切  （言い切  （言い切
              │            │ ならない なるもの  │       る時）   る時）   る時）
              │            │ もの              │      「ダ」   「イ」段  「ウ」段
              │            │                   │      「デス」  の音で   の音で
              │            │ ┌──┴──┐           │      で終わ   終わる   終わる
              │            │独立語と 接続語と   │      るもの   もの     もの
              │            │なるもの なるもの   │     （性質状 （性質、 （動作、
              │            │（感動や（前後の文  │      態を示   状態を   作用、
              │            │応答を  節や文を    │      す）     示す）   存在を
              │            │示す）  接続する）  │                        示す）
  いろいろの  主に動詞に          │        体言を  用言を 事物の名
  語につい    ついて意味           │        修飾す 修飾す や指示や
  て関係や    を添え、ま           │        るもの るもの 数量を示
  意味を添    た叙述のは           │                      すもの
  えるもの    たらきを与           │
              える                 │
     │          │      │     │    │    │    │    │     │     │      │
     助詞      助動詞 感動詞 接続詞 連体詞 副詞 名詞 形容動詞 形容詞 動詞
   が、の、   た、    ああ、 しかし、 この、 ごく、 花、  素直だ、 よい、 走る、
   に、を、   そうだ、 もしもし それに  その  ちょっと 私、   静かだ  美しい 流れる
   へ、と     だ                               五冊
```

图 1-6　词类划分（渡边正数）

资料来源：渡辺正数『教師のための口語文法』，1978，右文書院。

（8）これは美しい花だ。
（9）*ここは美しい静かだ。
（10）ここはたいへん静かだ。

从上述例子就可看出，我们必须把"形容动词"从名词中分离出来。那么，"形容动词"在语法上有何特性呢？

1. 表示性质、状态；
2. 被修饰时，接受连用修饰，不接受连体修饰；
3. 修饰体言时，采用「～な」的形式，不采用「～の」的形式；
4. 修饰用言时，采用「～に」的形式，不采用「～へ」或「～から」的形式；
5. 充当述语时，采用「～だ」或「～です」的形式；
6. 不能成为命令的叙述内容；
7. 可以构成「～さ」的形式。

综合以上特性，我们可以说"形容动词"是用言，即具有形容词性质的词。

最后，关于词类名称，"形容动词"这一名称已经受到了许多批评。有许多研究从不同立场主张将其改名，如"状名词"（渡边实）、"名容词"（即"名词性的形容词"，寺村秀夫）或"名词形容词"（村松恭子）。这里列举的三个词类名称具有以下共同点：同时采用了名词和形容词的名称，给人以合成词之感。将其与其他词类名称放在一起，就没有不协调的感觉吗？问题在于到底是要对什么进行分类。究竟是依据形态对词语进行分类，还是依据用法进行分类。如果是前者，一个词的形态是唯一的，故其词性也是唯一的。如果一个词有两种用法，那么就必须把这两种用法的特性用一个词类名称来表示。这就是所谓的"状名词"或"名容词"的命名方式。然而，这种命名方式却存在缺

陷。比如，例（7）与例（11）中的「しっかり」应该归属于何种词类呢？

（11）とてもしっかりした人だ。

渡边实把这里的「しっかり」命名为"情态词"。他指出，"回想一下第六节所说的形式连用成分和形式用言之间的关系，就会发现这与表示连用成分的素材这一解释不矛盾"（渡边实，1971：412），但这一说法依然无法让人信服。"第六节所说的形式连用成分和形式用言之间的关系"是指「新聞を読みはする」或「新聞を読みさえしない人」这样的例子，要使"形式连用成分与形式用言的关系"成立，就必须有「は」或「さえ」这样的提示助词或副助词。「新聞を読みする」这样的说法是不存在的。「とてもしっかりさえした人だ。」这样的说法一般也不用。此外，出现在形式用言「する」之前的形式连用成分中的用言是动词。形式用言「する」是当动词暂时丧失动词性成为形式连用成分后，"为恢复其动词功能而使用的形式用言"（渡边实，1971：238）。「しっかり」并不是这种形式连用成分。

另外，基于用法的命名方法也可以允许一个词归属于多个词类。如「しっかり」既是副词也是サ变动词，「健康」既是名词也是"形容动词"。这种命名方法似乎更为直观，且更符合语法。

基于上述理由，本书把以往称作"形容动词"的这一词类命名为"形状词"。由该命名可知，本书无条件承认形状词为用言。采用这一命名是为了将其与形容词区分开来，并且为了使其更像词类名称。

最后在这一基础上进行词类划分。首先按照是否具有表示素材的功能把词（「語」）分为"实词（「詞」）"和"虚词（「辞」）"。

实词具有表示素材的功能，虚词不具有表示素材的功能。

（一）关于实词

首先可以把词分为可单独构成陈述体的词和无法单独构成陈述体的词两大类。在能够单独构成陈述体的词中，具有导入前提功能的是接续词，不具有导入前提功能的是感叹词。

（12）バスでいきますか。それとも電車で行きますか。
（13）「君は行きますか。」「はい、行きます。」

语言表达总是由客观表达和主观表达构成。这两种表达的结合即陈述体。一个句子中不一定只有一个陈述体。如例（1），一个句子可能由多个陈述体构成。例（12）的「それとも」通常连接句子和句子。不过，严格说来「それとも」其实是「それとも電車で行きますか。」这个句子的成分，并不是这个句子以外的成分。因此，「それとも」并非连接「バスで行きますか。」和排除「それとも」的「電車で行きますか。」。也就是说，「それとも」并不连接句子与句子。「バスで行きますか。」无疑是一个句子，但作为「それとも」的前提内容的「バスで行きますか」就很难说是一个句子。句子由言语表达和断止作用构成。「それとも」的前提内容显然不具有断止作用。否则，「それとも」就与「電車で行きますか」完全分割开来，就不再是「それとも電車で行きますか。」这一句子的构成成分。另外，感叹词「はい」具有前提认定的功能，但不具有导入前提内容的功能。接续词可以把陈述体作为前提内容导入，而感叹词「はい」是对不带有主体表达的叙述体进行认定。具体来说，例（13）的「はい」不是对「君が行きますか」进行认定，而是对「いきます」这一肯定叙述进行认定。如果疑问句是「君は行かないんですか。」的话，「はい、行きません。」的「はい」也是对「行かないんです」这

一否定的叙述体进行认定。

无法单独构成陈述体的词，可以进一步分为可单独构成成分的词和无法单独构成成分的词。所谓成分必须同时具备表示素材的功能和构成关系的功能。能够单独构成成分就是指这个词同时具备这两种功能。

能够单独构成成分的词可以进一步分为被赋予止叙功能的词和不被赋予止叙功能的词。前者是用言，后者是副词。

用言内部可以分为构成命令叙述内容的词和不构成命令叙述内容的词。构成命令叙述内容的词是动词。不构成命令叙述内容的词可以进一步分为统叙和连体再叙述功能被赋予在同一形态上的词，以及统叙和连体再叙述功能不被赋予在同一形态上的词。前者是形容词，后者是形状词。

副词可以根据修饰的对象不同分为副词和连体词。副词修饰用言，连体词修饰体言。

无法单独构成成分的是体言，即名词。

（二）关于虚词

虚词不被赋予表示素材的功能，但被赋予表示关系的功能。按照是否具有止叙功能，可以下分为被赋予止叙功能的助动词和不被赋予止叙功能的助词。

以上词类划分可表示如图6。虽然分类结果和学校语法相同（只有形状词这一词类名称有所不同），但二者是通过完全不同的分类过程所得到的结果。

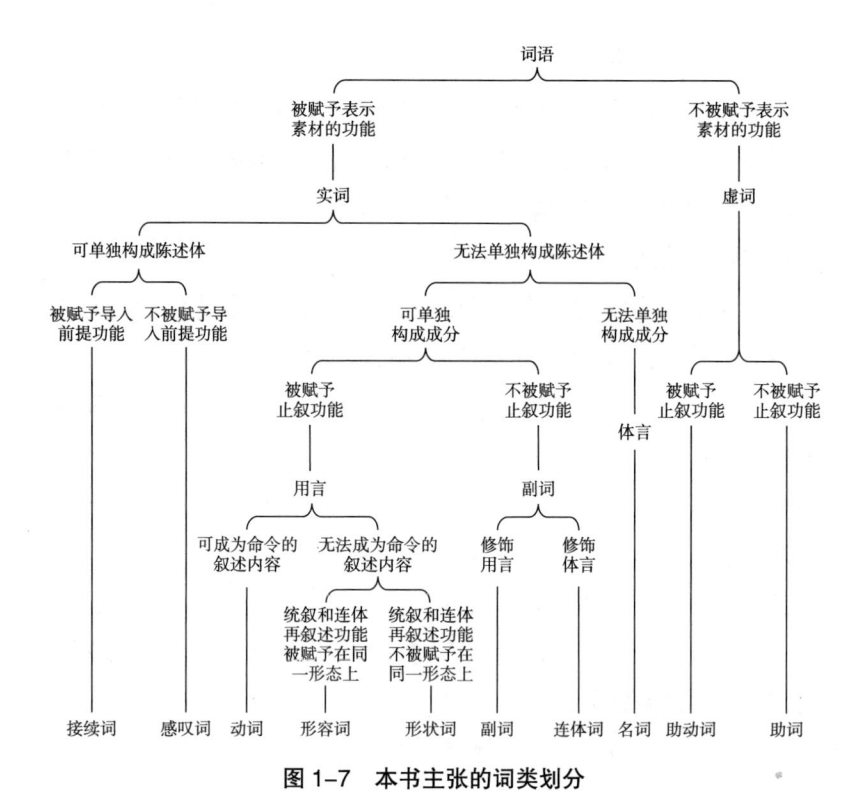

```
                                    词语
                    ┌────────────────┴────────────────┐
              被赋予表示                          不被赋予表示
              素材的功能                          素材的功能
                   │                                  │
                  实词                               虚词
         ┌─────────┴─────────┐
    可单独构成陈述体        无法单独构成陈述体
    ┌────┴────┐         ┌─────┴─────┐
  被赋予导入  不被赋予导     可单独        无法单独
  前提功能   入前提功能    构成成分       构成成分
                       ┌────┴────┐             ┌────┴────┐
                    被赋予     不被赋予         被赋予    不被赋予
                    止叙功能    止叙功能         止叙功能   止叙功能
                       │         │      体
                      用言       副词    言
                  ┌────┴────┐  ┌──┴──┐
               可成为命令  无法成为命令 修饰  修饰
               的叙述内容  的叙述内容  用言  体言
                    │    ┌────┴────┐
                  统叙和连体   统叙和连体
                  再叙述功能   再叙述功能
                  被赋予在同   不被赋予在
                  一形态上    同一形态上
     │      │      │      │        │     │    │    │    │     │
   接续词 感叹词  动词   形容词   形状词  副词 连体词 名词 助动词 助词
```

图 1-7　本书主张的词类划分

第三节　日语助词的分类 *

一　助词的认定

在语言类型上，汉语属于孤立语，英语属于屈折语，而日语则属于黏着语。黏着语的主要特征表现为通过粘着在词语之后的词来表示语法关系或语法意义。这些用于表示语法关系或语法意义的后置词（与英语等语言的"前置词"相对而言），在日语中称作虚词（「辞」）或附属词（「付属语」）。

日语的虚词分为两类：助词和助动词。一般的语法书以形

---

* 原名《论日语助词的分类》，载《解放军外国语学院学报》1998年第2期。

态为依据来区分助词和助动词：无活用的是助词，有活用的是助动词。

助词是通过分析得到的。如：

（1）桜の花がきれいに咲く。

通过分析，我们可以得到以下几个句子成分：

（2）桜の　花が　きれいに　咲く

通过对句子成分的进一步分析，我们可以得到以下几个词：

（3）桜　の　花　が　きれいに　咲く

另外，通过交叉替换，我们还可以得到以下句子：

（4）梅の花を眺める。

由此可知，「桜の」和「花が」是可分解的句子成分，「の」、「が」和「を」是可以根据需要进行自由组合的、表示关系的、没有形态变化的词（助词）。

助词，必须在形态、意义和功能方面得到认定。在例（1）的「きれいに」中，虽然「に」与助词「に」形态相同，但是如果「きれいに」的「に」是助词，那么「きれい」就应该和「桜」「花」等词一样，能够与其他助词自由组合，如：きれいが、きれいを。然而，日语中没有「きれいが」「きれいを」这样的组合。由此可知，「きれい」是不同于「桜」和「花」的另外一类词，「に」也不是助词。

在助词的认定上，各个语法书的认识都不尽相同。如：

（5）息子を学校に行かせる<u>ため</u>、一生懸命に働いている。
（6）私が寝ている<u>とき（に）</u>、火事が起こった。
（7）調べてみた<u>ところ</u>、そんな事実はないようです。
（8）応募した<u>ところが</u>、もう締め切った後だった。
（9）部屋をちらかした<u>まま</u>、遊びに行ってしまった。

《日语教育事典》（『日本語教育事典』）认为上述划线的词都是接续助词。这些词，原先都是名词。在实际使用的过程中，它们的意义和功能都发生了变化。如果认为它们都是接续助词，那么，它们是经过了"名词→形式名词→接续助词"这一变化过程的。但是，它们都是接续助词吗？如果它们都不是接续助词，那么，接续助词和形式名词之间有什么区别？

接续助词，在句法上构成复杂句（除了「て」的个别用法之外），而形式名词则不一定都构成复杂句。如：

（10）結婚の<u>ため</u>、お金をためている。
（11）桜の<u>とき</u>にまたいらっしゃってください。
（12）洋服の裾の<u>ところ</u>が破れてしまった。
（13）靴の<u>まま</u>上がってください。

例（10）的「ため」、例（11）的「ときに」和例（13）的「まま」，其意义与在例（5）、例（6）和例（9）中完全相同，与其后项之间构成的修饰关系也大致相同。因此，很难说它们一种是实词（形式名词），一种是虚词（接续助词）。例（12）的「ところ＋が」构成主语的用法，不论语法意义还是句法功能都与例（7）的「ところ」和例（8）的「ところが」有着本质的区别。

因此，例（7）的「ところ」和例（8）的「ところが」已经不再是形式名词，而是接续助词。

按照最严格的说法，能用补格助词「に」的构成补语，如例（11）；不用「に」的则是状语，如例（6）。但是，《日语教育事典》在确立语法项目时，标准并不统一：「ため」的词条是「ため（に）」，而「とき」的词条却只有「とき」。其实，在接受定语从句的修饰时，并非只使用「とき」，也有使用「ときに」的时候。如：

（14）この鳥は私が窓を開けたときに、飛んできたのです。

如果说，"定语从句+とき"时「とき」是接续助词，"定语从句+ときに"时「ときに」不是接续助词，而定语从句后续的不论是「ため」还是「ために」都是接续助词的话，那么，这种说法是很难让人理解的。

二 助词的分类

助词的分类和整个语法体系是分不开的。对语法体系的认识不同，分类的结果自然就不一样。

山田孝雄将助词分为6类：格助词、副助词、系助词、终助词、间投助词、接续助词。（山田孝雄，1936：404）这种分类没有体现"并列助词"。山田的分类标准主要依据句素（「句」）[①]和成分（「成分」）这两个概念，得出格助词的过程是：①「一の句の内部にあるもの」；②「一定の関係を示すもの」；③「句の成分の成立又は意義に関するもの」；④「一定の成分の成立に

[①] 山田的术语，相当于小句，可译作"句素"。"一个句素，指的是经统觉作用活动一次而组织起来的思想在语言上的表现。"（山田孝雄，1936：917）"这种句素经过运用便构成句子。"（山田孝雄，1936：1051）

関するもの」。(山田孝雄，1936：404)既然与一定成分的成立有关的是格助词，那么，把构成并列成分的「と」纳入格助词便是顺理成章的事。如：

（15）月と花とを賞す。

然而，同样构成并列成分的「か」却被归入副助词。例如：

（16）桜か桃かが咲いた。

相比之下，桥本进吉的分类要详细得多，一共分出了9种助词：副助词、准体助词、接续助词、并列助词、准副体助词、格助词、系助词、终助词、间投助词。(橋本進吉，1948)桥本的分类主要根据对后续部分的"中断"和"连续"，以及对前接部分的接续法。桥本的格助词中没有起定语作用的「の」，这个「の」被单列一项，取名叫"准副体助词"。桥本的分类中还有很特别的一类，即"准体助词"，共有「の、ぞ、から、ほど」4个。如：

（17）行くのを
（18）誰ぞに頼もうかな。
（19）三百斤からの重さ
（20）三つほどが丁度好い。

其中，例（17）的「の」一般被看作形式名词。另外，「ほど」除了有"准体助词"的用法外，还有"副助词"的用法。如：

（21）今までほどお金が要らなくなった。
（22）5時間ほど書をした。

"准体助词"的主要依据就是「連用語には附かない」，但是例（21）的「今まで」和例（22）的「5時間」都是「連用語」。既然如此，把具有同样用法的词（例如「ばかり」和「ほど」）分开，另立一类（副助词），似乎理由不足。

（23）あなたばかりがたよりです。
（24）そうばかりも考へられぬ。

我国的《高等院校日语专业基础阶段教学大纲》和《大学日语教学大纲》都把助词分为6类：格助词、接续助词、提示助词、副助词、并列助词和语气助词。这两个大纲在助词分类方面最突出的特点，就是设立了"语气助词"。山田语法和桥本语法中的"终助词"和"间投助词"，主要是根据助词所处的位置命名的。而语气助词则根据这两类助词共同的功能——说话人的陈述语气，取名"语气助词"，这是非常合理的。

日本的教学语法及其他许多语法体系，都把用于修饰名词的助词「の」划入格助词。譬如，山田孝雄就把「の」划入格助词。在山田的语法体系中，格助词是"在一个句素内部的""表示一定的关系的""与句素的成分的成立或意义有关的""与一定的成分的成立有关的"（山田孝雄，1936：404）。它所构成的句子成分属于"连体格"。

在桥本进吉的助词分类中，「の」被剔除出格助词，单列一项，取名"准副体助词"。在桥本的语法体系中，学校语法中称作"连体词"的这一类词，被称作"副体词"。由于这个「の」与"副体词"（即"连体词"）一样，只用于修饰体言，因此桥本称之为"准副体助词"（橋本進吉，1948：86~90）。

现行的教学语法都把「の」归入格助词，取名"所有格"或"属格"。但是，「の」除了表示所属关系，还可以表示主谓关系

和动宾关系。由于它承担的"资格"太多，因此也就失去了作为"格"的资格。如：

（25）私たちの国はあの国と外交関係を結んでいます。
（26）運送屋の取扱いが乱暴なので、家具がいたんでしまいました。
（27）あの運送屋は荷物の取扱いが丁寧です。

如果一定要把例（26）的「取扱い」解释成属于「運送屋」的行为也未尝不可，但是例（27）的「取扱い」便很难说是属于「荷物」的了。

然而，不论这个「の」表示什么资格，其中有一点是共同的，那就是：它们都构成连体修饰成分，都作定语。一旦从"资格"中摆脱出来，"所属关系"、"主谓关系"和"动宾关系"之类则只是「の」的不同用法而已。

考虑到构成定语成分的「の」与格助词的原则有所出入，因此另立一类，称作"连体助词"。

本书根据句法功能对助词进行分类，具体的分类过程如下。

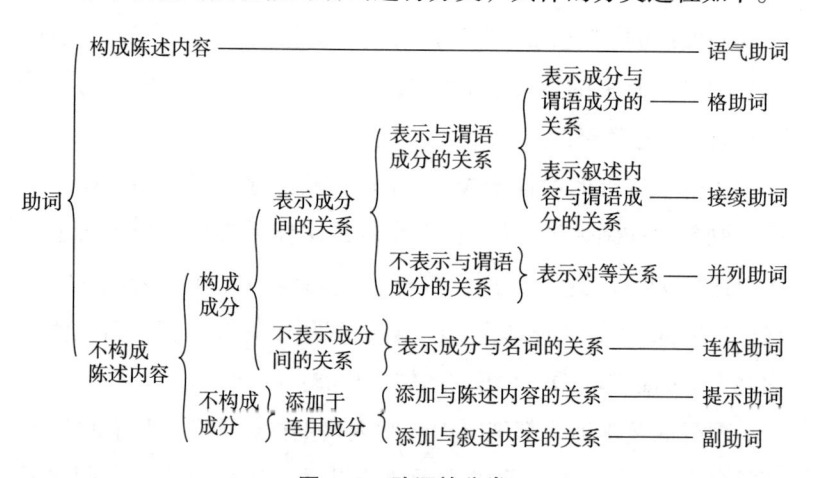

图 1-8　助词的分类

这里所使用的"陈述内容"和"叙述内容"等术语及其之间的关系，请参看渡辺実（1971）和林璋（1990，1996）。

三　助词归类的若干问题

一个助词必须具备形态、意义和功能三个方面的特征。

有的助词，即便形态相同，由于意义和功能不同，也应分属于不同的种类。如：

（28）雨が降っています。　　　　　　　　　　（格助词）
（29）彼はからだも大きいが、力もある。　　　（接续助词）
（30）昨日彼とテニスの試合をしました。　　　（格助词）
（31）兄の性格と弟の性格はちっとも似ていない。
　　　　　　　　　　　　　　　　　　　　　　（并列助词）

这里说的助词的意义，特指语法意义。譬如例（30）的「と」表示"同一动作的对方"，而例（31）的「と」则表示"并列"。在与谓语的关系方面，例（30）的「と」与谓语动词之间存在"格"的互补关系，而例（31）的「と」与谓语动词之间没有任何关系。

与词汇意义一样，语法意义也是可以引申或派生的，如「まで」。

（32）東京から名古屋まで2時間かかる。　　　（格助词）
（33）この魚はまだ中まで火が通っていない。　（格助词）
（34）レポートはわたしの所まで持ってきてください。
　　　　　　　　　　　　　　　　　　　　　　（格助词）
（35）さすがに彼は長年日本にいただけあって、座布団の
　　　縦が横より少し長いことまで知っていた。
　　　　　　　　　　　　　　　　　　　　　　（副助词）

（36）私まで へ招待状が来た。　　　　　　　　（副助词）

例（32）中的「～から～まで」仅用于限定一个静态的范围。从例（33）中的「中まで」，我们已经可以感觉到从外到内的移动，这时已经不需要借助「～から」了。例（34）同样只举出「まで」这一头，强调距离之远（因此含有过意不去的意思）。例（35）继承了这种"距离"的感觉，说明从一般的事情一直到很细微的事情都知道，这里只使用了「まで」这一端，表示既然这么细微的事情都懂，那么一般的事情就更不用说了。例（36）也一样，"我"是微不足道的，连我这种人都收到请柬，邀请面之宽可想而知。

由此可见，助词的语法意义也有延续性，这种语法意义并不是判断助词类别的最终依据。判断助词类别的最有效的手段是看助词的功能，即助词在句子中所起的作用。当「まで」不是构成补格成分的必需要素时，它就不再是补格助词了。

许多语法书和词典都把「し」纳入接续助词。「し」有两个用法，即表示并列关系和表示因果关系。如：

（37）大きいし、持ちにくいし、たいへん不便です。

其中，「大きいし」的「し」表示并列关系，与「持ちにくい」构成一个整体（「大きいし、持ちにくい」）。然后，该整体再接上表示因果关系的「し」。但是，「し」在表示因果关系时，还有一层语法意义，那就是"暗示其他"，也就是说，它仍然含有并列的意思，只不过另一个被并列的项目被省略罢了。因此，表示因果关系的「し」是表示并列关系的「し」的引申用法。有鉴于此，本书认为应将「し」划入并列助词。

同样，我们不能因为「も」有"影も形もない"这种在结构

上为并列的用法，而认为「も」是并列助词。

有的语法书和工具书把用在句子末尾的接续助词看作终助词。如：

（38）このことはあなたもすでにご承知だと思いますが。
（39）少しは勉強しなさい。あしたは試験なのに。

但是，如果把这些助词看作终助词，我们便无法在理论上承认有些东西被说话人省略了。然而，这里的确有些东西被省略了。与其把它们看作终助词，同时又说它们含有言犹未尽之意，不如把它们看作接续助词的省略用法更为直截了当。

四　小结

探讨日语助词的分类就是要重新认识日语助词。若要细究起来，还有许多问题有待进一步研究。本书只是抛砖引玉，希望能够引起国内日语界对该问题的注意。

第四节　日语接续词的句法功能[*]

一　问题的提出

日语的接续词作为词类之一，其词性相当于汉语中的连词，英语中的conjunction，在日本传统的学校语法中是一类很特别的词。其特别之处在于，在句法上它可用于连接词与词、句子成分与句子成分，以及句子和句子；而且，它是独立词，可以单独构成句子成分，它所构成的成分被称作独立成分。正因为接续词所连接的项目较复杂，所以学界对接续词的研究大多局限在对接续

---

[*] 原名《论日语接续词的句法功能》，载《日语学习与研究》1999年第1期。

词用法的描写上。本节试图通过分析接续词的词汇意义，来探讨由接续词构成的广义的句子成分[①]的性质。

此前，人们在谈论接续词的意义时，大多仅限于指出某个接续词的语法意义，如并列、累加、选择、顺接、逆接、说明、补充、转换等。例如：

（1）国語<u>並びに</u>数学は必修科目です。　　　　（并列）
（2）講堂は広く<u>かつ</u>明るい。　　　　　　　　（累加）
（3）借りて読む<u>かあるいは</u>図書館で読むしかない。
　　　　　　　　　　　　　　　　　　　　　　　（选择）
（4）ベルが鳴った。<u>そこで</u>、玄関に出てみた。（顺接）
（5）彼は英語が得意だ。<u>だが</u>、僕はあまり得意ではない。
　　　　　　　　　　　　　　　　　　　　　　　（逆接）
（6）日本の表玄関、<u>すなわち</u>成田空港。　　　（说明）
（7）遊びに行ってもいい。<u>ただし</u>、1時間以内に帰っておいで。　　　　　　　　　　　　　　　（补充）
（8）<u>では</u>失礼いたします。　　　　　　　　　（转换）

在日语语法中，对词汇作较详细分类的各主要学说均把接续词纳入实词（「詞」）或独立词（「独立語」）（林璋，1996）。既然这样，接续词除了具有语法意义还应该具有词汇意义。但是，在例（1）～例（8）中我们看不到接续词以什么样的词汇意义与后续内容连接。

至于接续词所连接的对象有：

（9）山<u>また</u>山を越えていく。　　　　　　　　（词与词）

---

① 狭义的句子成分指分析句子的叙述内容后得到的句子成分，广义的句子成分还包括由接续词构成的陈述内容。

（10）山から<u>また</u>海からの便り。　　　（成分与成分）
（11）絵も上手だし、<u>また</u>書もうまい。　（分句与分句）
（12）電車で行くか。<u>それとも</u>バスで行くか。（句子与句子）

　　这里还存在两个问题。首先，最大的问题在于连接"句子与句子"。以例（12）来说，若没有「電車で行くか」，「それとも」便无从接续；但是反过来看，即便没有「それとも」，像例（13）和例（14）这样，表示"选择"的语法意义也是成立的，接续词「それとも」的使用只不过使得"选择"这一语法意义表面化而已。

（13）電車で行くか。バスで行くか。
（14）電車で行くか、バスで行くか。

　　其次，例（12）是两个句子，「それとも」是第二个句子「それともバスで行くか。」中的一个部分，而不是该句以外的什么成分。因此，「それとも」并非连接「電車で行くか。」这个句子和把「それとも」排除在外的「バスで行くか。」这个句子。换言之，接续词「それとも」并非连接两个句子，而是连接「電車で行くか。」这个句子（暂且说它是句子）和它所在句子的「バスで行くか」这一部分。另外，由接续词构成的并列关系与助词构成的并列关系是否相同？总之，接续词这一类词具有什么样的性质？它所连接的对象是什么？以什么方式连接？要探讨这些问题，有必要从句子的某些性质说起。

二　日语句子的特性

　　日语语法学界对日语句法的研究，以渡边实的《日语构文论》(『国語構文論』) 的问世为标志，步入了以功能研究句法的

新阶段。但是，渡边实认为句子是由客体表现＋主体表现构成的，而句子成分也由客体表现＋主体表现构成。因此，在渡边语法中，句子与句子成分是同质的。北原保雄（1981）进而提出"断止作用"这一语法功能，认为句子的成立是由说话人运用了"断止作用"这一句法功能带来的。这样，句子与句子成分之间就有了质的区别。如果说话人不运用"断止作用"，那么一句话将无休止地延续下去，如例（15）；反之，只要说话人运用了"断止作用"，即便话才说到一半，说话人也可以使之成为句子，如例（16）〔在一般情况下，日语句子要求以终止形结句，例（16）则是以连用形结句〕。

（15）さう、さうだ、笛の心は慰まない、如何なる歌の過剰にも、笛の心は慰まない、友よ、この笛を吹くな、この笛はもうならない。僕は、僕はもう疲れてしまつた、僕はもう、僕の歌を歌つてしまつた、この笛を吹くな、この笛はもうならない、——昨日の歌はどこへ行つたか？追憶は帰つてこない！春が来た、友よ、君らの歌を歌つて呉れ、君らの歌の、やさしい歌の悲哀で、僕の悲哀を慰めて呉れ。

（三好達治，「僕は」）

（16）（今日はうららかないい日だ。）裏の小川はさらさら流れ。

（北原保雄，1981：61）

由此可见，"句子是语言主体停止语言行为而产生的。作为结果的句子，是形态的独立体、意义的完结体和功能的统一体"（林璋，1990）。

因此，当我们分析句子的时候，第一步是"句子＝言语表

现+断止作用"。断止作用是无表现，是停顿；而言语表现包括说出的话和语调（书面语则表现为相应的标点符号，如句号、感叹号等）。在语法学上，我们可以给这里所说的言语表现起一个名称，叫"陈述内容"。陈述内容由客体表现和主体表现构成。一个句子可以由一个陈述内容构成，也可以由多个陈述内容构成。例（15）总共只有4个句子，除了"追憶は帰ってこない！"这句为单个陈述内容句外，其余3句均为多重陈述内容句。单个陈述内容句与多重陈述内容句的对立，不同于简单句与复杂句的对立，后者是前者的下位概念，即单个陈述内容句可以是简单句，也可以是复杂句。如：

（17）雨が降るだろう。P　　　　　　（简单句）①
（18）春になれば、花が咲く。P　　　（复杂句）

由于说话人的主体表现即陈述都只运用了一次，所以例（17）和例（18）都是单个陈述内容句。在例（17）中，「雨が降る」是客体表现，「だろう」是说话人对这件事所持的态度，属于主体表现。因为客体表现中述格只运用了一次，只生成一个叙述内容，所以是简单句。而在例（18）的客体表现中，由于述格运用了两次，有两个叙述内容，因此是复杂句。至于主语、谓语等句子成分，则是对叙述内容进行句法分析之后得出的，具体的分析过程与本节内容无直接关系，从略。

三　接续词的词汇意义与句法功能

一般的语法书认为由接续词构成的句子成分是独立成分。那么独立成分是什么性质的成分？或者范围收得小一些，由接续词

---

① P是"断止作用"的标记，指言语表达的断止（pause）。

构成的独立成分是什么性质的成分呢？

所谓的独立成分，也就是与句子的其他成分——尤其是谓语成分——无直接关系的句子成分。或者应该说，语法学家用以往的语法体系无法找出这种成分与其他成分之间的直接关系，不得已只好给它起一个连语法学家们自己都不愿见到的名称——独立成分。因为，语法学家总是声称句子是一个有机统一体。但是，如果一个句子内部存在独立成分，那么这个有机统一体便不复存在了。在句法研究中出现"独立成分"和"有机统一体"这一对矛盾时，我们当然宁愿相信后者，并且通过给"独立成分"做出合理的解释，来逐一"消化"独立成分。在这一方面，日本的语法学家做出了许多可贵的努力。由感叹词构成的独立成分已经被消化，它被看作并列成分（渡辺実，1971；北原保雄，1981）。

这里有必要先来看看日语语法学界对句子成分的认定。渡辺実（1971）认为，句子成分必须由两个要素构成：表示素材的功能和构成关系的功能。北原保雄（1981：191）同样认为："接续成分，从功能上看，是由接续内容和接续功能构成的。"同时，他指出，接续内容至少有两种，并且用 A、B 两组例子来表示。

A（19）<u>せっかく神戸まで行きながら</u>、ボートピアを見ないで帰ってきた。

（20）<u>彼が来たら</u>、私は帰ります。

（21）<u>値段が高いので</u>、とても買えない。

B（22）<u>たぶん先生は君のことを叱るだろうから</u>、今から十分覚悟しておきなさい。

（23）<u>一人ではおそらくとても行かれまいが</u>、二人でならこわくない。

（北原保雄，1981：192）

这两组接续成分的接续功能都是由接续助词表示的，也就是说，接续助词「ながら」、「たら」、「ので」、「から」和「が」以外的划线部分都是接续内容。北原保雄（1981：192）认为这两组的区别在于：A组不能包含陈述修饰成分，而B组则可以包含陈述修饰成分，如「たぶん」和「おそらく」。

在接续词方面，北原保雄（1981：199）认为，接在句首的接续词是接续成分。如：

（24）して、君はどうするつもりなんだ。

（北原保雄，1981：199）

北原说："这些由接续词构成的接续成分，或者其接续内容完全依赖前句或文脉，或者表示接续内容的部分极为形式化，成为只具有接续功能的虚词式的成分，但是在句法上，可以看作与被接续成分保持接续 - 被接续关系的普通的接续成分是一样的。"（北原保雄，1981：199）但是，他认为在句中的接续词——如例（1）～例（3），例（9）～例（11）——属于独立成分。

北原对接续词的接续内容的解释是很含糊的，没有指出其接续内容的性质，也没有指出A、B两组接续成分的接续内容的性质。看来，要解决广义的接续成分的问题，关键在于是否能够以同样的方法来分析它。

实际上，A组接续成分的接续内容是叙述内容，B组接续成分的接续内容是陈述内容。由此，我们首先可以认定：由接续助词构成的接续成分可以由陈述内容承担，换言之，含有接续成分的句子可以是多重陈述内容句。那么，接续词的接续内容，也就是它的词汇意义是什么呢？

这里仍以例（12）来说明。在「それともバスで行くか。」中，「バスで」是补语，「行く」是谓语，在句子成分中属于构成

句子框架的句子成分，而定语、状语则属于装饰性的句子成分。（北原保雄，1981：135~136）换言之，谓语是第一级成分，而定语、状语则属于第二级成分。显而易见，「それとも」不是第一级成分（当然更不是第二级成分）。把它看作独立成分的学说，也许将它当作第一级成分，却又找不到它与其他第一级成分之间的关系，于是就称之为独立成分。那么，接续词在句子中究竟起什么作用呢？

要说明这个问题，首先必须弄清楚接续词连接的到底是什么。以例（12）来说：前句「電車で行くか。」和后句「それともバスで行くか。」处于并列的关系，进一步说属于并列中的选择关系。「それとも」在其中起连接的作用，连接「電車で行くか」和「バスで行くか」。若没有前句，仅对后句而言，「それとも」毫无意义，什么也不是。因此，若要使「それとも」乃至接续词这一类词有意义，首先必须有一个可供接续的前提。对接续词所在的句子而言，接续词就是在这一前提下进行接续的。由于例（12）的两个句子处于并列关系，而且这种并列关系还可以用例（13）和例（14）的方式来表示，因此我们可以说例（12）的第二个句子中的「それとも」相当于「電車で行くか。」（「電車で行くか。」中的句号只是句末特殊语调的文字标记，而不是断止作用的标记），即例（12）是两个陈述内容的并列。说例（12）的「それとも」相当于「電車で行くか。」，指的是该接续词的词汇意义（即接续内容），它的语法意义仍然是并列中的选择。当然，我们不应该忘记，「それとも」乃至接续词这一类词的词汇意义终究是抽象化的。正因为它们的词汇意义是抽象的，所以可以用于"指代"各种"内容"，如：

（25）野球が好きですか。それともテニスが好きですか。

在例（25）中，「それとも」的词汇意义则为「野球が好きですか」。

接续词的这种"指代"功能，这里称之为"前提导入功能"。因此，例（12）的第二句中，「それとも」所导入的前提是陈述内容。这样，我们完全可以说，例（12）的第二句中，「それとも」是抽象化的陈述内容，它与具体的陈述内容「バスで行くか」构成并列关系，这个句子属于"多重陈述内容句"，而不是带独立成分的简单句。

例（12）的接续词「それとも」导入的前提是陈述内容，但是接续词不仅限于导入陈述内容。例（9）的接续词「また」导入一个词，例（10）导入句子成分，例（11）导入叙述内容。由此可见，接续词的词汇意义是由它的前提导入功能生成的，并且由它所导入的前提决定。

另外，接续词的语法意义又决定了接续词与后续内容之间的句法关系。接续词与后续内容之间的句法关系有两种：并列-被并列关系以及修饰-被修饰关系。例（1）～例（3）属于前者；例（4）～例（8）则属于后者。

并列关系可以用助词来表示，也可以用接续词来表示。助词在表示并列关系时，与它所连接的部分一起构成一个句子成分。而接续词则是把它前面的部分作为前提内容导入，而后与后续部分并列。譬如在例（27）中，"山"是名词，在日语中不能单独构成成分，而且在说完前一个"山"的时候必须有一个小小的停顿，等待接续词将它"导入"。因此，在结构上，由接续词表示的并列关系也就比助词所表示的并列关系来得复杂。

（26）英語と日本語[①]

[①] 这里的句子分析只是整个分析步骤的一部分。完整的分析过程请参阅林璋（1992）。

（27）山 また 山
　　　 ⊣├─　←┤

这里，"⊣├─"表示并列关系，"─<←"表示导入前提（改前提为词）。

（28）電車で行くか。P それともバスで行くか。P
　　　━━━━━━━━━<　←━━━━━━━━━┤

（29）しかし、私は行かない。P
　　　⇐⇒━━━━━━━

例（28）和例（29）句首的接续词所导入的前提内容是陈述内容，其中，例（28）是并列关系，例（29）是偏正关系。

四　小结

日语的接续词不仅具有语法意义，而且具有词汇意义，只不过它的词汇意义是抽象化的。通过分析接续词，我们看到一个含有接续词的句子可以是多重陈述内容句。这一结果，一方面直接影响到日语的词汇分类（林璋，1996：12），另一方面还影响到句子结构的分类，即日语句子可以分为单个陈述内容句和多重陈述内容句。

第二章 受益动词研究

第一节 日语授受关系[*]

对外国学习者来说，日语语法中最难懂的项目首推授受关系。

所谓"授受"，顾名思义就是交付与接受。日语中可以用来表示交付与接受的动词，除了被称为授受动词的「やる、あげる、さしあげる、くださる、もらう、いただく」之外，还有「与える、受ける」等。但是，后者不被列入授受动词。究其原因，它们最根本的区别是前者除了表示交付与接受以外，还伴随着一种人际间的恩惠转移，而后者则不伴随这种恩惠转移。这里，我们把这种心理方面的人际间的恩惠转移称作"授受关系"。

由此可见，日语的授受动词表示"交付与接受＋恩惠转移"。但是，一旦授受动词接在助词「て」之后而转为补助动词，交付与接受的意义便告消失，仅留下"恩惠的转移"。因此可以说，"授受"的本质在于"恩惠转移"，亦即在于授受关系。

一 授受动词的动作与恩惠

要理解授受关系，首先必须确立区别"内／外"的意识。简言之，"内"以说话人为中心，包括说话人以及说话人认为属于

---

[*] 原名《日语授受关系试析》，载《日语学习与研究》1998年第1期。

自己一方的人；"外"以听话人为中心，包括听话人以及说话人认为属于听话人一方的人。

授受关系表示"内"和"外"之间的"交付与接受"和"恩惠转移"，这两者都具有方向性。"交付与接受"是一种行为，这里把它的方向称作"动作方向"；恩惠转移的方向则称作"恩惠方向"。动作方向用"──▶"来表示；恩惠方向用"┈┈▶"表示。

表示授受关系的动词分为三组：①やる、あげる、さしあげる；②くれる、くださる；③もらう、いただく。同一组内，各个动词的动作方向和恩惠方向都是一致的。各组的动作方向、恩惠方向和基本句式如下。

①やる组
内が外に～をやる
内 ┈┈▶ 外

动作方向和恩惠方向一致，由内向外移动。动作主体是内，内方在做动作的同时把恩惠给予外方。因为动作主体是内，所以其相应的敬语表现为自谦。

②くれる组
外が内に～をくれる
内 ◀┈┈ 外

动作方向和恩惠方向一致，由外向内移动。动作主体是外，外方在做动作的同时把恩惠给予内方。因为动作主体是外，所以其相应的敬语表现是尊他。

③もらう组

内が外に/から~をもらう

内 ⇄ 外

动作方向和恩惠方向不一致,动作由内向外发出,恩惠由外向内返回。动作主体是内,内方发出"需要"的请求,于是恩惠便随着请求从外方移向内方。虽然从结果上看くれる组和もらう组都是内方得到恩惠,但是由于もらう组带有向人要的含义,正所谓"拿人手短",因此带有不好意思的成分,也就更加谦恭。因为动作主体是内,所以其相应的敬语表现是自谦。例如:

(1)わたしはこのカメラを田中さんにあげるつもりです。
(2)よし子さんがこのハンカチをくれました。
(3)わたしはこの筆箱を友達からもらいました。

(『日本語教育事典』)

授受关系中虽有内外之分,但是在实际使用时,把什么人看作内、把什么人看作外则相当灵活。例如:

(4)A:あなたのたんじょう日に、ご両親はあなたに何かくださいましたか。
　　B:父はスイス製のうで時計を、母は自分であんだ黄色のセーターをくれました。

(東京外国語大学附属日本語学校『日本語Ⅰ』)

例(4)A包括听话人"你"和"你父母",而"我"在使用授受关系时,则必须分出内外。在一般情况下,"你"和"你父母"应该属于一方(外),"我"属于另一方(内)。但是,例(4)A却把"你"划入内方,把"你父母"划入外方。这个句子

应该这么解释：你是我的朋友，因此对于我来说，你较接近于我，在你和你父母的授受关系中，在必须作出内外划分时，只能把"你"划入内方。"你"和"你父母"本是一家人，可是在授受关系的表现中居然可以分成内外；而例（4）B同样把自己的父母划入外方——可见划分之灵活。不过，在这诸多的变化中，有一点是不会变的，即说话人"我"永远只能是内。

二 授受动词用作补助动词

表示授受关系的动词，还可接在「～て」之后作补助动词。例如：

（5）わたしはおばあさんに新聞を読んであげました。
（6）良子さんがこのくつ下を編んでくれました。
（7）友達に雑誌を送ってもらった。

（『日本語教育事典』）

作补助动词用时，原先的交付与接受的意义便不复存在，只留下授受关系。

要理解授受补助动词，除了上述授受动词的内容之外，还必须了解授受补助动词与主动词之间的关系。从例（5）～例（7）可以看出：

①やる组
内が外に動（内）てあげる（内）

やる组的动作主体是内，主动词的动作主体也是内，两个动作乃同一主体所为，即内为外做某一动作，同时将恩惠给予外。

②くれる组
外が内に動（外）てくれる（外）

くれる组的动作主体是外，主动词的动作主体也是外，两个动作乃同一主体所为，即外为内做某一动作，同时将恩惠给予内。

③もらう组
内が外に/から動（外）てもらう（内）

もらう组的动作主体是内，而主动词的动作主体则是外，两个动作分别由不同的动作主体承担，即内请求外做某一动作，并通过外的动作得到恩惠。

了解授受补助动词的这一基本句式及其内在关系，有助于我们理解较为复杂的授受关系，因为授受关系有时可以重叠使用。例如：

（8）〈社員が課長に〉
社長に一筆お書きになっていただいてくださいませんか。
（文化庁，1971：157）

这里，说话人（即内）是"社員"，听话人（即外）是"課長"。因此，「ませんか」是内的请求，「くださる」是外的行为（为我），「いただく」也是外的行为（请求社长），而「一筆お書きになる」则是"社长"的行为。整句话的意思是："您能不能请社长给写几个字？"

甚至还有三层授受关系重叠使用的。例如：

（9）〈子どもが写真をとりたがっているので〉
写真をとってもらってやってくださいませんか。

（文化庁，1971：157）

　　这个句子涉及三个人物：说话人（即内）、听话人（即外）和话题人物（即说话人的孩子）。同样,「ませんか」是内对外的请求；「くださる」是外的行为（对内，为我）；「やる」与「くださる」是同一主体，也是外的行为（对外，为孩子）；「やる」与前一个动词主体相同，所以「もらう」也是外的动作（对外，请求孩子）；而「もらう」与前一个动词主体不同，而且前一个动作的主体是外，因此「写真をとる」的行为主体是孩子。这句话的意思是："能不能请您（看在我的面子上）让孩子给您照张相（以满足孩子的愿望）?"这可以说是授受关系用法的极端了。三组动词的排列顺序是固定的：もらってやってくれる。对照上述授受关系的句式可知，这三个动词乃同一主体所为。

　　同样的例子还可见于《为外国人编的日语读本（中级）》（『外国人のための日本語読本—中級—』）所收《日语与封建性》（「日本語と封建性」）一文：

　　……我々は、たとえば、知人に自分の友人を紹介する場合、次のような言い方をしかねない。この時の頭の使い方は、この上なく複雑だ。

　　　この男はアユつりの自称名人なんですが、一度教えを受けてもらってやってくださいませんか。

　　「もらって」は、知人が友人から、「やって」は、友人が知人から、「くださいませんか」は、私が友人から、

それぞれ恩恵を受ける意味だが、こうなると、知人がはなはだわずらわしい。知人にアユつりのこつを教えれば、その利益はどのような方向に授受されるかを精密に計算しての表現である。

（金田一春彦，1974：10~11）

从前后两段解释，我们可以得出这样的结论：自称名人而且要教授的是朋友（友人），要学习的是熟人（知人），即两人的关系是朋友教熟人；而说话人"我"（即内）是对熟人（即外）说的（知人に自分の友人を紹介する）。实际情况似乎并非如此。而且用前文的句式分析该解释中所说的恩惠转移方式，可以发现其不符合"同一主体"的原则：「もらう」是熟人从朋友处得到恩惠，主体应为熟人；「やる」是朋友从熟人处得到恩惠，主体应为熟人；「くださる」是我从朋友处得到恩惠，主体则是朋友。并且，从「くださる」的主体是朋友这一点看，"我"应该是对朋友说的。这究竟是怎么回事呢？

这个句子有前后两个部分，由接续助词「が」连接。前半部分显然是对熟人说的，问题在后半部分。用前面的句式及"同一主体"的原则来分析，其实很简单：「教えを受ける」（接受教导）反过来说就是学习，主体应该是熟人；「もらってやってくださる」这三个动作乃同一主体所为，这个主体既是说话人请求的对象，又不是「教えを受ける」的主体即熟人，因此只能是朋友。由此可知，这句话的前半部分是对熟人说，后半部分则是转过脸来对朋友说。至于恩惠的转移应该是这样的：我请求（ませんか）朋友为我（くださる）做一件事情，即让熟人接受教导（教えを受けてもらう），以此让熟人受益（やる）。

另外，三上章（1970：153~154）也分析了类似的例句：

この男は釣りてんぐです。一つ秘伝を教えてもらってやってくれませんか。

(金田一春彦例)

君が彼に教エル

君が彼に教エテモラウ

君が彼のために彼に教エテモラッテヤル

君が私のために（彼のために彼に教エテモラッテヤッテ）クレル

这里同样涉及三个人：说话人（我），教的人，学的人。显然，这句话是我对学的人说的。这里的解释完全符合句子的内容。问题在于这种说法本身是否合理：我请求（ませんか）学的人为我（くれる）做一件事情，即让他教你（教えてもらう），以此让他受益（やる）。但是，通过「やる」，学的人究竟要给教的人什么恩惠呢？给他一个面子，以满足他好为人师的嗜好？或者说给他一个赚钱的机会？作为自造例（作例），解释起来似乎勉强了些。

三　授受动词与敬语

一旦区分内外，自然就带出敬语的问题。同一组内，是否使用敬语是由说活人所认为的内、外之间的关系决定的。同一组的敬语表达属于尊他或自谦，前面已经谈到。同时我们还看到，从得到恩惠的角度看，三组可以分为两类：やる组是外方受益；くれる组和もらう组是内方受益。而且，虽然同是内方受益，もらう组的尊敬程度要高于くれる组。

外方受益的やる组里，尽管さしあげる的敬语程度非常高，但是在使用较高程度的敬语表现时，人们并不喜欢用它。例如：

（10）紹介してさしあげます。

（11）ご紹介します（ご紹介いたします）。

（12）紹介させていただきます。

虽然它们都是自谦的说法，但例（10）这样的说法有施惠于人的含义。在比较考究的时候，或者说在使用较高程度的敬语表现的时候，不应该给人以施惠于人的感觉。例（11）则只表示自谦。例（12）通过使役（请求对方使役自己）的说法，抬高了对方。

由于授受关系可以重叠使用，而且各组授受关系又有敬语与非敬语之分，因此还有一个敬语与非敬语的排列顺序的问题。在句子展开的过程中，敬语的原则是只能上不能下。也就是说，可以是"非敬语＋敬语"或"敬语＋敬语"，而不可以是"敬语＋非敬语"。例如：

（13）先生、うちのむすこにきつく言ってくださいませんか。（○）

（14）先生、うちのむすこにきつくおっしゃってくださいませんか。（○）

（15）先生、うちのむすこにきつくおっしゃってくれませんか。（×）

（文化庁，1971：155）

但是，敬语的"前低后高或前后持平"这一原则，似乎并非在任何情况下都适用。《日语教育指导参考书2：待遇表现》（『日本語教育指導参考書2 待遇表現』）中有这么一个例子。

（16）

```
心配しないように ─┬─ おっしゃって ─┬─ あげて ─┬─ いただけませんか。……○
                │       ＋        │   ＋     │         ＋
                │                 │          └─ もらえませんか。………×
                │                 │              0
                │                 └─ やって ─┬─ いただけませんか。……×
                │                    0      │         ＋
                │                            └─ もらえませんか。………×
                │                                0
                └─ 言って ─┬─ あげて ─┬─ いただけませんか。……○
                    0      │   ＋     │         ＋
                           │          └─ もらえませんか。………×
                           │              0
                           └─ やって ─┬─ いただけませんか。……○
                              0      │         ＋
                                      └─ もらえませんか。………○
                                          0
```

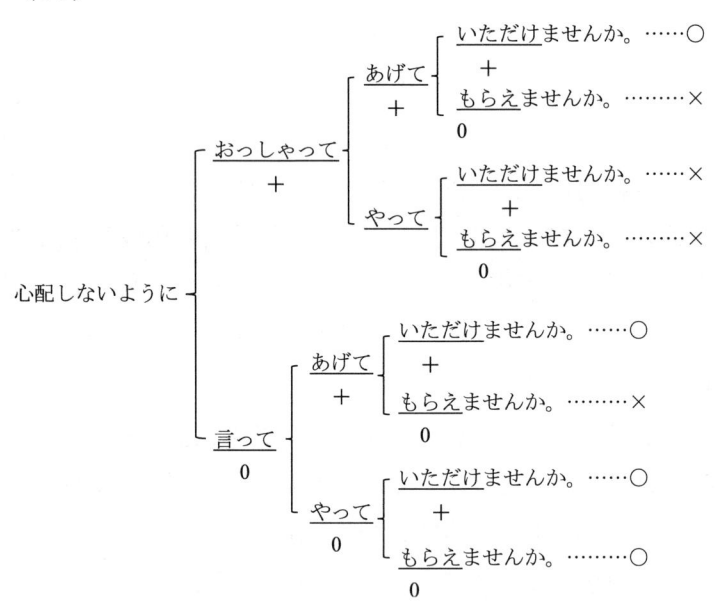

虽然书中补充解释说："現実には「おっしゃってあげていただく」，「言ってあげていただく」のような言い方は，二重敬語的であまり用いられないであろうが……"（文化庁，1971：156）但是，其中的

（17）おっしゃってやっていただけませんか。
（18）言ってあげてもらえませんか。

却是可以说的。

该书认为例（17）不对，是因为「やる」在「おっしゃる」之后；认为例（18）不对，是因为「もらう」在「あげる」之后。这里，该书忽视了一个重要的问题，即这个句子涉及三个人：说话人我，听话人你以及你的传达对象。用「言う」还是「おっしゃる」取决于我和你之间的关系；同样，使用「もら

う」还是「いただく」也由你我之间的关系来决定。用于表示你我之间关系的措辞必须遵循敬语的使用原则，即前低后高或前后持平。例（17）、例（18）都做到了这一点。至于中间夹「やる」或「あげる」，是我和传达对象之间的事情。虽然传达的动作是你做的，恩惠也是你给出去的，但是我是否使用敬语则基于我所判断的我和传达对象之间的关系。在例（17）中，我认为有必要对你表示敬意，没有必要对传达对象表示敬意；而在例（18）中，我认为没有必要对你表示敬意，却有必要对传达对象表示敬意。这一点与下例所表现的原理是一样的。

（19）先生が、お見えになったよ。/先生が、お見えになったわ。

（文化庁，1971：38）

即在同一句话中，可以一方面对话题中出现的"老师"表示尊敬，另一方面也可以对近在眼前的听话人不使用敬语。

第二节　日语中受益动词同现的句式[*]

本书认定的受益动词共有7个：くれる、くださる、やる、あげる、さしあげる、もらう、いただく。这些动词传统上称为授受动词，在句法上，可以用作句子的主动词，例如（1）a；也可以用作辅助动词，例如（1）b。

---

[*] 原名《日语中受益动词同现的句式》，载《日语研究》编委会编《日语研究》第3辑，商务印书馆，2005。本节的主要内容曾经在"2004日本语言文化教学与研究国际学术研讨会"上发表，会上及会后得到奥津敬一郎、于康、守屋三千代等学者的教益。在写作过程中，宫良信详先生提了许多建议，在语料调查中得到福建师范大学的外教佐藤慎一先生的大力支持。匿名审稿人提出了许多宝贵的意见。在此一并致谢。

(1) a. 真由美が大輔にセーターをあげた。　　（主動詞）
　　 b. 真由美が大輔にセーターを編んであげた。
　　　　　　　　　　　　　　　　　　　　（輔助動詞）

本书使用"受益动词"来称呼这些动词，不区分用作主动词的授受动词和用作辅助动词的授受辅助动词。换言之，受益动词是作为授受动词和授受辅助动词的上位概念来使用的。

寺村秀夫（1982）所说的授受动词（「授受動詞」），是给予义动词和取得义动词的总称，其中不仅包括本书所说的受益动词，还包括命名义动词。益岡隆志、田窪行則（1992）也是把授受动词这个名称用作给予义动词（「授与動詞」）和取得义动词（「受取動詞」）的总称。

本节将对日语中两个或两个以上的受益动词同现的多重受益动词句进行描写。本节主要处理以下几个问题：① 受益动词的性质；② 双重受益动词句的使用规则；③ 三重受益动词句的使用规则。

以下句子中的「くれる」的用法不是受益动词的用法，因此不在本节的考察范围之内。

(2) a. 牛肉は全部うちの犬にくれてやった。
　　 b. 彼は仕事以外には目もくれない。

一　受益动词与说话人

1. 受益动词的语义和配价

日语中的 7 个受益动词可以分为 3 组。从语义上看，这些动词包括给予义动词和取得义动词（益岡隆志、田窪行則，1992）。

　　1) クレル组：くれる、くださる　　　　　　（给予义）

2）ヤル组：やる、あげる、さしあげる　　　　（给予义）
3）モラウ组：もらう、いただく　　　　　　　（取得义）

受益动词是三价动词，有三个参与者。クレル组和ヤル组动词的参与者为动作者、接受者和对象；モラウ组动词的参与者为动作者、来源和对象。

2. 受益动词与非受益动词的区别

受益动词和不表示授受关系的其他给予义动词及取得义动词之间，有以下三点差异。

第一，受益动词指定参与者的语义角色。

授受事件中，总是有说话人的参与。说话人的参与方式有两种：①说话人以第一人称的方式直接参与授受事件；②说话人把授受事件中除对象之外的参与者中的一方看作"己方"，以这种方式间接参与授受事件。我们把有说话人参与的一方（不论是直接参与还是间接参与）称作"内方"，把没有说话人参与的一方称作"外方"。

受益动词不仅指定说话人参与授受事件，并且指定说话人必须是参与者中的某一方（即内方）。以用作主动词的受益动词为例，说话人的指定方式如下。（林璋，1998）

（3）a. クレル组：外が内に何かをくれる / くださる
　　 b. ヤル组：内が外に何かをやる / あげる / さしあげる
　　 c. モラウ组：内が外に / から何かをもらう / いただく

如果我们把内方确定为说话人，使用第一人称代词，那么以上句式可以这样使用。

（4）a. 大輔がぼくにかばんをくれた。

b. ぼくが大輔にかばんをあげた。
　　c. ぼくが大輔からかばんをもらった。

不符合（3）句式中的指定方式的说法不成立，如例（5）。

（5）a. *ぼくが大輔にかばんをくれた。
　　b. *大輔がぼくにかばんをあげた。
　　c. *大輔がぼくにかばんをもらった。

然而，对受益动词以外的给予义动词和取得义动词而言，说话人的参与不是必要条件，因此不对参与者进行人称限制。

（6）a. 私が都知事に助言を与えた？
　　b. 私に夢を与えたもの
（7）a. 私がとても影響を受けた本
　　b. 僕から受話器を受けた彼

　　第二，说话人参与恩惠的传递。
　　受益动词的上述人称限制跟恩惠的观念有关。所谓恩惠，就是一种好处。这是一种心理上的认定。在授受事件中，在物品移动的同时，总是伴随着恩惠的传递。因此，除对象外的其中一个参与者同时又是恩惠的获得者。这里，我们把授受事件中恩惠的获得者称作受益者。
　　从动作者的角度看，恩惠的传递只有两种可能性：①动作者给他人恩惠；②动作者从他人处获得恩惠。但是，受益动词指定恩惠的传递中必须有说话人的参与，不论是直接参与还是间接参与。这里还是以"内外"来看恩惠的传递方向。据林璋（1998），动作的方向和恩惠的传递方向如（8）。

（8）a. クレル组：外が内に何かをくれる / くださる

　　　　　　　（动作：外→内；恩惠：外┄┄▶内）

　　　b. ヤル组：内が外に何かをやる / あげる / さしあげる

　　　　　　　（动作：内→外；恩惠：内┄┄▶外）

　　　c. モラウ组：内が外に / から何かをもらう / いただく

　　　　　　　（动作：内→外；恩惠：内◀┄┄外）

从（8）可以看出，在クレル组和ヤル组中，动作者和受益者分别为不同的参与者，而在モラウ组中，动作者同时又是受益者。

由此，我们可以假设授受事件包含两个行为：①物品移动的行为；②恩惠传递的行为。其中，恩惠传递的行为是附带的。说话人在授受事件的恩惠传递中所承担的角色如表2-1。

表2-1　说话人在恩惠传递事件中的语义角色

	角色	恩惠	
		直接参与	间接参与
クレル组	接受者	受益者	共同受益者
ヤル组	动作者	施惠者	共同施惠者
モラウ组	动作者	受益者	共同受益者

使用モラウ组动词时，说话人同时具有双重角色，既是动作者又是受益者。但是，在句法上，动作者的解释优先。

第三，受益动词可以用作辅助动词。

日语中的辅助动词都是由动词演变而来的。在这个过程中，动词的词汇意义语法化，结果只表现某种语法意义。辅助动词的主要特征是出现在以下的"动词2"的位置上。

（9）动词1+て+动词2

受益动词可以出现在"动词2"的位置上，用作辅助动词，而其他的给予义动词和取得义动词则不能用作辅助动词。

（10）a. 大輔がぼくを案内して<u>くれ</u>た。
　　　 b. *大輔がぼくを案内して<u>あたえ</u>た。
（11）a. ぼくが大輔に案内して<u>もらっ</u>た。
　　　 b. *ぼくが大輔に案内して<u>うけ</u>た。

受益动词跟其他给予义及取得义动词的前两个差异，应该理解为词汇意义层面上的差异。因为对说话人参与的要求以及对说话人语义角色的指定，仅限于给予义动词和取得义动词中特定的动词，即本书所说的受益动词，而不涉及所有的给予义动词和取得义动词。

二　用作辅助动词的受益动词

1. 基本句式

作为辅助动词使用时，受益动词不再表示物品的移动，只表示恩惠的传递，即"内"或"外"中的一方从另外一方的动作中获得好处。由于是辅助动词，因此在受益动词之前还有一个动词用作句子的主动词。这样，一个句子之中就有两个动词，分别表示两个动作：①谓语动词即主动词所表示的动作；②受益动词表示的动作。如果用「する」来表示主动词，则基本句式可以表示如下。

（12）a. クレル组：外が内にしてくれる／くださる
　　　 b. ヤル组：内が外にしてやる／あげる／さしあげる
　　　 c. モラウ组：内が外にしてもらう／いただく

在这个基本句式中，作为辅助动词的受益动词对参与者的内

外指定，跟（3）中作为主动词的受益动词是一致的。

2. 动作者和恩惠的传递方向

根据（12），我们可以得到例（13）这样的句子。

（13）a. 大輔がぼくに英語を教えて<u>くれ</u>た。
　　　b. ぼくが大輔に英語を教えて<u>あげ</u>た。
　　　c. ぼくが大輔に英語を教えて<u>もらっ</u>た。

从动作者的角度看，クレル组中主动词的动作者是外方，受益动词的动作者也是外方。ヤル组中，主动词的动作者是内方，受益动词的动作者也是内方。モラウ组中，主动词的动作者是外方，而受益动词的动作者则是内方。

从例（13），我们可以得出这样的规则：クレル组和ヤル组受益动词跟「て」前面的动词为同一个动作者，モラウ组受益动词跟「て」前面的动词是不同的动作者。结合内外，可以表示为以下句式。方括弧中的内外，表示前面的动词的动作者。

（14）a. クレル组：
　　　　　外が内にし [外] てくれる / くださる [外]
　　　b. ヤル组：
　　　　　内が外にし [内] てやる / あげる / さしあげる [内]
　　　c. モラウ组：
　　　　　内が外にし [外] てもらう / いただく [内]

（14）中各组受益动词的恩惠传递的方向跟（8）一致。

3. モラウ组动词的语义

当モラウ组动词用作辅助动词的时候，可以有使动和被动两种解释（益岡隆志、田窪行則，1992），如例（15）。

(15) a. 花子にかわりに行ってもらった。

b. 皆に絵を誉めてもらった。

（益岡隆志、田窪行則，1992：88）

モラウ组动词用作主动词时，被看作取得义动词。但是，从例（15），我们可以假设モラウ组动词包含两个动作过程：①发出请求；②获得恩惠。当「～テモラウ」做使动解释时，发出请求的行为前景化[①]，如例（15）a；当「～テモラウ」做被动解释时，获得恩惠的行为前景化，如例（15）b。

三 双重受益动词句

1. 基本句式

使用一个受益动词，表示恩惠的传递发生一次。连续使用两个受益动词，恩惠的传递就发生两次。本书将连续使用两个受益动词的句式称作双重受益动词句。

双重受益动词句的句式如（16）。（16）a 中，第一个受益动词作主动词；（16）b 中，两个受益动词都作辅助动词。

(16) a. 受益动词 1+て+受益动词 2

b. 动词+て+受益动词 1+て+受益动词 2

受益动词共有三组。这里可以分为两种情形：① 同组受益动词构成的双重受益动词句；② 不同组受益动词构成的双重受益动词句。

2. 同组受益动词构成的双重受益动词句

首先来看同组的受益动词构成的双重受益动词句。

---

① 前景化的概念参见山梨正明（2000）。

（17）a.＊わさびを（取って）くれてくれました。

（クレル組＋クレル組）

b.＊わさびを（取って）やってあげました。

（ヤル組＋ヤル組）

c.？わさびを（取って）もらってもらいました。

（モラウ組＋モラウ組）

不论"受益动词1"用作主动词还是辅助动词，由两个クレル组动词和由两个ヤル组动词构成的双重受益动词句都不成立①。我们认为这是双重获益造成的，如（18）。

---

① 作为反例，匿名审稿人给出了这些句式的实例。如：
　a. でもアフリカの人々はそんな事をしない。笑顔で迎えて<u>くれてくれる</u>。
　b. モニター付の呼び出しボタン押すと管理人さんと警備員が駆けつけて<u>くれてくれる</u>システム。
　c. 兵庫県から事務局に出向で来ていた広報課長は、偉そうな口を聞く人で「取材させて<u>やってやる</u>」という態度。
　d. 地方が都市に食糧・電力・人材等を供給しているという考えもあるし、都市が地方の面倒見て<u>やってやる</u>って考えもどうかと。
　　经与在福建师范大学任教的日本外教佐藤先生确认，上述例句均无法接受。
　　这里涉及如何看待"实例"的问题。例如，与日语中的「叱られる」相应的说法，汉语中可以说"被骂"或"挨骂"。而"被挨骂"这个说法，我及我周围的人都觉得无法接受。但是，如果到网络上搜索，可以查到足够多的"实例"。尽管如此，我们还是很难认为汉语中"被挨V"这种格式是合语法的。
　　朱德熙（1987）曾经说过："我们把这些著作视为典范，并不意味着这些著作的语言完全一致，也不表示每一部著作里的语言全都能作为现代标准汉语的规范。"朱先生给的是鲁迅《中俄文字之交》中的例子："因为从那里面，看见了被压迫者的善良的灵魂，的辛酸，的挣扎……"
　　以上汉语的例子只说明一个问题，即写成文字并公之于世的表达式，只能说明其存在，而存在本身不能说明其是合语法的。日语的情形也是一样的。
　　另外，匿名审稿人还提出本节未使用"实例"，不足以证明本节的论点是否成立。这里需要说明的是：语料可分为实例语料和内省语料（许余龙，2002）。本节使用的是后者。
　　两种语料的作用是不一样的。对本节而言，内省语料更合适。因为从逻辑上说，不合语法的表达式不应该有合语法的实例语料，即实例（转下页）

(18)a. クレル（内方获益）+クレル（内方获益）
　　　b. ヤル（外方获益）+ヤル（外方获益）

受益动词表示恩惠的传递，单重受益动词句表示授受事件的某个参与者获益一次。而双重受益动词句，从恩惠传递的角度看，不表示某个参与者获益两次，而同样表示一个参与者只能获益一次。我们将一个参与者在一个授受事件中只获益一次，称为双重获益限制。

如果解除双重获益，使用不伴随恩惠传递的给予义动词，我们就能获得合语法的句子，如例（19）。

(19)a. 数多くのチャンスを<u>与えてくれた</u>。
　　　b. 子供にもっとよい環境を<u>与えてあげられる</u>。

（17）c中由两个モラウ组动词构成的双重受益动词句，在语法上是成立的，但许多人不愿意使用这种说法。究其原因，大概是说话人的动作（モラウ2）无法直接涉及授受事件的参与者，即离主动词最远的受益动词的动作者无法直接跟授受事件的动作者或潜在的动作者进行恩惠的授受[①]，因此难以接受。这是语用学的原因造成的。

（接上页）语料只能证明"有"，而无法证明"无"。实例语料的这种性质，可以用来作"反例"。这就涉及对上面的说明，即在使用实例语料作反例之前，首先需要验证实例语料本身是否合格。

本节的主要内容是谈论某些句式是否合格的问题。因此，从最严格的意义上说，应该只使用内省语料而不使用实例语料。因为：①前面说过，不合语法的表达式不应该有合语法的实例语料；②对合格的句式而言，这里的例句只要能够说明句式的合格性即可，实例语料的使用只会增加文章正题之外的冗余信息。

① 当"モラウ1"用作主动词时，表示来源的参与者可以看作潜在的动作者。

3. 不同组受益动词构成的双重受益动词句

(20) a. *わさびをくれてあげた。　（クレル组＋ヤル组）
　　 b. *わさびをくれてもらった。
　　　　　　　　　　　　　　　　（クレル组＋モラウ组）
　　 c. スケジュールをあげてくれた。
　　　　　　　　　　　　　　　　（ヤル组＋クレル组）
　　 d. スケジュールをあげてもらった。
　　　　　　　　　　　　　　　　（ヤル组＋モラウ组）
　　 e. 大輔が店からカタログをもらってくれた。
　　　　　　　　　　　　　　　　（モラウ组＋クレル组）
　　 f. ぼくがカタログをもらってあげた。
　　　　　　　　　　　　　　　　（モラウ组＋ヤル组）

不同组受益动词构成的双重受益动词句共有六种可能性，但是实际上成立的说法只有四种。クレル组居前的两种组合都不成立。我们认为，这跟说话人的动作性有关。

日语中，作为出现在动词后面的辅助性成分，可以使用助动词。助动词之间可以相互承接。作为相互承接的原则，动作性强的助动词先于动作性弱的助动词。表示使动的助动词「せる/させる」因为动作性强，所以其主体的语义角色被分析为动作者；而表示被动的助动词「れる/られる」因为动作性较弱，所以其主体的语义角色被分析为经历者。[①]动作性强的助动词先于动作性弱的助动词的表达式合乎语法，如例（21）a；反之则不合乎语法，如例（21）b。

---

① 参见石綿敏雄（1999）。另外，被动句的主体还被分析为受事，但这不影响我们的结论。

(21)a. 納豆を食べさせられた。　　（动作者＋经历者）
　　 b.＊納豆を食べられさせた。　　（经历者＋动作者）

　　动作者先行的原则是针对SOV型的日语而言的，对SVO型的汉语却不适用。汉语中，表示强迫义的"逼"虽然不是使动标记，但是在例（22）中可以解释为使动。

(22)a. 张三 <u>被 逼</u> 吃了 纳豆。（经历者＋动作者）
　　 b.＊张三 <u>逼 被</u> 吃了 纳豆。（动作者＋经历者）

　　如果同时观察汉语的上述现象，那么我们可以说在跟动词直接相关的辅助性成分中，动作性越强的越靠近动词。如果以动词的位置作为参照点来看，那么这些相互承接的辅助性成分则呈动作性递减的倾向。

　　这一原则同样适用于双重受益动词句。受益动词句中，恩惠的传递是伴随性的，恩惠的传递总有说话人的参与，不论是直接的还是间接的。在恩惠的传递中，说话人承担不同的语义角色（见表2-1）。(20)a和(20)b不成立，是因为违反了动作性递减的原则。

(23)a.＊わさびをくれてあげた。　　（受益者＋动作者）
　　 b.＊わさびをくれてもらった。　　（受益者＋动作者）

　　(20)b和(23)b同时还违反了双重获益限制。
　　通过以上观察，我们可以对双重受益动词句得出以下结论：①双重受益动词句使用了两个受益动词，因此必须含有两次恩惠的传递。但是，授受关系表现中有双重获益限制，即一个授受事件的参与者只能获益一次。②不同组的受益动词同现时，其先后

顺序必须遵循动作性递减的原则。

四　三重受益动词句

1. 同组受益动词构成的三重受益动词句

三重受益动词句，指的是三个受益动词同现的句式。由同组的受益动词构成的三重受益动词句如例（24）。

（24）a. *わさびを（取って）くれてくれてくれませんか。
　　 b. *わさびを（取って）あげてあげてあげました。
　　 c. ?? わさびを（取って）もらってもらってもらえないか。

双重受益动词句中的双重获益限制在这里依然有效，因此（24）a 和（24）b 不成立。至于三个モラウ同现的（24）c，虽然语法上没有问题，但是由于最后一个モラウ的动作者无法直接跟授受事件的动作者进行恩惠的授受，因此在语用上比两个モラウ同现的句式更难接受。

2. 不同组受益动词构成的三重受益动词句

由于是三重受益动词句，因此不同组的受益动词之间的组合有两种情形："2+1"和"1+1+1"。所谓"2+1"，指的是其中某一组受益动词使用两次，另一组受益动词使用一次的句式。所谓"1+1+1"，指的是每一组受益动词都使用一次的句式。

在"2+1"型的句式中，同组的受益动词使用了两次。根据两个同组受益动词是否连续出现，又可分为连续出现的"A+A+B"型、"A+B+B"型和不连续出现的"A+B+A"型三种。

同组受益动词连续出现的"A+A+B"型如例（25），"A+B+B"型如例（26）。

（25）a.＊わさびを（取って）くれてくれてあげた。

　　　b.＊わさびを（取って）くれてくれてもらえないか。

　　　c.＊わさびを（取って）あげてあげてくれないか。

　　　d.＊わさびを（取って）あげてあげてもらえないか。

　　　e.？わさびを（取って）もらってもらってくれないか。

　　　f.？わさびを（取って）もらってもらってあげた。

（26）a.＊わさびを（取って）あげてくれてくれないか。

　　　b.＊わさびを（取って）もらってくれてくれないか。

　　　c.＊わさびを（取って）くれてあげてあげた。

　　　d.＊わさびを（取って）もらってあげてあげた。

　　　e.＊わさびを（取って）くれてもらってもらえないか。

　　　f.？わさびを（取って）あげてもらってもらえないか。

　　由于受到双重获益限制，因此クレル组和ヤル组不论出现在"A+A"还是"B+B"的位置上都是不合语法的。モラウ组处于"A+A"位置上的（25）e 和（25）f，以及处于"B+B"位置上的（26）f 在语法上没有问题，但是モラウ组连续出现本身会造成最后一个受益动词的动作者无法直接跟授受事件的动作者或潜在动作者进行恩惠的授受，因此存在语用学上的问题。モラウ组处于"B+B"位置上的（26）e 违反了动作性递减的原则而不合语法。

　　同组受益动词不连续出现的"A+B+A"型如例（27）。

（27）a.＊わさびを（取って）くれてあげてくれないか。

　　　b.＊わさびを（取って）くれてもらってくれないか。

　　　c.＊わさびを（取って）あげてくれてあげた。

　　　d.＊わさびを（取って）あげてもらってあげた。

　　　e.＊わさびを（取って）もらってくれてもらえないか。

　　　f.？わさびを（取って）もらってあげてもらえないか。

（27）a～c和（27）e因为クレル出现在其他受益动词之前，所以违反了动作性递减的原则。从（14）可知，（27）d 的「もらってあげる」是同一个参与者（假设为A）的动作，其之前的「(取って)あげる」是另一个参与者（假设为B）的动作。如果参与者A的动作解释为第三个参与者（假设为C）获益，则违反了双重获益限制；如果参与者A的动作解释为参与者B获益，那么这个句式则表示让你为他人做事情是给你好处。这种解释在语用学上比较勉强。(27) f 在语法上没有问题，但是由于「もらってあげる」是同一个动作者的动作，因此面临跟两个モラウ连续出现时一样的语用问题。

"1+1+1"型的句式由于受到动作性递减原则的限制，クレル只能出现在最后的位置上，因此可能的说法只有以下两种。

（28）a. わさびを（取って）やってもらってくれないか。
　　　b. わさびを（取って）もらってやってくれないか。

对例（28），我们可以设定（29）这样的场景。

（29）父亲（A）、孩子（B）和翻译（C）在国外的某个餐厅吃饭。孩子对父亲说想要芥末，于是父亲请翻译去向服务员（D）要。其中，说话人是A。

根据以上设定，（28）a 可以做（30）这样的解释，（28）b 可以做（31）这样的解释。

（30）①根据（14）可知，「モラウ＋クレル」是C的动作，「ヤル」是D的动作。
　　　②动作的方向：ヤル，D→B；モラウ，C→D；

クレル，C→A。

③恩惠的方向：ヤル，D┈▶B；モラウ，C◀┈D；

クレル，C┈▶A。

（31）①根据（14）可知，「モラウ＋ヤル＋クレル」都是C一个人的动作。

②动作的方向：モラウ，C→D；ヤル，C→B；

クレル，C→A。

③恩惠的方向：モラウ，C◀┈D；ヤル，C┈▶B；

クレル，C┈▶A。

从以上分析可以看出，在语法上，例（28）不违反双重获益限制和动作性递减原则。而且这两种句式中，最后一个受益动词的动作者都可以直接跟授受事件的动作者或潜在的动作者进行恩惠的授受，因此比较容易接受。

五　小结

本节考察了受益动词同现的多重受益动词句，得出以下结论。

1. 受益动词不同于其他给予义动词和取得义动词之处在于：①受益动词总是伴随恩惠的传递，这种恩惠的传递总是有说话人的参与，不论是直接的还是间接的；②受益动词指定参与者的语义角色，这种指定是针对直接或间接参与授受事件的说话人的。

2. 一个授受事件中，某个参与者只能获益一次。本书称之为双重获益限制。违反双重获益限制的格式都是不合语法的。

3. 当两个助动词或辅助动词这样的辅助性成分同现时，离主动词近的辅助性成分的动作性高于离主动词远的辅助性成分。本书称之为动作性递减原则。汉语中也能观察到同样的现象。在多重受益动词句中，该原则限制的是直接参与或间接参与授受事件的说话人的动作性。

第三节　日语中表达授受事件时的句式选择*

所谓授受事件，在日语中一般特指由受益动词（林璋，2005）作谓语动词或辅助动词所表达的事件。日语中的受益动词共有7个：くれる、くださる、やる、あげる、さしあげる、もらう、いただく。以往的文献中这些动词多被称作授受动词。但是，"授受动词"这个术语在中国的文献中多特指上述动词，而在日本的一些文献中则是作为给予义动词和取得义动词的统称来使用的（寺村秀夫，1982：126~138；益冈隆志、田窪行则，1992：85~88）。

这些受益动词可以分为三组。从语义上看，这些动词包括给予义动词和取得义动词，各组内部还有敬语和非敬语的对立，如（1）。本节不讨论各组内的敬语问题，只考察各组之间的动词选择问题。

(1) クレル组：くれる、くださる　　　　（给予义）
　　ヤル组：やる、あげる、さしあげる　　（给予义）
　　モラウ组：もらう、いただく　　　　　（取得义）

受益动词都是三价动词，有三个参与者。其中，クレル组和ヤル组动词的参与者为动作者、接受者和对象，モラウ组动词的参与者为动作者、来源和对象。这些受益动词不同于其他给予义动词和取得义动词之处，在于受益动词在词汇意义中规定了动作者的"内"或"外"的属性（林璋，2005）。其基本句式如下（林璋，1998；林璋，2005）。

---

* 原名《日语中表达授受事件时的句式选择》，载《日语教育与日本学》第1辑，华东理工大学出版社，2011。

（2）a. クレル组：外が内に何かをくれる / くださる
　　　b. ヤル组：内が外に何かをやる / あげる / さしあげる
　　　c. モラウ组：内が外に / から何かをもらう / いただく

其中的"内"，指说话人以及说话人认定的与自己一方的人，最典型的承担者是说话人；"外"，指说话人认定的不属于自己一方的人，最典型的承担者是听话人。"内"与"外"的划分是说话人认定的结果，其中唯一不变的是，说话人永远属于"内"。

在句法上，这些动词既可以用作句子的主动词，如（3）a，也可以用作辅助动词，如（3）b。

（3）a. 真由美が大輔にセーターを<u>あげ</u>た。　　　（主动词）
　　　b. 真由美が大輔にセーターを編んで<u>あげ</u>た。
　　　　　　　　　　　　　　　　　　　　　　（辅助动词）

李仙花（2003）分析了「～てくれる」与「～てもらう」的区别，仓光雅己、日高吉隆（2004）探讨了「～てあげる」与「～てくれる」的不同。这些是相当于（3）b的用法，本节只讨论（3）a这种用作句子主动词的用法。

一　说话人直接参与授受事件时的句式选择

1. 说话人的参与方式

授受事件中总是有说话人的参与，或者直接参与，或者间接参与（林璋，2005）。从人称的角度看，授受事件可以分为以下四种方式：

① 第一人称与第二人称之间；
② 第一人称与第三人称之间；
③ 第二人称与第三人称之间；

④第三人称与第三人称之间。

在①和②中，说话人作为当事人直接参与授受事件；而在③和④中，说话人则是间接参与授受事件。

如果说话人直接参与授受事件，那么问题就简单了，直接套用上述（2）的基本句式即可。如果说话人间接参与授受事件，那么说话人就必须做出选择，将其中的一方指定为靠近自己的"内方"，同时将另一方指定为"外方"。下面我们先来考察说话人直接参与的授受事件，在下一小节中再考察说话人间接参与授受事件时的句式选用。

2. 说话人的给予行为

受益动词中，给予义动词有两组：クレル组和ヤル组。其中，ヤル组表示说话人的给予行为，说话人是动作者，如例（4）a。クレル组虽然也是给予义动词，但根据（2）a的规则，不能表示说话人的行为，如例（4）b。

（4）a. ぼくが大輔にかばんをあげた。
　　b. *ぼくが大輔にかばんをくれた。

3. 说话人的取得行为

使用クレル组动词时，说话人的语义角色是接受者，同时又是受益者，如例（5）a。使用モラウ组动词时，说话人的语义角色既是动作者又是受益者，如例（6）a。反之则不成立，如例（5）b和（6）b。

（5）a. 大輔がぼくにかばんをくれた。
　　b. *ぼくが大輔にかばんをくれた。
（6）a. ぼくが大輔からかばんをもらった。
　　b. *大輔がぼくからかばんをもらった。

这两组动词的共同之处是，说话人都是受益者。因此，叙述一个恩惠传递的行为时，可以任选其中一种句式。两种句式之间的差别主要是视点的差异，即以谁作为动作的发出者。

二 说话人间接参与时的句式选择

1. 近距离优先原则

当说话人直接参与授受事件时，在语言表现上，说话人是当然的"内方"。而当说话人不直接参与授受事件时，说话人则必须把授受事件中除对象以外的两个参与者中的一方指定为内方，而把余下的一方当作外方。

将他人分别指定为内方或外方并不是随机的。把他人指定为内方时，指定的原则首先是距离。距离较近的为内方，距离较远的为外方。本书将此称作近距离优先原则。

2. 说话人与其中一个参与者的距离较近时

（7）A：あなたのたんじょう日に、ご両親はあなたに何か
　　　　くださいましたか。
　　　B：父はスイス製のうで時計を、母は自分であんだ黄
　　　　色のセーターをくれました。

　　　　　　　（東京外国語大学付属日本語学校『日本語Ⅰ』）

例（7）是处于朋友关系的两个人之间的对话。这个对话涉及三方：说话人 A，听话人 B 和 B 的父母 C。对话发生在 A 和 B 之间，而授受事件则发生在 B 和 C 之间。

由于使用受益动词时只能区分内外两方，因此说话人必须把自己以外的另一方看作内方。可以预测的是，距离近的一方容易被看作内方。（7）A 中，说话人基于近距离优先原则，把听话人 B 当作内方，而将听话人的父母 C 当作外方。因为 B 参与对话，

所以 A 认为相对自己而言 B 的距离比 C 近。当 B 说话时，因为授受事件发生在自己 B 和自己的父母 C 之间，所以自己 B 是说话人，是当然的内方，父母 C 只能出现在外方的位置上。

（7）A 的指定方式如（8）。这里听话人的父母没有成为内方的可能性，因为不论从空间距离看还是从人际关系的距离看，相对说话人而言，听话人的距离较近。

（8）　{说话人　　听话人}　听话人的父母
　　　　　　内方　　　　　　　外方

如果授受事件发生在说话人的哥哥 C 和对方 B 之间，那么说话人则可以有两种选择。

①说话人 A 把听话人 B 看作内方，如例（9）A，图式如（10）。这里遵循的是空间方面的近距离优先原则。

（9）A：あなたの誕生日に、あなたは兄から何かもらいましたか。

　　　B：はい、お兄さんからかばんをもらいました。

（10）　说话人的哥哥　{说话人　　　听话人}
　　　　　　外方　　　　　　　　　内方（动作者）

②由于说话人的哥哥 C 对说话人而言是自家人，因此可以将 C 看作内方，如例（11）A，图式如（12）。这里遵循的是人际关系方面的近距离优先原则。

（11）A：あなたの誕生日に、兄はあなたに何かあげましたか。

　　　B：はい、お兄さんはかばんをくれました。

（12）{说话人的哥哥　　　　说话人}　　听话人
　　　　内方（动作者）　　　　　　　外方

　　例（9）和例（11）中的两个参与者都有可能成为内方。从（10）和（12）可以看出，内方都承担动作者的语义角色。如果把动作者看作外方，如例（13）和例（15），则可接受性较低。

（13）^{??}あなたの誕生日に、兄はあなたに何かくれましたか。
（14）说话人的哥哥　{说话人　　听话人}
　　　外方（动作者）　　　　　内方
（15）^{??}兄の誕生日に、あなたは兄に何かくれましたか。
（16）{说话人的哥哥　　说话人}　　　　听话人
　　　　内方　　　　　　　　　　外方（动作者）

　　在例（9）、例（11）和例（13）、例（15）中，参与者双方各自拥有一种优先距离。例（9）和例（11）成立，是因为动作者为内方参与者；例（13）和例（15）不自然，是因为动作者为外方参与者。当参与者双方各自拥有一种优先距离时，意味着这种优先距离被抵消了。这种情况下，有必要将动作者指定为内方。本书将此称作动作者优先原则。在授受事件中动作者起主导作用，处于凸显的地位，更容易被认知。因此，说话人容易觉得与动作者心理距离较近，也就容易把动作者指定为内方。

3. 当两个参与者与说话人的距离均等时

　　如果授受事件的参与者双方跟说话人处于等距离的关系时，说话人一般将动作者看作内方，而将另外一个参与者看作外方，即遵循动作者优先原则。

　　例（17）、例（19）和例（21）的对话中涉及4个人：说话

人 A，听话人 B，大輔和美加。授受事件发生在大輔和美加之间，对话发生在 A 和 B 之间。说话人认为大輔和美加跟自己的距离相等，即都是朋友。

（17）大輔の誕生日に、美加は（大輔に）何かあげましたか。

（18）{美加　　　　　说话人}　　大輔
　　　内方（动作者）　　　　　　外方

（19）大輔は誕生日に、美加から何かもらいましたか。

（20）{大輔　　　　　说话人}　　美加
　　　内方（动作者）　　　　　　外方

由于参与者双方与说话人是等距离的关系，因此无法适用近距离优先原则，只适用动作者优先原则。例（17）和例（19）遵循了动作者优先原则，所以是合格的句子。而例（21）由于将动作者指定为外方，因此可接受性较低。

（21）?? 大輔の誕生日に、美加は（大輔に）何かくれましたか。

（22）美加　　　　　{说话人　　大輔}
　　　外方（动作者）　　　　　　内方

三　小结

以上我们探讨了表达授受事件时的句式选择问题。授受事件总是有说话人的参与，其参与方式有以下四种：

① 第一人称与第二人称之间；
② 第一人称与第三人称之间；
③ 第二人称与第三人称之间；

④第三人称与第三人称之间。

在①和②中,说话人直接参与授受事件;在③和④中,说话人间接参与授受事件。说话人直接参与授受事件时,说话人总是以"内方"的身份出现,可以依据是给予还是取得来选择句式。当说话人间接参与授受事件时,首先根据近距离优先原则指定内方。如果参与者双方与说话人的距离相等,则根据动作者优先原则指定内方。

第三章 语法化研究

第一节 「てしまう」的语法化分析＊

一般认为，由补助动词「しまう」和接续助词「て」构成的「てしまう」，可以表示动作的完结和不如意的语气，如例（1）。

（1）a. 大輔がその小説を読んでしまった。（动作的完结）
　　 b. 大輔が風邪を引いてしまった。　　（不如意的语气）

本节主要讨论两个问题：①不如意的语气是如何产生的；②由「てしまう」构成的体的性质。

一　先行研究评述

1. 作为体（aspect），金田一春彦（1976/1955）认为「～てしまう」表示"终结体"（終結態），即跟「～おわる」一样表示动作结束的阶段。高桥太郎（1976/1969）也持同样的观点，认为「～てしまう」属于「うごきのおわることをあらわす動詞」。「～おわる」跟「～てしまう」在体方面的最大的区别在于「～おわる」只跟无界（atelic）动词结合，不跟有界（telic）动

＊ 原名《"てしまう"的语法化分析》，载《日语研究》编委会编《日语研究》第2辑，商务印书馆，2004。本节中使用的近世日语的语料来自「国文学研究資料館　本文データベース検索システム」，特此鸣谢。

词结合[1]，如例（2）。但是，「～てしまう」则不受这个限制。

（2）a. 大輔がその小説を読みおわった。
　　　b.*大輔が風邪を引きおわった。

井上和子（1976）根据体特征（「アスペクト素性」）对谓语进行分类，认为「～てしまう」表示"完结体"（「完結相」）时只跟具有 [+完结]（completion）这一语义特征的动词同现[2]，这类动词有読む、作る、散る、染める、植える、切る。「～てしまう」还可以表示"实现体"（「実現相」），「～てしまう」表示实现体的时候，可以跟所有的动词同现。与 [+完结] 动词同现时，「～てしまう」可以有完结体和实现体两种解释。另外，「～終わる」跟 [+完结] 的谓语同现时表示完结体。

井上和子（1976）对 [+完结] 与 [–完结] 没有提出划分的标准[3]，因此很难理解。不过，从「～てしまう」和「～終わる」可以同样构成完结体来看，「～てしまう」所表示的完结体可以看作终了的侧面（phase），即「～てしまう」表示动作结束的阶段。

杉本武（1991）沿用井上和子（1976）的"完结体"和"实现体"，同时分析了井上和子（1976）的 [+完结] 的语义特征及相应的动词归类中存在的问题，认为二者可以根据动作是否具有过程性来区分：「～てしまう」与过程性动作结合时表示"完结体"；与非过程性动作动词结合时表示"实现体"。"实现体"中，「～てしまう」用于无意志的动作时派生出"预料外"这一情态义。

---

[1] 金田一春彦（1976/1955）用的术语是「継続動詞」（相当于本书的无界动词）和「瞬間動詞」（相当于本书的有界动词）。
[2] 在井上和子（1976：150）的分类中，具有 [+完结] 这一语义特征的动词，同时具有 [+动作] 和 [+持续] 的语义特征。
[3] 井上和子（1976）的 [–完结] 动词有降る、荒れる、待つ、働く、さわぐ、踊る、通る。

杉本武（1992：65）认为"实现体"的意思是"在说话人看来不可控的事件得以实现"①。

2. 作为「～てしまう」所表示的语义，高橋太郎（1976/1969）认为可以表示以下三个意思，分别对应（4）的例句。

（3）a. [终了] うごきがおわりまでおこなわれることをあらわす。
　　b. [实现] 過程のおわりとしておこなわれる動作が実現する。
　　c. [期待外] 予期しなかったこと，よくないことが実現することをあらわす。

（4）a. 二郎君はもうべんとうをたべてしまいました。
　　b. 風がまったくやんでしまった。
　　c. かれはおもわずわらいだしてしまった。

（高橋太郎，1976/1969：131~132）

吉川武時（1971）认为「～てしまう」表示以下五个意思，对应的例句见（6）。

（5）a. ある過程を持つ動作がおしまいまで行なわれることをあらわす。
　　b. 積極的に動作に取り組み、これをかたづけることをあらわす。
　　c. ある動作・作用が行なわれた結果の取りかえしがつかないという気持ちをあらわす。
　　d. 動作が無意志的に行なわれることをあらわす。

---

① 该文献的汉语表述为笔者所译。

  e. 不都合なこと、期待に反したことが行なわれることをあらわす。

（6）a. ぜんぶの組がことばを送ってしまうと、組のおわりの人が、書いた紙を読みあげた。

  b. ケイ子「殺し屋を雇うて金沢へやり、相手をさっぱり消してしまうんや」。

  c. 目標の灯は、どこかに消えてしまった。

  d. みんな、あわててしまいました。

  e. 初めに竹の節をくりぬいて作りましたが、竹では水にういてしまうので、ブリキにしました。

（吉川武時，1971：228~230）

  吉川武時（1971）认为：第一，（5）a 相当于高橋太郎（1976/1969）的（3）a，（5）b 和（5）c 相当于（3）b，（5）d 和（5）e 相当于（3）c；第二，（5）b 和（5）c 在体方面的性质是一样的；第三，（5）d 和（5）e 的区别在于动作主体的不同，前者是有生的主体，后者是无生的主体；第四，（5）a 表示体，（5）d 和（5）e 表示情态，（5）b 和（5）c 处于二者之间。(吉川武時，1971：229~232) 杉本武（1991）则认为吉川武時（1971：113）的（5）a 和（5）b 表示完结体，（5）c 至（5）e 表示实现体。

  这里，问题的关键在于是否把「～てしまう」的所有用法都分析为体的用法。如果都分析为某种体，那么这种体的性质是什么？如果只是把其中的某些用法分析为体，而把其他用法分析为情态表现，那么分析为体的「～てしまう」具有什么样的性质？本书采用后一种假设，即认为「～てしまう」可以表示体和情态。

二 「～てしまう」的语法化

  1. 寺村秀夫（1984：152）认为，「～てしまう」中作为补助

动词的「しまう」是由动词「しまう」语法化而来的。本书接受这个观点。「しまう」的动词用法见例（7）。

（7）a. 仕事ガスンデ、道具ヲ（元ノ場所ニ）シマウ
　　　b. 一日ガオワッテ店ヲシマウ（店ジマイヲスル）

（寺村秀夫，1984：153）

2.「しまう」是及物动词，表示使对象消失的意思。从语法化的角度看，作为补助动词使用的「しまう」首先应该表示使对象消失的意思。因此，只要能够使对象消失，动词是有界动词还是无界并不重要。换言之，表示终了的侧面并非「～てしまう」的基本义，因为终了的侧面对动词的性质有所要求，即需要跟无界动词同现。而「～てしまう」表示终了的侧面的用法是从使对象消失的基本义中派生出来的，因为动作对象的消失，也就意味着施加于对象的动作的完结。

以上的分析可以得到语言史的支持。「～てしまう」是近世才出现的用法。我们在近世初期的《好色五人女》（『好色五人女』，1686）和《好色一代女》（『好色一代女』，1686）中找到了三例，这是我们找到的最早的用例。

（8）a. 追付勘當帳に付てしまふべし。

（井原西鶴，『好色五人女』）

　　　b. 愛でくうて仕舞と夕日の影ほそくなりしに。

（井原西鶴，『好色五人女』）

　　　c. 酒より先に鹽貝喰て仕舞。

（井原西鶴，『好色一代女』）

「～てしまう」所后续的两个动词「つける」和「くう」都

是及物动词。前者是有界动词，后者是无界动词。这些例子中「～てしまう」的共同之处是使对象消失。（8）a 表示使工作的对象消失，（8）b 和（8）c 表示使食物消失。

3. 一百年后的《通言总篱》（『通言総籬』，1787）中，「～てしまう」可以跟表示消失义的不及物动词同现，如例（9）a；还可以跟不表示消失义的动词同现，用于表示说话人认为不好的行为，如例（9）b。（9）b 说明「～てしまう」已经可以脱离消失义的约束。

（9）a. いづくへかなくなつてしまひ……
　　 b. きのすけは、ふとい女郎とおもひ，よんでしまひ……

到了明治中期，「～てしまう」已经有了以下的用法。例（10）中的动词是表示移动的动词，动词本身没有方向的限制，但是与「～てしまう」同现时表示与消失有关的离开义。这说明「～てしまう」已经可以独立表示消失义。

（10）a. お勢は返答をもせずそのまま子舎へ這入ッてしまった。
　　　　　　　　　　　　　　（二葉亭四迷，『浮雲』）
　　　 b. 部屋を出てしまった。
　　　　　　　　　　　　　　（二葉亭四迷，『浮雲』）

例（11）a 中的动词「笑う」表示情感的自然发生，例（11）b 中的动词「作る」为创造义，例（11）c 中的动词「着る」表示附着。这些动词的意思都跟消失义相反，但是同样可以跟「～てしまう」同现。这说明「～てしまう」已经脱离了消失义，仅表示说话人认为不好的行为。

（11）a. 叱る声を崩して笑ッてしまう。

（二葉亭四迷，『浮雲』）

b. けれども、惜しいかな、殆ど見たままで、別に烹煉を加うるということをせずに、無造作にその物その事の見解を作ッてしまうから、自ら真相を看破めるというには至らずして、動もすれば浅膚の見に陥いる。

（二葉亭四迷，『浮雲』）

c. 衣を着てしまへば手が出ねへや。

（樋口一葉，『たけくらべ』）

4.「～おわる」原先后续于不及物动词，及物动词后续的是「～おえる」，后来「～おわる」的接续范围扩大到及物动词，并挤掉「～おえる」（寺村秀夫，1984：153）。这说明：①经济原理在起作用，即动作的完结只由一个语素来表示；②「～おわる」的语法化程度有所提高，语法化程度提高之后的「～おわる」实现了上述的经济原理。也就是说，「～おわる」在语法化程度提高之后，可以解除其所后续动词的 [+ 及物动词] 这一语义特征的限制。

与此相仿，「～てしまう」的语法化程度提高之后，解除了 [+ 及物动词] 的限制，可以后续于不及物动词，表示主体的消失。使对象消失是「～てしまう」的基本义，因此在说话人看来对象的消失是预期的结果。与此相反，主体的消失在说话人看来就不是动作的预期结果。而着意表现主体的非预期消失，就容易加入说话人对这一事件的消极评价。这种情态义应该属于语用解释。吉川武時（1971：232）把（5）b 和（5）c 看作体和情态之间的用法，我们认为这恰恰表现出语用解释的不稳定性。

当「～てしまう」有了表示主体消失的语义之后，就可以不依靠消失义的动词而表示主体的消失。例（10）的「でる」和「はいる」本身不表示移动的方向，与「～てしまう」同现时表示离开说话人并消失。因此，可以说「出てしまう/入ってしまう」中「～てしまう」的语法化程度高于「消えてしまう」中的「～てしまう」。这里的「～てしまう」具有消失义并且具有非预期语用解释。例（11）中的「笑う、作る、着る」跟「～てしまう」同现时不表示跟消失有关的语义，只表示说话人的态度，即说话人认为那个行为是不好的。这说明，这里的「～てしまう」已经解除了消失义的限制，只表示非预期的意思。

语义演变的一般原则是由具体的意义向抽象的意义变化。例（11）中的「～てしまう」的语法化程度应该高于例（10）中的「～てしまう」，因为例（11）中的「～てしまう」已经不受消失义的约束。同时，非预期这一语用解释具有语法化的倾向。「～てしまう」接下来的语义变化应该是非预期这一语用解释的语法化，即语用解释的"凝固化"（沈家煊，1998）。非预期这一语用解释语法化之后，「～てしまう」就可以跟ある、いる等状态动词以外的所有动词同现，可以用于表示消极的事件，也可以用于表示积极的事件。「～てしまう」用于表示积极的事件时，不表示跟消失有关的语义，如例（12）。

（12）a. 太郎が突然やって来たおかげで会が盛り上がってしまった。

b. 勘があたって無理と言われていた大学に合格してしまった。

c. 思わぬ大きな取り引きをまとめて課長に昇進してしまった。

（杉本武，1991：121）

通过以上分析，「～てしまう」的语法化过程可以归纳如下。

(13) 使对象消失＞动作的完结
　　 使对象消失＞主体消失（外加非预期的解释）＞非预期事件

三　「～てしまう」构成的体

1. 许多先行研究认为「～てしまう」的体的基本用法跟「～おわる」一样用于构成终了的侧面。虽然早先「～おわる」只后续于不及物动词，「～おえる」后续于及物动词（寺村秀夫，1984：153），但是二者为互补分布，都表示终了的侧面。这就为后来「～おわる」把接续的范围扩展到及物动词留下了可能性。但是，从前面的分析可以看出，「～てしまう」本来就不是作为体的构成形式出现的。当我们从体的角度来分析「～てしまう」的时候，就有必要按照有关体的某种理论框架来分析。

本节根据 Comrie（1976）、奥田靖雄（1978/1977，1978）和工藤真由美（1995）来分析体的问题。体首先表现为完整体（perfective）和不完整体（imperfective）的对立。不完整体分为开始的侧面、中途的侧面和终了的侧面。

如果按照以上的理论来分析「～てしまう」，那么可以说只有高桥太郎（1976/1969）的（3）a、吉川武时（1971）的（5）a 相当于「～おわる」，构成终了的侧面。构成终了的侧面的前提是与之同现的动词必须是无界动词。「～てしまう」的其他用法则不构成终了的侧面。吉川武时（1971）认为（6）b 的「消してしまう」和（6）c 的「消えてしまう」处于体和情态之间，我们认为它们可以作情态的解释，但是不能作终了的侧面的解释。因为这里的「消す」和「消える」都是有界动词。

寺村秀夫（1984：153~155）认为，「～てしまう」与无界

动词同现时构成体，与有界动词同现时表示情态。我们认为并非所有的无界动词跟「～てしまう」同现都能够表示作为体的终了的侧面。只有那些跟消失义有关的动词跟「～てしまう」同现才可能表示终了的侧面，与消失义相反的创造义动词如つくる、ほる、たてる、かく等则只能表示情态，而不能表示终了的侧面，如例（14）。

（14）a. 大輔が漢字入力用のプログラムを作ってしまった。

（a.$^{??}$终了的侧面；b. 情态）

b. 大輔が穴を掘ってしまった。

（a.$^{??}$终了的侧面；b. 情态）

c. 大輔が家を建ててしまった。

（a.$^{??}$终了的侧面；b. 情态）

表示自然现象的动词ふる、ふく和表示情感的动词なく、わらう虽然是无界动词，但是跟「～てしまう」同现时同样不能表示终了的侧面，因为这些动词侧重表示发生义，而不是消失义。

（15）a. 雨が降ってしまった。

（a.*终了的侧面；b. 情态）

b. 風が吹いてしまった。

（a.*终了的侧面；b. 情态）

（16）a. 大輔が泣いてしまった。

（a.*终了的侧面；b. 情态）

b. 大輔が笑ってしまった。

（a.*终了的侧面；b. 情态）

2. 跟「～てしまう」同现时可以构成终了的侧面的动词，只是一部分无界动词。表示创造义的无界动词和表示发生义的无界动词无法跟「～てしまう」一起构成终了的侧面。在前文中，我们看到创造义无界动词つくる和发生义无界动词わらう、なく、ふる可以跟「～てしまう」同现。但是「～てしまう」在跟这些动词同现的时候，不构成终了的侧面。这个现象说明「～てしまう」在能否构成终了的侧面这一点上依然受到消失义的限制，即「～てしまう」与不表示消失义的动词同现时不能构成终了的侧面，只能表示情态义。

我们认为「～てしまう」跟这些表示创造义的无界动词、表示发生义的无界动词以及有界动词同现时，「～てしまう」本身不表示体的意义，即不构成终了的侧面。这时整个句子所表示的体为完整体，而完整体是由动词本身表示的，不由「～てしまう」表示。

寺村秀夫（1984：153）认为「～おわる」是非意志的，所以不能构成祈使句，而「～てしまう」则可以用于构成祈使句。

(17) a. *土曜日までに読みおわりなさい。
　　 b. 土曜日までに読んでしまいなさい。

应该说，相对叙述句而言，「～てしまう」在祈使句中似乎更容易解释为动作的完结。因为在祈使句中，「～てしまう」不仅可以跟消失义动词同现表示动作的完结，而且在跟创造义动词同现时也可以解释为动作的完结，如例（18）。

(18) a. 12時までに食べてしまいなさい。
　　 b. 明日までに作文を書いてしまいなさい。
　　 c. 来週までに模型を作ってしまいなさい。

但是，在祈使句中，「～てしまう」跟发生义动词同现时却不能解释为终了的侧面，如例（19）。

（19）a. 笑ってしまえ。
　　　b. 泣いてしまえ。

因此，我们认为（18）b 和（18）c 中的「～てしまう」其实并非真正在语法上构成终了的侧面，而只是在语用学上可以作动作完结的解释。即，在（18）b 和（18）c 中，「～てしまう」并非表示动词本身的完结，而是表示"工作"的结束。

四　小结

本节从语法化的角度分析了「～てしまう」用法，得出以下结论。

第一，动词「しまう」的本义是使对象消失，作为补助动词的「しまう」首先与表示使对象消失的动词同现，一同表示使对象消失的语义。

第二，表示使对象消失的「～てしまう」朝两个方向语法化：①使对象消失＞动作的完结；②使对象消失＞主体消失（外加非预期的解释）＞非预期事件。

第三，「～てしまう」在构成终了的侧面的时候，依然受到消失义的限制。表示创造义和发生义的动词在跟「～てしまう」同现时不能构成终了的侧面。这说明「～てしまう」的语法化程度还不高。

第二节　日语敬语动词「申し上げる」的词尾化*

　　日语的动词有形态变化，发生形态变化的部分为词尾部分。日语中的所谓动名词（以下简称"VN"），用作动词的时候通常以「する」作为词尾，如「勉强する」和「感謝する」。此外，我们还可以看到例（1）这样的用法。

　　（1）a. 多数の方のご参加に<u>感謝申し上げ</u>ます！

（goo 检索）

　　　　b. 変更、取消日によって以下の取消料金を<u>頂戴申し上げ</u>ます。

（goo 检索）

　　例句中的划线部分在句中起一个动词的作用，因此我们只能将「感謝申し上げる」和「頂戴申し上げる」看作一个动词，即这里「申し上げる」所起的作用跟「勉强する」和「感謝する」中的「する」一样，使 VN 转变为动词。

　　「申し上げる」是与言说义动词「言う」对应的敬语动词，表示谦逊。非敬语言说义动词「言う」无法用作 VN 的词尾。那么，为什么与之对应的敬语动词「申し上げる」却可以用作词尾？它是如何从动词演变为词尾的？这是本节将要探讨的问题。

一　「申し上げる」的词尾用法

　　动词「申し上げる」属于敬语范畴中的谦逊语，可以用「申

---

*　原名《日语敬语动词「申し上げる」的词尾化》，载池上嘉彦、潘钧主编《认知语言学入门》，外语教学与研究出版社，2008。

し上げる」作词尾的动词，由于受到这种敬语意义的限制，就目前调查的结果看数量并不多。

（2）a. 次に、石狩教育研修センター組合議会の開催について、その概要を<u>報告申し上げ</u>ます。

（goo 检索）

b. 立ち上がって出られて、故人のお部屋にお入りになると、女房たちも珍しく<u>拝見申し上げ</u>て、悲しみを堪えることができない。

（goo 检索）

c. 下記のとおり医薬品の製造販売後調査を実施いたしたく<u>申請申し上げ</u>ます。

（goo 检索）

d. 議長、発言中ですが、質疑の範囲から外れていると思われますので、再度<u>注意申し上げ</u>ます。

（goo 检索）

e. ただいま産業振興部長から陳謝を申し上げましたが、監督責任の立場から、私からも重ねて<u>陳謝申し上げ</u>ます。

（goo 检索）

f. 私、お抹茶は好きですが、正座は<u>遠慮申し上げ</u>ときますわ〜ン。

（goo 检索）

尽管数量不多，但是例（2）中的划线部分只能看作一个动词，其中的「申し上げる」只能解释为动词的词尾。

「申し上げる」除了可以像例（1）和例（2）这样用作 VN 的词尾之外，还可以构成「ご＋VN＋申し上げる」或「お＋V

（連用形）＋申し上げる」这样的"结构式"（constructions）[①]。只要能够进入「ご/お＋VN/V（連用形）＋する」结构式的 VN 或 V，都可以进入该结构式，如例（3）和例（4）。

(3) a. さて、弊社はこの度、本社を下記のとおり移転することとなりましたので、ご案内申し上げます。
（goo 检索）
b. この度の不良について、原因と今後同様の不良を発生させない対策をここにご報告申し上げます。
（goo 检索）
c. 撮影を行う皆様にご注意申し上げます。
（goo 检索）
d. 正しい料金が分かり次第、こちらからご連絡申し上げます。
（goo 检索）

(4) a. 今年も宜しくお願い申し上げます。
（goo 检索）
b. 新しい年が、皆様にとって健やかで希望に満ち溢れた一年になりますよう、心からお祈り申し上げます。
（goo 检索）
c. 輝かしい新春をお迎えのことと心よりお慶び申し上げます。
（goo 检索）
d. この度は、予定時間を大幅に上回るメンテナンスとなり、皆様には大変ご迷惑おかけしました事を深くお詫び申し上げます。
（goo 检索）

[①] "结构式"的说法见吴福祥（2005）。

e.「院にもお目にかかりなさらないで、何年にもなっ
   たが、ご成人なさったと御覧いただけるように、一
   段と気をつけてお会い申し上げなさい。」

（goo 检索）

在「ご＋VN＋申し上げる」或「お＋V（連用形）＋申し上げる」结构式中,「申し上げる」是后缀。从结果看,使用了「申し上げる」的谦逊结构式的尊敬度高于使用「する/致す」的谦逊结构式。

表 3-1 是 2008 年 2 月 12 日通过搜索引擎 goo 检索得到的、例句总数在 500 个以上的结果。

表 3-1　不同书写形式的检索结果

单位：个

	御+VN+申し上げ	御+VN+もうしあげ	ご+VN+申し上げ	ご+VN+もうしあげ	VN申し上げ	VNもうしあげ
感謝	38	0	176	1	267000	1640
陳謝	1	0	0	0	715	5
謝罪	0	0	4	0	3230	39
応援	1	0	3	0	1320	14
報告	9470	9	47900	302	61300	355
連絡	3150	8	88700	209	99100	241
返事	239	0	1950	9	4990	43
返答	125	0	3160	1	3420	3
説明	14200	3	24900	89	43300	113
挨拶	2150	7	17600	226	20100	242
遠慮	1890	9	6180	82	16400	190
提供	102	0	2140	10	2420	11

续表

	御+VN+申し上げ	御+VN+もうしあげ	ご+VN+申し上げ	ご+VN+もうしあげ	VN申し上げ	VNもうしあげ
注意	542	3	3530	40	4220	49
案内	49500	40	159000	560	165000	601

由于「VN申し上げ」的检索结果中包含了「御+VN+申し上げ」和「ご+VN+申し上げ」,「VNもうしあげ」的检索结果中包含了「御+VN+もうしあげ」和「ご+VN+もうしあげ」,因此「VN申し上げ」的实际使用量必须扣除「御+VN+申し上げ」和「ご+VN+申し上げ」的使用量,「VNもうしあげ」的实际使用量必须扣除「御+VN+もうしあげ」和「ご+VN+もうしあげ」的使用量。扣除后的使用状况见表3-2。

表3-2 不同书写形式的使用量

单位：个

	御+VN+申し上げ	御+VN+もうしあげ	ご+VN+申し上げ	ご+VN+もうしあげ	VN申し上げ	VNもうしあげ
感謝	38	0	176	1	266786	1639
陳謝	1	0	0	0	714	5
謝罪	0	0	4	0	3226	39
応援	1	0	3	0	1316	14
報告	9470	9	47900	302	3930	44
連絡	3150	8	88700	209	7250	204
返事	239	0	1950	9	2801	34
返答	125	0	3160	1	135	2
説明	14200	3	24900	89	4200	21
挨拶	2150	7	17600	226	350	9

续表

	御+VN+申し上げ	御+VN+もうしあげ	ご+VN+申し上げ	ご+VN+もうしあげ	VN申し上げ	VNもうしあげ
遠慮	1890	9	6180	82	8330	99
提供	102	0	2140	10	178	1
注意	542	3	3530	40	148	6
案内	4910	40	149000	560	90	0

如果把表3-2中「申し上げる」作为谦逊结构式后缀的用法和作为词尾的用法分别统计，结果则为表3-3。

表3-3 后缀用法和词尾用法的使用量

单位：个

	谦逊结构式后缀	词尾
感謝	215	268425
陳謝	1	719
謝罪	4	3265
応援	4	1330
報告	57681	3974
連絡	92067	7454
返事	2198	2835
返答	3286	137
説明	39192	4221
挨拶	19983	359
遠慮	8161	8429
提供	2252	179
注意	4115	154
案内	154510	90

综上，我们得出以下结论。

第一，表3-3中，「申し上げる」两种用法的使用量可以大致分为两类：①有较明显的差距；②大致相当。

(5) a. 感謝、陳謝、謝罪、応援：词尾＞谦逊结构式后缀
　　b. 報告、連絡、返答、説明、挨拶、提供、注意、案内：谦逊结构式后缀＞词尾
　　c. 返事、遠慮：谦逊结构式后缀≈词尾

第二，表3-3中，除「感謝」以外，「申し上げる」用于谦逊结构式后缀的频率要大大高于用作词尾的频率。

第三，表3-2中，写作「申し上げる」的用例远多于写作「もうしあげる」的用例。

以下，我们主要围绕这些问题进行讨论。

二　用法讨论

从敬语动词到VN的词尾，这种变化属于动词的语法化。按照语法化的学说，一个词汇项目的语法化路径可以表示为(6) a，其中，动词的语法化路径为(6) b。

(6) a. 词汇项目＞语法词＞附着形式＞曲折词缀
　　　　　　(Hopper and Traugott, 2003/1993：10)
　　b. 动词＞（矢量动词）＞助动词＞附着形式＞词缀
　　　　　　(Hopper and Traugott, 2003/1993：131)

但是，日语的「申し上げる」从敬语动词到VN的词尾，没有经过助动词的阶段。那么其是否跳过助动词，直接进入了附着形式的阶段呢？附着形式，指的是英语的I'm中的'm，那是am

的形态变体（Hopper and Traugott，2003/1993）。如果套用到「申し上げる」上来说，可能的解释是:「VN 申し上げる」中的「申し上げる」是附着形式。如果按照 I am > I'm 的方式来分析，「VN 申し上げる」只能认为是因「VN+を+申し上げる」中格助词「を」脱落而形成的。但是，如果解释为格助词「を」的脱落，将面临两个问题: ①如果是「VN+を+申し上げる」中格助词「を」的脱落，那么为什么同样表示言说义的非敬语动词短语「感謝を言う」中的格助词「を」无法脱落？②附着形式的意义通常与前一个阶段形式的意义基本相同，如果「VN 申し上げる」中的「申し上げる」是附着形式，那么为什么「遠慮申し上げる」能说，而「遠慮を申し上げる」却不成立？后者不成立的原因在于「申し上げる」必须解释为言说义动词。虽然，在敬语的环境中，格助词「を」相对容易脱落，但是这依然无法对上述现象做出解释。因此，「VN 申し上げる」中的「申し上げる」不是附着形式，「VN 申し上げる」不是通过格助词「を」的脱落形成的。

我们认为，「VN 申し上げる」中的「申し上げる」是从谦逊结构式「ご+VN+申し上げる」中来的。不论是用于谦逊结构式还是用作词尾，「申し上げる」都需要经过"语义漂白"的过程来去除言说义。相比之下，在谦逊结构式中去除「申し上げる」的言说义要容易一些。

言说义动词「申し上げる」在敬语环境中，首先以「ご VN（言说内容）+を+申し上げる」的形式使用，由于敬语环境中格助词「を」相对容易脱落，因此可以出现「ご VN（言说内容）+申し上げる」的形式。这个形式中的「申し上げる」可以解释为附着形式。由于「申し上げる」是谦逊动词，因此「ご VN（言说内容）+申し上げる」的形式很容易被看作与「ご+VN+する」结构相同的谦逊结构式，并且在这个谦逊结构式中

去除「申し上げる」的言说义。去除了言说义之后,「申し上げる」就不再是附着形式了。

从结果看,「申し上げる」和「する」都有动词、谦逊结构式后缀和词尾的用法,如表 3-4 所示。

表 3-4 「する」和「申し上げる」的用法分布

动词	谦逊结构式后缀	词尾
NP＋を＋する	ご＋VN＋する お＋V（連用形）＋する	VN する *V（連用形）する
NP＋を＋申し上げる	ご＋VN＋申し上げる お＋V（連用形）＋申し上げる	VN 申し上げる *V（連用形）申し上げる

从表 3-4 的对应关系看,可以认为「申し上げる」的词尾用法是「する」的词尾用法的类推,即从谦逊结构式「ご＋VN＋申し上げる」到「VN＋申し上げる」是类推的过程,在这个过程中,构成谦逊结构式的前缀「ご」脱落了。

句法结构的语法化,较多见的是在保留结构构件的情况下意义发生变化,"比如现代汉语的能性述补结构'V 得/不 C'('拿得动/拿不动'),历史上来源于表实现的述补结构'V 得/不 C'"(吴福祥,2005)。然而,「ご＋VN＋申し上げる」这个结构式在演变为「VN 申し上げる」的过程中,结构式的部分构件(前缀「ご」)脱落了。不论原因是什么,从结果看这也是语法化的一种方式。

从目前的使用状况看,「申し上げる」用于谦逊结构式后缀的频率要大大高于用作词尾的频率。从表 3-3 看,虽然二者的总用量相差不大,但是值得注意的是,词尾用法的使用量主要集中在「感謝」一个词上(占 89%)。由此我们可以得出这样的解释:「申し上げる」的词尾用法是新出现的。

其实，不仅「申し上げる」可以构成 VN 的词尾，「願う」也可以作为词缀构成「お / ご＋ VN/V（連用形）＋願う」这样的谦逊结构式，而且「願う」同样可以构成 VN 的词尾，如例（7）。只不过「願う」依旧保留着请求的语义。

（7）a. 万一キャッシュカード・通帳・印鑑等を、盗難・紛失等されました場合は、直ちにお取引店に<u>お届け願い</u>ます。

（goo 检索）

b. お手数ですが、養生苑からのメール受信後はなるべく早めに<u>ご返答願い</u>ます。

（goo 检索）

c. 見通しの悪い交差点等は、植樹の刈り込み、樹種の選定等に十分配意し対応するので、見通しの悪い場所を<u>教示願い</u>たい。

（goo 检索）

d. バンコク空港までの送迎はお客様ご自身で<u>手配願います</u>。

（goo 检索）

这里遇到一个问题，为什么「願う」在用作谦逊结构式后缀和词尾时可以保留原来的请求义而「申し上げる」却发生语义漂白现象呢？我们认为这可能与动词的语义有关。作为动词，「申し上げる」是与「言う」对应的敬语动词，即言说义动词。表3-3 中的 VN，除了「提供」明显与言说无关外，其他都可以有言说义的解释。也就是说，那些可以有言说义解释的 VN 都可以构成「VN＋言う」的说法，因此同样可以构成「VN＋申し上げる」。于是，这个结构式的构成可以解释为"言说义 VN+ 言说

义 V"。其中,"言说义 V"是言说义动词中最抽象的,而"言说义 VN"则是言说的结果,从 VN 所表示的行为看,是各种具体的言说行为,即言说义 V 是上位概念,言说义 VN 是下位概念。从语义表达的角度看,既然有具体的言说行为,那么相对抽象的言说行为就是羡余的。正因为"言说义 V"在语义上是羡余的,所以才导致语义漂白现象的发生。「言う」的言说义之所以没发生语义漂白现象,是因为已经有「する」的存在;而「申し上げる」的言说义漂白之后,留下了谦逊义。至于「願う」,保留请求义的原因很简单,那就是表达上需要请求义。

那么,为什么有必要让「申し上げる」用作词尾呢?「VN 申し上げる」是跟「VN する」对应的谦逊形式,因此其中的「申し上げる」的性质跟「する」一样。影山太郎(1993:264)列出了「VN する」的形态变体,其中包括敬语中的尊敬形式,但是没有谦逊形式,如(8)。

(8) 否定「容認しない」
可能「容認できる」
尊敬「容認なさる」

从敬语的角度看,如果按照敬语五分类,目前一般得到认可的 VN 词尾不包含"谦逊语Ⅰ"的形式,如(9)。

(9) 非敬语「VN する」
尊敬语「VN なさる」
谦逊语Ⅱ「VN いたす」

按照《敬语的指针》(『敬語の指針』,2007)的说法,谦逊语Ⅰ和谦逊语Ⅱ的区别如(10)。

(10)a. [謙譲語Ⅰ] 自分側から相手側又は第三者に向かう行為・ものごとなどについて、その向かう先の人物を立てて述べるもの。

b. [謙譲語Ⅱ] 自分側の行為・ものごとなどを、話や文章の相手に対して丁重に述べるもの。

简而言之,谦逊语Ⅰ用于抬高他人,而谦逊语Ⅱ则只是对听话人或读者即第二人称使用郑重的表达形式。不难看出,谦逊语Ⅰ的尊敬度要高于谦逊语Ⅱ。用于抬高他人的谦逊说法,如果是本土原生的所谓"和语"动词,只能通过构式的操作来实现。但是,VN 却不同。在「VN する」可以通过词尾交替来表达尊敬和郑重的大背景下,使用谦逊语Ⅰ的动词来作 VN 的词尾则是很容易接受的形式。而且,加上属于谦逊语Ⅰ的「VN 申し上げる」之后,大大方便了谦逊的表达,如例(11)。

(11)a. 街の中心地交通至便、会議会食、文化財内覧、観光、ビジネス、スポーツ、文化大会の宿泊、合宿研修会等に適しております。料金はご予算によりサービス申し上げます。

(goo 检索)

b. こちらのページを印刷して下記にメールアドレスを明記いただきご持参いただいたお客様に「ドリンク」一杯サービス申し上げます。

(google 检索)

「申し上げる」的词尾用法目前虽然还不是很普遍,但是已经扩展到外来词,如「サービス申し上げる」。有趣的是,我们检索不到「サービス」的谦逊结构式,即「お/ご+サービス+

申し上げる」的用例。作为一般的规则，谦逊结构式的构成是「お+V（連用形）+申し上げる」或「ご+VN（漢語）+申し上げる」。也许在使用外来词构成谦逊结构式时，在前缀的选择上会产生困惑。这时，既可以保持较高的尊敬度，又不使用前缀的「サービス申し上げる」应该是便捷的选择。

表3-3显示，「申し上げる」在与「感謝、陳謝、謝罪、応援」同现时，词尾用法的使用频率明显高于谦逊结构式后缀用法，尤其是「感謝申し上げる」的使用频率极高。这几个词有两个共同的特征：①与言说有关；②与情感表达有关。表示感谢和道歉的VN后续「申し上げる」主要用于构成所谓的施行句（performative sentence），而施行句就是通过言说实施的。「申し上げる」本来就是言说义动词，语义上容易协调。至于「応援」，这个动词有两个义项，如例（12）。

（12）a.『明鏡国語辞典』
　　　（ⅰ）困っている人やがんばっている人をはげまし、助けること。「手が足りないので―を頼む」「―演説」
　　　（ⅱ）競技などで、声をかけたり拍手をしたりして、味方の選手をはげますこと。「―団」
　　b.『広辞苑』
　　　（ⅰ）助け救うこと。加勢。「事業を―する」
　　　（ⅱ）（競技などで）声援を送って、味方を元気づけること。「―歌」「―団」
　　c.『大辞林』
　　　（ⅰ）他人の手助けをすること。また，その人。「友人の―を仰ぐ」「地元候補を―する」
　　　（ⅱ）（競技・試合などで）歌を歌ったり声をかけた

りして味方のチーム・選手を元気づけること。
「母校のチームを―する」「―合戦」

其中的第二个义项属于"声援"，第一个义项中也有精神上的支持的解释，如「心から応援申し上げます」，这也属于施行句的用法。

虽然很难说「申し上げる」的词尾化有主观化的倾向，但是较之动作动词，与情感表达有关的说法更容易用「申し上げる」作词尾，这是一个十分有趣的现象。表达感激或歉意的情感时，说话人更愿意寻求尊敬度较高的动词形式，而「VN申し上げる」在使用时又比谦逊结构式来得方便，在尊敬度大致相当的情况下，选用便捷的「VN申し上げる」符合省力的原则。至于「感謝申し上げる」的用法特别多，那大概是因为在社会活动中表示感谢的时候要比表示深刻道歉的时候多。

最后是「VN申し上げる」中「申し上げる」的书写问题。从用法上看，「VN申し上げる」跟「VNする」一样，在句中起一个动词的作用，即「申し上げる」起的是词尾的作用。作为现行的正字法规范，词尾是不写汉字的。但是，从表3-2可以看出，写作「VN申し上げる」的用例要远远多于写作「VNもうしあげる」的用例。不仅词尾的用法如此，谦逊结构式的用法也是如此。这个现象说明，在日本人的意识中，「申し上げる」作为动词的意识还是很强的，并不像「VNする」中的「する」那么透明。

三 小结

这里对以上的讨论作个简单的小结。

第一，「申し上げる」的语法化路径是：动词＞谦逊结构式后缀＞词尾。

第二，「申し上げる」用于谦逊结构式后缀时，已经去除了言

说义，作为谦逊结构式中后缀「する」的谦逊语变体。从谦逊结构式后缀到词尾，是基于类推原理实现的，即参照「する」的谦逊结构式后缀、词尾的分布，类推出「申し上げる」的词尾用法。作为词尾的「申し上げる」同样是词尾「する」的谦逊语变体。

第三，从「申し上げる」的用例远远多于「もうしあげる」这一现象看，用作词尾的「申し上げる」还较多地保留着动词的意识，还不像「する」那么透明。

第三节　复合动词中「～だす」的语义变化路径 *

动词「だす」用作 VV 复合动词的后项时可以表示多种意思，这方面已经有较多的先行研究（姬野昌子，1977，1999；森田良行，1978；国廣哲彌等，1982；寺村秀夫，1984；松田真希子，1993；今井忍，1993；今泉志奈子、郡司隆男，2002），主要从以下几个角度做了探讨。[①]

① 「V+だす」表示哪些意思？
② 「V+だす」所表示的起始体意义有什么特点？
③ 「V+だす」所表示的起始体在体的系统中如何定位？
④ 「V+だす」中的「だす」与单独使用的「だす」是什么样的关系？
⑤ 「～だす」与 VV 复合动词的前项 V_1 是什么样的关系？

本节探讨「～だす」的语义变化路径，当然包含从词汇复合动词向语法复合动词演变的语法化问题，即「～だす」为什么可以用于表示起始体。使用的方法是进行实例调查，并对实例进行语义特征分析。

---

* 原名《复合动词中「～だす」的语义变化路径》，载《日语学习与研究》2011年第3期。

一 「V+だす」的语料

本节调查的对象为 CD-ROM《新潮文库 100 册》(『新潮文库の 100 册』)收录的日本人创作的全部作品。该光盘收录的作品时间跨度较大,其中包括明治时期的作品。有的文章还使用文言的说法,如文中不是用「だす」,而是用其相应的文言形式「いだす」。因此这里需要进行甄别,并排除由「～いだす」构成的复合动词,如例(1)a 和例(1)b。

(1)a. ふところからピストルをば<u>取りいだし</u>

(北杜夫,「楡家の人びと」)

b. 見出す

c. この男は一箇月前に福山市へ疎開して来たが、<u>焼け出された</u>と云って空襲のときの様子を話してくれた。

(井伏鱒二,「黒い雨」)

语料中有一例「とりいだす」,如例(1)a,而该作品在其他地方都使用「とりだす」。「見出す」则属于另外一种情形。《广辞苑》(『広辞苑』)第六版和《大辞林》(『大辞林』)第三版收录了「みだす」的读法。「みだす」有两个义项,一是开始看,二是发现。其中《大辞林》给第一个义项配的例子是「映画をみだす」。对第二个义项,《广辞苑》和《大辞林》都没有配例句。即便是现在的文章,表示发现义时,「見出す」仍然更多地读作「みいだす」而不是「みだす」。语料中,写作「見出す」的有 154 例,另有「見いだす」和「みいだす」共 16 例,均为发现义。因此,这 170 例不是「V+だす」式的复合动词。(1)c 的划线部分不是「やけだす」的被动形式,词典中收录的就是「やけ

だされる」，而不收「やけだす」。语料中「やけだされる」有 10 例，不在本节统计和分析之列。

我们从《新潮文库 100 册》中总共检索到「V+だす」复合动词 435 个，使用总次数为 8997 次。使用频率最高的是「おもいだす」，共 1668 次，使用频率达到三位数的共 22 个词，具体内容如表 3-5 所示。

表 3-5 使用频率在前 24 位的「V+だす」复合动词

单位：次

词例	频率	词例	频率	词例	频率	词例	频率
おもいだす	1668	さしだす	217	ふきだす	163	はきだす	119
とりだす	474	つきだす	210	なげだす	157	ほうりだす	111
いいだす	456	にげだす	205	のりだす	147	はしりだす	105
とびだす	355	なきだす	191	ひきだす	143	おいだす	104
あるきだす	316	かけだす	182	ぬけだす	135	うごきだす	93
もちだす	239	わらいだす	168	よびだす	121	ひっぱりだす	92

435 个「V+だす」复合动词中，有「V+させ+だす」（5 例，计为 1 种形式，不计 V 的差异）和「V+られ+だす」（15 例，计为 1 种形式，不计 V 的差异）的用例，还有「V+て+き+だす」的用例。V 为汉语音读词的仅 30 个，而且使用次数仅 36 次，词数占总词数的 6.9%，使用频率则仅为 0.4%。这说明「～だす」较少跟汉语音读词构成复合动词，而且构成的都是语法复合动词。词例及使用频率如下。

表 3-6 汉语音读词 +「だす」的词例（即使用频率）

单位：次

词例	频率	词例	频率	词例	频率	词例	频率
介抱しだす	1	使用しだす	1	難詰しだす	1		
合唱しだす	1	しんぱいしだす①	1	任じだす	1		

续表

词例	频率	词例	频率	词例	频率
帰着しだす	1	説明しだす	1	発展しだす	2
吟じだす	1	奏しだす	1	反対しだす	1
緊張しだす	1	注意しだす	2	彷徨しだす	1
空転しだす	1	注視しだす	1	捕獲しだす	1
稽古しだす	1	追加しだす	1	没頭しだす	1
後悔しだす	1	通過しだす	1	流行しだす	4
作為しだす	1	呈しだす	2	連想しだす	1
唱じだす	1	展開しだす	1	熱中しだす	1

注：①原文未使用汉字。

另外，我们还调查了三本词典中的「V+だす」复合动词：《明镜国语辞典》(『明鏡国語辞典』) 75个，《大辞林》(第三版) 136个，《广辞苑》(第六版) 131个。语料中未出现的词条如表3-7所示。

表 3-7 词典所收语料中未出现的「V+だす」词条

词条	《明镜国语辞典》	《大辞林》	《广辞苑》	词条	《明镜国语词典》	《大辞林》	《广辞苑》
いだす（鋳）		○	○	そそりだす		○	○
いびりだす	○	○	○	そびきだす		○	
いぶしだす			○	ぞんじだす			○
いぶりだす		○	○	つきだす（築）			○
おこないだす		○	○	つつきだす		○	

续表

词条	《明镜国语辞典》	《大辞林》	《广辞苑》	词条	《明镜国语词典》	《大辞林》	《广辞苑》
かけだす（掛）		○	○	はさみだす		○	○
けりだす		○		はらいだす			○
こづきだす		○		ひりだす		○	○
すきだす			○	まくしだす		○	○
すりだす		○	○	まくりだす			○
ずりだす		○		まつりだす			○
せんじだす		○	○	みだす		○	○
ぞけだす			○				

二 「V+だす」的语料分析

1.「だす」的语义特征

两个动词结合在一起构成一个复合动词，需要具备一些语法和语义条件，如"格支配（格支配）"（山本清隆，1984）、"及物性和谐原则（他動性調和の原則）"（影山太郎，1993）和"主语一致的原则（主語一致の原則）"（松本曜，1998）。

这些构词原则从不同的角度指出了动词构成复合动词的语法、语义条件。本节拟探讨另外一个问题，即「V+だす」的语义变化路径问题。在进入本节的分析之前，先看姬野昌子（1977，1999）的分类。姬野昌子（1977，1999）在与「～でる」进行对比后认为，「～だす」可以表示受事向外移动、出现于正

式场所、显在化（下分显现、产出和发现）以及开始，并认为「だす」的基本义是使受事向外移动，而作为 V_2（即 VV 复合动词的后项）使用时，首先表示向外移动，然后转而表示出现以及单纯的显在化。向外移动在姬野昌子（1977，1999）的分类中是第一类，属于最基本的用法，如例（2）。

（2）a. 穴の中から外へ這いだす
　　　b. 家を飛びだす
　　　c. 山からふもとへ木材を運びだす

（姬野昌子，1977，1999）

姬野昌子（1977，1999）解释说，当「V+だす」表示施事移动时，「～だす」失去了作为及物动词的性质，「V+だす」变为一个不及物动词。如果我们来考虑「～だす」的语义变化过程的话，这个解释显然是难以成立的，因为及物动词「～だす」一开始就以失去其及物动词性质的方式构成复合动词，这是难以想象的。我们的基本假设是，复合动词首先应该以其基本义结合，在使用的过程中其语义要素的侧重点发生变化，最后是语义要素本身发生变化。本节将用语义特征来分析动词「～だす」语义要素的变化，为此首先需要确定动词「だす」基本义的语义特征。

动词「だす」的基本义是使受事从某个空间内部向外移动，如例（3）。

（3）財布からお金をだす。　　　（『明鏡国語辞典』）

「だす」是二价动词，施事和受事是其必有论元。因此，其最基本的语义特征有三个：施事行为、受事移动和受事离开内部

空间。其中，受事离开内部空间还可以附带解释出受事显现，即受事从视觉不可确认的状态向可确认的状态变化。

2. 语义特征变化分析

两个动词最方便的结合方式，应该是使用各自的基本义和必有论元。「だす」是二价及物动词，表示使受事向外移动，因此 V_1 的位置上最容易出现表示使受事移动的及物动词，如例（4）。

(4) a. 行助は、厚子を門の外に送りだすと畑にむかって踵をかえした。

(立原正秋,「冬の旅」)

b. 君は黙ったまま懐中からスケッチ帖を取り出して見せる。

(有島武郎,「生まれ出づる悩み」)

c. ふッとたべたものを茶碗にはき出したが、吐き出した物をみると、また、いっそう気味のわるさがつのった。

(水上勉,「雁の寺」)

d. かれはそのパンフレットをかれの内ポケットからひき出して読むはずの憲兵たちの怒りについて考えた。

(大江健三郎,「戦いの今日」)

这些用法中，「～だす」的语义特征可以分析为：[施事行为]+[受事移动]+[受事离开内部空间]+[受事显现]。其中，[受事离开内部空间]为核心特征。这种组合有うけだす、おくりだす、かりだす、くみだす、ぬきだす、ぬすみだす、はきだす、はこびだす、ひきずりだす、ひっぱりだす、ほきだす等。这里的 V_1 主要是二价动词，即便是「おくる」这样的三价动词，也

不用于表示使受事向接受者移动这样的意思，而是用作二价动词，表示把人送走。V_1 的语义特征可以描写为 [施事行为]+[受事移动]，其中后者是核心特征。

这种组合（本书称之为 A 类）的变化可以有两个方向：①在保持「～だす」核心语义特征不变的情况下改变 V_1 的核心语义特征（B 类）；②保持 V_1 的语义核心特征不变的情况下，改变「～だす」核心语义特征（C 类）。我们认为语义的变化是一个渐变的过程，每次变化仅限于一个语义特征的变化。

B 类复合动词中的 V_1 不具有 [受事移动] 的语义特征，但是整个复合动词具有 [受事离开内部空间] 的语义特征。这类动词有えぐりだす、おしだす、おびきだす、さそいだす、すくいだす、せせりだす、たぐりだす、たすけだす、つかみだす、つれだす、ほりだす、もちだす、よびだす等，如例（5）。

(5) a. みんなもセロをむりにゴーシュに持たせて扉をあけるといきなり舞台へゴーシュを<u>押し出し</u>てしまいました。

（宮沢賢治,「双子の星」）

b. 美禰炭鉱でも増産に拍車をかけて輸送の方が間に合わないほどで、<u>掘出し</u>た無煙炭が山と積まれている。

（井伏鱒二,「黒い雨」）

c. 僕をこの催しに<u>誘い出し</u>たのは、写真を道楽にしている蕗君と云う人であった。

（森鴎外,「百物語」）

（5）a 的「押し出し」、（5）b 的「掘り出し」和（5）c 的「誘い出し」中 V_1 本身都没有明显的使物体向外移动的意思，向

外移动的意思是由「～だす」表示的。从 A 类到 B 类,「～だす」的核心特征不变,发生变化的是 V_1 的语义特征。

　　C 类复合动词是在 V_1[施事行为]+[受事移动] 的语义特征不变的情况下,「～だす」的语义特征的脱落造成的。在 V_1 具备 [受事移动] 的语义特征的情况下,「～だす」的 [受事移动] 基本特征不会脱落,而最容易脱落的就是 [受事离开内部空间] 这一核心特征。由于 [受事显现] 为该语义特征的伴随特征,所以一同脱落。C 类复合动词的整体语义特征是 [施事行为]+[受事移动],有うりだす、おいだす、おくりだす、かしだす、かつぎだす、しぼりだす、ながしだす、なげだす、はりだす、ひろいだす、ほうりだす等,如例 (6)。

(6) a. 或る薬屋が軍隊のために、ボール紙の靴底を発明し、それを革として売出して四十万リーブルの年金を得たのだそうだ。

(林芙美子,「放浪記」)

b. 男は、自分の裏切りに、やりきれない思いで、漫画本を投げだし、外に出た。

(安部公房,「砂の女」)

c. 前の道で悌四郎を送り出すと、太郎は星の鮮やかに見える夜道に立って、悌四郎を見送った。

(曾野綾子,「太郎物語　大学編」)

d. すると、お婆さんは熱いものにでもさわったように、その手紙をほうりだして、手をふって叫びました。

(竹山道雄,「ビルマの竪琴」)

　　从例 (6) 可以看出,受事的这种移动为明显区别的两个空

间位置之间的移动,即受事必须离开某个位置向另外一个位置移动。即便如例(6)c那样在路上送人,依然表示被送的「悌四郎」离开「太郎」所处的位置。这种移动,可以称作过界移动,是[受事离开内部空间]的残留,因为离开内部空间这个行为本身就是过界移动。

D类复合动词中,V_1和V_2两个构词要素的核心特征都发生了变化。我们认为,最主要的原因是「〜だす」能产性的扩大。换言之,是V_2对V_1的选择限制放松了。像「ほりだす」这样的复合动词,可以有两种解释:①对象的存在是已知的;②对象的存在是未知的。前者如例(5)b,后者如例(7)。

(7)a.「墓の中から掘り出したようだわ。」

(森鸥外,「杯」)

b. 死んでしまったほうの未紀が書いたノートらしいのですけど、あたしにはわけがわからない……まるで砂漠の遺跡から掘りだされたふしぎな碑文みたいにあなたに解読を手伝っていただきたいのです。

(倉橋由美子,「聖少女」)

例(7)还可以解释为事先不可感知的对象通过某个行为成为可感知的对象。一旦这种解释成立,那么「〜だす」就非常容易与搜寻义动词和创造义动词构成复合动词。本书将「〜だす」与这两类动词结合构成的复合动词称作D_1类复合动词。搜寻义动词最典型的是「さがす」,表示知道受事的存在但不可感知,通过该行为使受事可以感知,其语义特征可以解释为[受事显现]。「さがしだす」侧重结果,如例(8)。

(8)わたしも、普段であれば噂の元兇を捜し出して喧嘩

を吹っかけたところでしょうが、なにしろ嬉しさの方が比較にならないぐらい大きかったため、噂を耳にした時の怒りも一日経てばすぐ忘れるといった状態でした。

(筒井康隆,「エディプスの恋人」)

在 D_1 类复合动词中,「〜だす」的核心特征是[受事显现]。以搜寻义与「〜だす」构成的复合动词有あらいだす、うつしだす、えらびだす、えりだす、ききだす、さがしだす、さぐりだす、しらべだす、たずねだす、てらしだす、とぎだす、ふるいだす、みがきだす等,如例(9)。

(9) a.「通称、三郎という男です。今、身元を洗い出しています」

(赤川次郎,「女社長に乾杯!」)

b. 朧に松の枝を通して射し込む月光が、その顔を照し出した。

(福永武彦,「草の花」)

c. 外山は肩ならしが終って海からあがると、研修生たちが立てて来た旗竿の間隔を眼で測りながら、研修生たちの中から競泳に加わることのできるものを数名選び出して二組に分けた。

(新田次郎,「孤高の人」)

d. 弱い光の日が落ちてからは寒気が星を磨き出すように冴えて来た。

(川端康成,「雪国」)

创造义动词的特点是,在实施该行为之前受事不存在,受事

为行为的产物。「～だす」与创造义动词的结合，使用的也是[受事显现]的语义特征。受事从无到有的变化，从观察的角度看，可以看作受事的显现。这类复合动词有あみだす、おりだす、かきだす、かせぎだす、かもしだす、そめだす、たきだす、つくりだす、つむぎだす、ひねりだす等，如例（10）。

（10）a. 神でもなく悪魔でもなく人間でもないような、穢れし霊かなにかが、蜘蛛などの網をかけて獲物を待つように、こういう仕掛を編み出したにちがいない。

（石川淳，「処女懐胎」）

b.「ブンラク」（落語界の第一人者。この文楽はブン・ブームの前から文楽だった。どうしてここに書き出したのだろう？)

（井上ひさし，「ブンとフン」）

c. そば屋は古めかしい細格子、中華食堂は窓々を原色の赤と金とで塗り立て、鮨屋は紺ののれん、大衆食堂は白ののれんに大きな文字を染め出し、喫茶店はモダンなガラス張り、パン屋の店はパンと洋菓子で一杯、つくだ煮屋の前には買物のおかみさんたちがひとかたまり立っていた。

（石川達三，「青春の蹉跌」）

d. また、彼らの間から、新しい美を創り出すことにより、美の日常性を奪回しようとするものが現れるのは、おそらく絶望であるならば。

（小林秀雄，「骨董」）

在C类复合动词中，「～だす」已经确立了[受事移动]的核

心特征，而 V_1 依旧保留 [受事移动] 的语义特征。在整个复合动词保留 [受事移动] 的核心特征的情况下，V_1 可以解除 [受事移动] 的约束。我们将这类复合动词称作 D_2 类复合动词，有こぎだす、さそいだす、たたきだす、つみだす、つりだす、にないだす等。

（11）a. 彼等は湖畔の食堂で簡単な食事をしてから、貸ボートを湖上に<u>漕ぎ出し</u>た。

（石川達三，「青春の蹉跌」）

b. 早く言わないと、<u>叩き出す</u>わよ！

（赤川次郎，「女社長に乾杯！」）

c. 外務省の課長の供述には「ウラジオストックに<u>積出す</u>ことに賛成したが、売ることの承認はしていない」という変な言葉があった。

（星新一，「人民は弱し　官吏は強し」）

d. 僕は民さん一寸御出でと無理に背戸へ引張って行って、二間梯子を二人で<u>荷い出し</u>、柿の木へ掛けたのを民子に抑えさせ、僕が登って柿を六個許りとる。

（伊藤左千，「野菊の墓」）

D_1 类复合动词中，支持 [受事显现] 语义特征的结果是相对较具体的实物，有些复合动词还可以表示抽象物的显现，本书将此类动词称作 D_3 类复合动词。与 D_1 类复合动词一样，D_3 类复合动词内部也可以细分为两类：表示现存抽象物显现的复合动词和表示抽象物生成的复合动词。前者有ほじくりだす、ほりだす、まとめだす、みちびきだす、もちだす等，如例（12）；后者有いいだす、おもいだす、かんがえだす、さけびだす、しゃべり

だす、もうしだす、よみだす等，如例（13）。

(12) a. この連中は学生のくせに、よくこんなことを<u>ほじくり出し</u>てくるものだなあ、と、あっけにとられていた。

（山本有三，「路傍の石」）

b.「議論において問題点をどう<u>掘り出し</u>展開するか」などといった基本的なことに教育の重点を置いてるらしい。

（藤原正彦，「若き数学者のアメリカ」）

c. そういう話題を<u>もち出し</u>た時の鋭い微笑が彼女の頬にうかんだ。

（石川達三，「青春の蹉跌」）

(13) a.「何もしないのに、昨夜から急に眼が痛いと<u>いい出し</u>て、一晩中、泣き通しだったのです」

（渡辺淳一，「花埋み」）

b. しかし、その時になって、丑松は昨夜の出来事を<u>思出し</u>た。

（島崎藤村，「破戒」）

c. 少なくとも、あの事件の最も大きな被害者であった私が（それはお前ではなく、この俺の方だとあなたは仰言るかもしれませんが）、当時、どんなことを考え、どんなふうに私なりの結論を<u>導き出し</u>たのかということを、ありのままにお話しておきたいのでございます。

（宮本輝，「錦繡」）

d. ただ、何をもととして<u>詠み出</u>そうが、自任に独自な境に遊べた自分の生得の力に就いては、人に語

らなかったまでである。

（小林秀雄，「西行」）

　　至此，在 V₁ 为及物动词的复合动词中，「〜だす」能够作用于受事的语义特征已经都被使用过。那么，「〜だす」是如何语法化的？在探讨「V+だす」复合动词的先行研究中，「〜だす」的最后一个语义特征，即 [施事行为] 没有受到重视。我们认为，正是这个 [施事行为] 特征的激活，成为「〜だす」迈向语法化的最关键的一步。

　　前面看到，「だす」最核心的语义特征是 [受事离开内部空间]，在构成复合动词的过程中语义特征的核心不断地变化，这种变化都是围绕受事展开的。只有在有关受事的语义特征不被使用时，有关施事的语义特征才会被激活。从语料看，这种变化发生于言说义动词。这一点不难理解，因为言说义动词在使用与受事相关的语义特征时，用的是最抽象的 [受事显现]，而且其受事是抽象的创造物。「〜だす」的 [施事行为] 的激活，与 [受事显现] 的淡化是同时发生的。我们来看看「いいだす」的内部变化。

（14）a. あらたまって、わざわざいい出したのは、よほど
　　　　のことなのだね。

（田辺聖子，「新源氏物語」）

　　b. 少年航空兵は自分からいい出して志願したらしい
　　　　が、今頃この辺の空で——やってるかも知れねえ。

（大岡昇平，「野火」）

　　c. 尻の肉が落ちきって、肛門あらわにみえたなら
　　　　ば、栄養失調も最後の段階、半月のうちに死ぬ
　　　　と、誰がいい出したのかこの収容所のいい伝え
　　　　で、少年は他人事のようにたずね、一同だまって

いると、「すまんな汚ないケツみせて」立ち上る
だけの動作にも息を荒げ、たちまちくずれ落ち横
たわる。

(野坂昭如,「ラ・クンパルシータ」)

d. 例の準教員がその中へ割込んで入った時は、<u>誰が
言出す</u>ともなく丑松の噂を始めたのであった。

(島崎藤村,「破戒」)

与（13）a 相比,（14）a 和（14）b 中无法看出明显的 [受事显现] 的语义特征。但是,也很难说与 [受事显现] 全无关系,只不过更加抽象而已,本书将此称作 [结果显现]。在（14）a 和（14）b 中可以看到, [施事行为] 的语义特征被激活了。相对抽象的 [结果显现], [施事行为] 受到更多的关注。本书将此称作 E 类复合动词。而在（14）c 和（14）d 中,「いいだす」则表示动作开始的意思。这里的动作开始,并不是严格意义上的起始体,而是表示复数的说话人在言说同一件事的过程中,某个人是第一个言说者。这是重复发生的动作的开始,也是一种起始体。本书将此称作 F 类复合动词。我们认为, F 类复合动词中发生了语义特征的再分析, [结果显现] 与 [施事行为] 合并,成为 [施事行为显现]。行为的出现,非常容易解释为行为的开始。

同样的情形还可见于「しゃべりだす」和「はなしだす」。例（15）是「～だす」表示 [结果显现] 的例子,例（16）则是通常意义上的起始体。

（15）a. 美が強いる沈黙には、何かしら人を不安にするものがあり、これに長く堪えている力は、私達には元来無いものらしく、芸術家は其処から製作という行為に赴くし、鑑賞家は<u>喋り出</u>して安心すると

いう次第であろう。

(小林秀雄,「真贋」)

b. 母君がこのことをなんにもご存じないのが辛く、かといって自分からは恥ずかしくて話し出せず、宮は悩んでいられた。

(田辺聖子,「新源氏物語」)

(16) a. 歩き出すと共に、僕は急に喋り出した。

(福永武彦,「草の花」)

b. 私は酔うとペラペラと話しだす。

(高野悦子,「二十歳の原点」)

这样,「～だす」的每一个语义特征都被单独使用过了。最主要的是受事的淡出与施事的激活,为「～だす」与不及物动词构成复合动词提供了可能性。不及物动词有非作格动词和非宾格动词之分,「～だす」应该首先与非作格动词构成复合动词,因为非作格动词的基本特征是[施事行为]。

从语料看,V_1 为[施事移动]的动词构成的复合动词(G类)数量最多。这里,复合动词中的「～だす」发生了再分析,其核心语义特征相应地解释为[施事离开内部空间],以及稍微抽象一些的[施事离开特定区域]。其中的关键点是施事从某个位置移动到明显分隔开的另外一个位置,即过界移动。G类有おきだす、おどりだす、かけだす、とびだす、にげだす、ぬけだす、はいだす、はしりだす等,如例(17)。

(17) a. 無言のまま体を跳躍させ、斬ったその破れ目からそとへ飛び出し、足をあげて蔀戸を蹴りあげた。

(司馬遼太郎,「国盗り物語」)

b. どうして病院から逃げ出されたんです？

　　　　　　　　　　　　（赤川次郎,「女社長に乾杯！」）

c. よそ目に会社員が二人、事務所を脱け出してさぼっているように見えた。

　　　　　　　　　　　　（松本清張,「点と線」）

d. 吾一は、およねのとめるのも聞かずに、窓からはい出して、やねにあがった。

　　　　　　　　　　　　（山本有三,「路傍の石」）

今泉志奈子、郡司隆男（2002）认为おどりだす、はしりだす等动词只能是语法复合动词，表示起始体，无法构成とびだす那样的词汇复合动词。但是，在我们收集到的语料中，至少这两个词可以是词汇复合动词，如例（18）。

（18）a. 突如、右手の竹薮から躍り出した人影が、いきなり松之助の背後へ迫るのが見えた。

　　　　　　　　　　　　（池波正太郎,「雨の鈴鹿川」）

b. そうして明日は昨日よりも大きく賢くなって、寝床の中から跳り出して来い。

　　　　　　　　　　　　（有島武郎,「小さき者へ」）

c. ところが、不意にその絵の中から一頭の獣が走り出してきて、眼が醒めたんだ。

　　　　　　　　　　　　（沢木耕太郎,「一瞬の夏」）

d.「おのれは、三河殿の前で恥をかかせたな」と、信長は座から走りだしてこの能役者を家康の眼前にひきずってゆき、こぶしをあげてなぐりつけた。

　　　　　　　　　　　　（司馬遼太郎,「国盗り物語」）

这里，问题的关键还是在于其是否可以表示 [施事离开内部空间] 或 [施事离开特定区域]。「おどる」有跳舞和跳跃的意思。跳舞义难以表示过界移动，所以「おどりだす」如今泉志奈子、郡司隆男（2002）所说，只能是语法复合动词；而跳跃义本来就表示进入另外一个位置，所以「おどりだす」只能是词汇复合动词，如例（18）a 和（18）b。同样，只要能够明显区分两个空间位置，那么「はしりだす」就是词汇复合动词，如例（18）c 和例（18）d。其中，（18）a 和（18）c 表示 [施事离开内部空间]，（18）b 和（18）d 表示 [施事离开特定区域]。

「～だす」还可以与表情变化的非作格动词结合（H 类），表示某种表情的生成。表情是变化的结果，因此「～だす」的核心特征是 [结果显现]。这类动词有なきだす、ふきだす、わらいだす，如例（19）。

（19）a. カムパネルラは、なんだか、泣きだしたいのを、
　　　 一生けん命こらえているようでした。
　　　　　　　　　　　　（宫沢賢治,「銀河鉄道の夜」）
　　 b. 伸子は笑い出したいのを、必死でこらえていた。
　　　　　　　　　　　　（赤川次郎,「女社長に乾杯！」）
　　 c.「猿？——」
　　　 そう云って熊谷は、ぷっと吹き出したくなるのを
　　　 我慢しながら、「何でえ、妙なことを聞くじゃね
　　　 えか」
　　　　　　　　　　　　（谷崎潤一郎,「痴人の愛」）

「～だす」与非宾格动词结合时，用的是其最核心的语义特征 [受事离开内部空间]，并且伴随 [受事显现] 特征。非宾格动词与非作格动词的差别，按照影山太郎（1993）的说法，就是非

宾格动词的主语与及物动词的宾语相当，是受事；而非作格动词的主语与及物动词的主语相当，为施事。而典型的施事与典型的受事之间的区别，在于是否具备 [有生命] 的语义特征：典型的施事为 [+ 有生命]，典型的受事为 [- 有生命]。「～だす」与非宾格动词结合，就是意味着 [施事行为] 特征的脱落。这是再分析的结果。本书将此类动词称作 I 类复合动词，有あふれだす、こぼれだす、しみだす、ながれだす、にじみだす、ふきだす、わきだす等，如例（20）。

（20）a. その涙が溢れ出して、花子の膝の上の登志子の頬を濡らした。

（新田次郎，「孤高の人」）

b. 窪地から流れ出した水は谷を開いて、海に向っていた。

（大岡昇平，「野火」）

c. 額から流れ落ちる汗は鉢巻きをして防ぐことができても腕ににじみ出して来る汗はどうすることもできなかった。

（新田次郎，「孤高の人」）

d.「ええちくしよう」と栄二は自分を罵った、「なにが自分本位だ、のぶ公なんぞになにがわかる、おれの胸の中ではまだ血がふきだしているんだぞ、この痛みがどんなものか誰にわかる、くそっ、のぶ公のごたくなんぞ忘れちまえ。」

（山本周五郎，「さぶ」）

语料显示，「～だす」与不表示受事移动的非宾格动词结合，只表示起始体，如例（21）a；即便 V_1 表示受事移动，但这种移

动若不造成在明显分隔的不同场所之间的位置移动，也只能表示起始体，如例（21）b。

（21）a. 葉子を落した二階桟敷から骨組の木が二三本傾いて来て、葉子の顔の上で燃え出した。

（川端康成，「雪国」）

b. ベルが鳴り終り、車掌の合図と共に、電車は動き出し、次第に速度を早くして視野から遠ざかって行った。

（福永武彦，「草の花」）

但是，同样是「動く」，只要能够表示在明显分隔的不同场所之间的位置移动，就可以与「～だす」构成词汇复合动词，如例（22）。

（22）a. 玄関と門の間にあるこんもりした木犀の一株が、私の行手を塞ぐように、夜陰のうちに枝を張っていた。私は二三歩動き出しながら、黒ずんだ葉に被われているその梢を見て、来るべき秋の花と香を想い浮べた。

（夏目漱石，「こころ」）

b. 私は口の中で呟きながら、自分が動き出さないようにと必死でかけていた歯止めの材木が、カタンと音立ててはずれてしまったような気がした。

（沢木耕太郎，「一瞬の夏」）

这里的「動く」属于非作格动词，但是能够表示在明显分隔的不同场所之间的位置移动，因此是词汇复合动词。

「～だす」与表示抽象物移动的非宾格动词结合时，其核心特征则变为 [受事显现]（J 类），如例（23）。

(23) a. その瞬間私は、自分のまわりにさっきから再び<u>漂いだし</u>ている異常な香りに気がついて愕いた。

（堀辰雄,「美しい村」）

b. 湖の上にも、暗い海の潮の上にも、微光を滴らして<u>漂い出す</u>だろう。

（三島由紀夫,「金閣寺」）

c. 何処とも知れず、あの昼には気疎い羽色を持った鳥の声が勇ましく<u>聞こえ出す</u>。

（有島武郎,「生まれ出づる悩み」）

d. 畑の方からはやっと物音が<u>聞え出し</u>た。

（堀辰雄,「風立ちぬ」）

非宾格动词有两种：表示变化和表示结果（影山太郎,2001）。在例（24）中，「～だす」的语义发生了再分析，解释为 [变化显现]，表示起始体。

(24) それが一仕切経つと、桜の噂がちらほら私の耳に<u>聞こえ出し</u>た。

（夏目漱石,「こころ」）

表示结果的动词「ある」与「～だす」构成复合动词时，「～だす」同样解释为 [变化显现]，如例（25）。

(25) 私はそれらのヴィラに見覚えが<u>あり出す</u>のと同時に、これをこのまま行けば、私がこの日頃そこに近

寄るのを努めて避けるようにしていた、私の昔の女友達の別荘の前を通らなければならないことを認めたのだ。

(堀辰雄,「美しい村」)

虽然非宾格动词的起始体的成立与上述及物动词不同，但是同样都是语法复合词，这里就不再另立一个类了。

三　小结

以上通过语义特征分析了复合动词中「～だす」的语义变化路径。为了方便阅读，这里将各类复合动词的核心语义特征及其变化路径整理为表3-8。从表3-8可以看出，复合动词的核心语义特征是由作为 V_2 的「～だす」赋予的。

从表3-8也可以看出，「～だす」的核心特征的变化是「～だす」受到 V_1 影响的结果。这里有必要说明的是 [−受事移动] 动词与「～だす」的结合。以 B 类的 V_1「おす」「さそう」和 D_2 类的 V_1「こぐ」「になう」来说，动词的语义本身并不直接表示受事的移动，但是动作的结果可能造成受事的移动。正是因为其含有某种与移动有关的要素，所以才能够与「～だす」结合表示移动。至于起始体，及物动词是以施事行为显现的方式成立的，非作格动词也是基于同样的原理，限于篇幅，本节对此没有举例说明。

表3-8　各类复合动词核心语义特征变化表

复合动词语义类型	V_1 的核心特征	「～だす」的核心特征	词例
A 类 [受事离开内部空间]	[+受事移动]	[受事离开内部空间]	とりだす
B 类 [受事离开内部空间]	[−受事移动]	[受事离开内部空间]=A 类[1]	ほりだす
C 类 [受事移动]	[+受事移动]	[受事移动]←A 类[2]	なげだす

续表

复合动词语义类型	V1 的核心特征	「～だす」的核心特征	词例
D_1 类 [受事显现]	[受事显现]	[受事显现]←B 类	さがしだす つくりだす
D_2 类 [受事移动]	[-受事移动]	[受事移动]←C 类	さそいだす
D_3 类 [受事显现]（抽象物）	[受事显现]	[受事显现]（抽象物）←D_1 类	もちだす おもいだす
E 类 [施事行为]	[施事行为]	[施事行为]←D_3 类	いいだす
F 类 [施事行为显现]	[施事行为]	[施事行为显现]（←E 类，再分析）	いいだす
G 类 [施事离开内部空间]/ [施事离开特定区域]	[施事移动]	[施事离开内部空间]/[施事离开特定区域]（←A 类，再分析）	とびだす
H 类 [结果显现]	[施事行为]	[结果显现]←D_3 类	わらいだす
I 类 [受事离开内部空间]	[+受事移动]	[受事离开内部空间]（←A 类，再分析）	にじみだす
J 类 [受事显现]	[-受事移动]	[受事显现]←I 类	きこえだす

注：①"=A 类"指该类复合动词中「～だす」的核心语义特征与 A 类中「～だす」的核心语义特征相同。
②"←A 类"指该类复合动词中「～だす」的核心语义特征来自 A 类中「～だす」的语义特征。A 类的语义特征为：[施事行为]+[受事移动]+[受事离开内部空间]+[受事显现]。

我们看到，即便是同一个复合动词，「～だす」在不同的语境中也可以解释为不同的语义。这是语义连续性的表现，同时也是语义变化的原动力。这种情形不仅发生于词汇复合动词之间，也发生于词汇复合动词与语法复合动词之间。这一点并不奇怪，因为语法化只是语义变化中的一个特殊环节。

「～だす」表示的起始体偏向自然发生，这一点先行研究中多有提及。本节的分析可以为此提供依据：因为「～だす」所表示的起始体源自行为显现和变化显现的语义特征。而"显现"容易解释为自然发生。

第四章 构式与构词研究

第一节 「Nの＋Xの」构式的句法结构和语义解释[*]

「Nの＋Xの」指的是以下例句中的划线部分。

（1）a. <u>ビールの冷たいの</u>が飲みたい。
　　　b. 私は<u>魚の煮たの</u>が嫌いです。

其中，「X」的位置上可以出现形容词，如（1）a；也可以出现动词，如（1）b。「Xの」中的「の」是形式名词；「X」是形式名词「の」的定语。而对于（1）a中「Nの」的「の」，霜崎實（1983）认为是主格助词。本书认为，（1）a和（1）b中「Nの」的「の」是一样的，「Nの＋Xの」是一个特定的构式，具有特定的构式义。因此，「Nの」的「の」是表示领属关系的格助词。

一 「Nの＋Xの」的构式义

一般认为，在「Nの＋Xの」构式中，形式名词「の」指的

---

[*] 原名《「Nの＋Xの」构式的句法结构和语义解释》，载戴宝玉主编《日本学研究：2008年上海外国语大学日本学国际论坛论文集》，上海外语教育出版社，2008。

是前面的「N」。但是，如果形式名词「の」完全等同于前面的「N」，那么就可以直接使用以下（2）的说法，而没有必要使用（1）的说法。

（2）a. 冷たいビールが飲みたい。
　　　b. 私は煮た魚が嫌いです。

既然使用两种不同的构式，那么形式名词「の」应该不完全等同于前面的「N」。

霜崎實（1983：506~507）认为「Nの＋Xの」中的形式名词「の」是代名词用法，指代先行词N。「Nの＋Xの」中的N必须具备[-human]的语义特征，且不能是专有名词。

（3）a. 病気した私は学校を休んだ。
　　　b.＊私の病気したのは学校を休んだ。
（4）a. 留学している彼から手紙が来た。
　　　b.＊彼の留学しているのから手紙が来た。
（5）a. 惑星の地球からもっとも近いのでさえ、二十数万キロも離れている。
　　　b.＊地球の最も近いのでさえ、二十数万キロも離れている。

（以上：霜崎實，1983：506~507）

但是，他同时认为（6）是成立的，只是「ロシア女」有轻蔑的意思，这源自「の」的[-human]的语义特征。

（6）ロシア女の大さいのは全く象みたいだ。

（霜崎實，1983：501）

霜崎實（1983）的这个说法显然是矛盾的，"轻蔑"的语气无法改变「ロシア女」的 [+human] 的语义特征。因此，「Nの＋Xの」中的形式名词「の」以及由这个指代的 N 是否必须为 [–human] 不是必要条件。

形式名词「の」可以表示转指或自指（林璋，2005；黄毅燕，2005a；黄毅燕，2007），「Nの＋Xの」构式中，形式名词「の」表示转指，既可以指"物"也可以指"人"。

在「Nの＋Xの」中，「N」和「Xの」的关系是：「N」是上位概念，「Xの」是下位概念。其中，作为上位概念的「N」必须是类指的。这个构式的语义是「Xの」对「N」进行限定。这样就可以解释（5）a 和（6）为什么成立，而（3）b、（4）b 和（5）b 为什么不成立。

二 「Nの＋Xの」的结构分析

从表面上看，以下的（7）似乎也可以看作「Nの＋Xの」。

（7）時間のないのが辛い。

实际上，霜崎實（1983）就将（7）这样的句子看作「Nの＋Xの」，如（8）。二者的结构被看作完全一致的。

（8）a. [[[西瓜の冷えた]S₂] の]NP を下さい]S₁
　　　b. [[[太郎の泳いでいる]S₂] の]NP を見た]S₁

（霜崎實，1983：500）

由于将（8）a 和（8）b 看作同样的结构，所以霜崎實（1983）认为（8）a 这样的说法必须实施「が」和「の」的交替，如（9）。

(9) a. ビール {*が/の} 冷たい<u>の</u>を下さい。
　　b. リンゴ {*が/の} 赤い<u>の</u>を下さい。
　　c. くつ下 {*が/の} 薄い<u>の</u>がある。
　　d. 新聞 {*が/の} 古い<u>の</u>を捨てた。
　　e. 野菜 {*が/の} 新鮮な<u>の</u>を下さい。

（霜崎實，1983：512）

如果（9）的分析成立，那么我们可以把其中「Nの＋X」的部分抽出来，还原成助词交替前的状态，如（10）。

(10) a. ビールが冷たい
　　 b. リンゴが赤い
　　 c. くつ下が薄い
　　 d. 新聞が古い
　　 e. 野菜が新鮮だ

但是，「Nの＋Xの」中，X 的位置上还可以出现及物动词，如前面的（1）b。（1）b 中，「魚」是「煮る」的受事。因此，「Nの」中的「の」不是主格助词，即不是与「が」交替的结果，如（11）b。

(11) a. 私は<u>魚の煮た</u>のが嫌いです。（＝1b）
　　 b. 魚 {*が/を} 煮た

由于（9）和（11）a 具有相同的构式义，因此都属于「Nの＋Xの」构式。所以，「Nの＋Xの」构式中「Nの」的「の」是表示领属关系的格助词，只有这样才能对（9）和（11）a 做统一的解释。

在「Nの＋Xの」构式中，由于「Xの」相当于名词，因此「Nの＋Xの」可分析为「N_1の＋N_2の」。因为「Xの」相当于名词性成分，所以我们还可以看到（12）这样的用法。

（12）a. 産地明示で評価に変化がみられたものは30品中22品73％であった。オレンジジュースの愛媛産、チョコレートのベルギー産、りんごの青森産長野産のように産地が既知である品目は評価が高くなる傾向がみられた。

（豊満 美峰子「視覚と心理（情報）の要因がおいしさに及ぼす影響」）[1]

b.「階段用避難車」の日本製はあるのか？
（光連協・第1回幹事会・議事録H19（2007）年7月22日・坂田記）

这里的「～産」和「日本製」基于转喻的原理指称物品，因此在结构上与「Nの＋Xの」是平行的，在意义上同样表示前面的「N」的下位概念。

我们甚至还能看到（13）这样的说法，「の」的前后为整体和部分的关系。其中，「N_2」同样基于转喻的原理指称「N_1」。但是，这种整体和部分的关系与「Nの＋Xの」构式不同，表示整体的N可以是表示个体的名词。

（13）a. 公衆電話機の一部がご利用できない事象について
b. かつて太平洋の大部分を占めていたと言い伝えら

---

[1] http://www.asahigroup-foundation.com/academic/support/pdf/report/2005/cul_01.pdf，最后访问日期：2022年10月22日。

れる「ムー大陸」、その謎と伝説を紹介します。
c. <u>若手研究者の多く</u>が、研究成果の異分野活用を期待
d. 平成 17 年 3 月 15 日に閣議決定された、<u>「商標法の一部を改正する法律案」</u>は平成 17 年 6 月 8 日に可決・成立し、6 月 15 日に法律第 56 号として公布されております。

由于「N_2」通过转喻指称「N_1」，因此「N_1」和「N_2」之间的关系可以看作同位关系。这样，日语中的同位关系有两种。通常说的同位关系如例（14），限定性的成分在前。

（14）課長の田中さん

另外一种就是「Nの＋Xの」构式，以及上述（12）和（13），还包括以下（15）这样的说法。

（15）a. 太郎の奴
　　　b. 太郎のばか

一般认为，同位关系中，「N_1」是用来限定「N_2」的，如（14）。但是，「Nの＋Xの」构式，以及（12）、（13）和（15）却无法做同样的解释，它们只能解释为「N_2」限定「N_1」。

三　小结

本节探讨了「Nの＋Xの」构式的句法结构和语义解释问题，结论可以归纳如下。

第一，「Nの＋Xの」构式中，出现在 X 位置上的可以是形

容词（包括形容动词），也可以是动词，N之后的「の」是表示领属关系的格助词。X之后的「の」是形式名词，表示转指。

第二，「Nの＋Xの」构式中，「N」和「Xの」为上位概念和下位概念的关系，但其中「N」必须是类指名词。

第三，「Nの＋Xの」构式中，「N」和相当于名词性成分的「Xの」构成同位关系。这种同位关系是「Xの」限定「N」。

第四，与「Nの＋Xの」构式平行的还有「N_2」表示产地的「N_1のN_2」。产地基于转喻的原理表示物品。

第二节　「V+かける」构成的体 *

「かける」是一个常用动词，有许多的用法。除复合动词的用法外，写作「掛ける、懸ける」的词条，《广辞苑》列举了8大类共44个义项，《大辞林》列举了15大类共51个义项，《明镜国语辞典》也列举了44个义项。

「かける」还可以接在动词之后构成复合动词，如（1）。

(1) a.「話し―・ける」「働き―・ける」
　　b.「言い―・けてやめる」「長編を読み―・ける」
　　c.「死に―・ける」「川でおぼれ―・ける」

（『大辞林』）

（1）a表示对他人做某个动作，（1）b表示动作的开始或中途停止，（1）c表示动作即将开始。其中（1）b和（1）c为体的用法。本节将探讨VV复合动词「V+かける」构成的体的问题。具体是：① 为什么「V+かける」可以构成"开始"和"即将开

---

* 原名《「V+かける」构成的体》，载《北研学刊》2009年第5号。

始"两种不同的体；②中途停止的语义是如何产生的。

一 「V+かける」构成的两种体

「V+かける」可以构成两种体，（1）b 的用法一般称作"起始体"，（1）c 的用法一般称作"将然体"。这两种体在构成要素方面是否有条件限制？

長嶋善郎（1997/1976：226）基于金田一春彦（1976/1950）的动词四分类，认为 V 为"持续动词"时，「V+かける」构成"起始体"，V 为"瞬间动词"时，「V+かける」构成"将然体"，如（2）。

（2）a. 手紙を書きかけた時に電話が鳴った。
　　　b. 風でろうそくが何度も消えかけた。

（長嶋善郎，1997/1976：226）

姬野昌子（1999：136~137）列举了实例（3），认为与持续动词复合可以构成起始体，如（3）a，也可以构成将然体，如（3）b；与瞬间动词中的某些结果动词复合可以构成起始体，如（3）c，而与表示瞬间动作、作用变化同时不伴随变化过程的动词复合只构成将然体，如（3）d。

（3）a.「だって学校が…」そういいかけるのといっしょに、なみだが出てきた。

（佐多稲子，「キャラメル工場から」）

　　　b. 私はそのあと、「そんならあの銀座のマダムとも、渋谷の人とも手を切って下さい」と、いいかけたのだが、あわててその言葉を飲み込んでしまった。

（源氏鶏太，「御身」）

c. 第一日目には、赤い花が一本売れた。お客は踊子である。踊子は、ゆるく開きかけている赤い蕾を選んだ。　　　　　　　　　（太宰治,「葉」）

d. 百メートルも歩かないうちに、腹が立ってきた。太いコンクリート電柱にぶつかりかける。ゴミのポリバケツにつまづきかける。（新聞）

（姫野昌子，1999：136~137）

姫野昌子（1999）的观察可以归纳为表 4-1。

表 4-1　「V + かける」构成的体

	起始体	将然体
持续动词	○	○
瞬间动词（带变化过程）	○	○
瞬间动词（不带变化过程）	×	○

但是，我们收集到以下的实例。

（4）a. 西野監督は会見場の階段でつまずきかけたが持ち直し、無事に席に着いた。

（『中日新聞』，2018 年 6 月 28 日）[①]

b. 栄和塗装様の技術もさることながら、編集長である私が、リフォーム事業部事務所前でうっかりつまずきかけて塗装中の壁に手をついてしまうというアクシデントがあった際にも、手に付いた塗料を洗い流すために素早くご対応を頂き、あらゆる

---

① https://static.chunichi.co.jp/chunichi/archives/article/worldcup/russia2018/news/CK2018062802000182.html，最后访问日期：2022年10月23日。

面から見られるプロの姿に感動した。

(『エムズホールド通信』Vol.24)[1]

c. ユニークな指導者と出会うことによって、つまずきかけた人生を再スタートさせる生徒たちの姿に目頭が熱くなるのは万国共通なのだろう。

(みなとみらいダンスサークルのブログ)[2]

d. 佐藤は残り700m付近でつまずきかけ、一時は九州学院の鶴川正也（2年）に並ばれたが、残り500mで再び前へ。

(「八千代松陰高・佐藤一世　都大路1区で上野裕一郎超え、春から青学で箱根目指す」『4years.』2019/12/24)[3]

这些例句都使用了"不带变化过程的瞬间动词"——「つまずく」。关于「つまずく」的意思，词典一般列举两个义项，如例（5）。

（5）a.① 歩行中に、誤って足先を物に当てて前のめりになる。けつまずく。「石に―・いて転ぶ」
② 物事の途中で、思わぬ障害に突き当たって行きづまる。しくじる。失敗する。「受験に―」「資金面で―」

(『明鏡国語辞典』)

b.① 爪先がものにひっかかって体がよろける。けつ

---

[1] http://mshold.com/reform/wp-content/uploads/2021/04/Vol.24.pdf，最后访问日期：2022年10月23日。
[2] http://blog.minatomiraidance.com/?month=201204，最后访问日期：2022年10月23日。
[3] https://4years.asahi.com/article/12986655，最后访问日期：2022年10月23日。

まずく。「石に―・いてころぶ」
② 物事が中途で障害にあってうまくいかなくなる。中途で失敗する。「不況で事業が―・く」「人事問題で―・く」

（『大辞林』）

如果对照词典的释义，（4）a、（4）b和（4）d属于词典的第一个义项，（4）c属于第二个义项。但是，不论属于哪一个义项，（4）的例句都表示「つまずく」这个动作已经发生，即「つまずきかける」应该是起始体。（4）a中，如果「つまずく」这个动作没发生，那么就不会有「階段から転げ落ちかけた時はヒヤリとした」这么一说。同样，（4）b中，只有「つまずく」这个动作发生之后，才有「手をついたら」这个后续的动作。

从（5）看，「つまずく」这个动词的第一个义项包含三个语义特征：①[行进中]；②[脚接触某物体]；③[身体失衡]。其中，②和③构成因果关系。（4）d中的「つまずく」只表现①和②两个语义特征，而（4）a、（4）b和（4）c中的「つまずく」则表现了①和③两个语义特征。当[脚接触某物体]这个语义特征得到强调时，「つまずきかける」构成将然体，而当[身体失衡]的语义特征得到强调时，「つまずきかける」构成起始体。

不仅同一个动词的不同语义特征会影响「V+かける」所构成的体，即便是同一个动词的相同的语义特征也会形成不同的体，如例（3）a和例（3）b。

另外，（4）中「V+かける」所构成的起始体与「V+はじめる」和「V+だす」所构成的起始体不同，（4）的「V+かける」还伴随着开始后的动作的中止。即（4）a、（4）b和（4）d中的身体失衡只是达到某种程度就中止了，没有完全失衡；而（4）c中的挫折同样因为外界的因素而中止。但是，（6）a的「V+はじ

める」和（6）b 的「V+ だす」就不伴随开始后的动作的中止。

（6）a. 高学年・中学生で英語につまずきはじめたお子様、音声機器 E-pencil を使った英語の無料体験をお試しください！

（大森城山教室）[1]

b. 僕は 2 年生の頃までは特に勉強が難しいと思ったことはなかったのですが、3 年生になった頃から徐々につまづきだし、このままではヤバイ……という気持ちが強くなり専修学院に入塾しました。

（専修学院）[2]

于是，这里就有两个问题：①「V+ かける」所构成的体与什么因素有关？②「V+ かける」所构成的起始体为什么容易伴随动作的中止？

二 「～かける」的分布与体

此次通过青空文库[3]和《中日对译语料库》检索了「V+ かける」构成体的用法，然后参照工藤真由美（1995）的动词分类进行归类，结果如下。

（7）a.（A・1）主体動作・客体変化動詞＜内的限界動詞＞
　　　［他動詞］
　　　　客体の状態変化・位置変化をひきおこす動詞：

---

[1] https://www.kumon.ne.jp/enter/search/classroom/1886541101/index.html，最后访问日期：2022 年 10 月 23 日。
[2] http://www.sensyugakuin.com/content2.html，最后访问日期：2022 年 10 月 23 日。
[3] https://www.aozora.gr.jp/

あける，(腰を) あげる，あむ，(気を/平衡を) うしなう，うる，おこす，おとす，きずく，じたいする，しまう，しめる，(度胸を) すえる，そめる，だす，だっかんする，たてる，ていしする，とく，ととのえる，とる，ひらく，ふきけす，なめす，ほぐす，まげる，やきころす，わかす

b. (A・2) 主体変化動詞＜内的限界動詞＞

① 主体変化・主体動作動詞[再帰動詞]：かがめる，ぬぐ，はく，はらむ

② 人の意志的な (位置・姿勢) 変化動詞[自動詞]：あがる，いく，がいしゅつする，かえる，くる，しゅっきんする，すぎる，すわる，たちあがる，たつ，はいる，ひきかえす，ひきさがる，もどる

③ ものの無意志的な (状態・位置) 変化動詞[自動詞]：あかるむ，あらわれる，いきすぎる，うえじにする，うすれる，うつる，うとうとする，おいる，おこる，おちる，おとずれる，おとろえる，おぼれる，おわる，かいふくする，かわく，きえる，きまる，くさる，くされる，くずれる，くちる，くつがえる，くれる，こわれる，さく，しこる，しずまる，しずむ，しぬ，しらむ，しんじゅうする，ずれる，そっとうする，たおれる，たかまる，だんすいする，ちっそくする，ちる，つきる，(眼が/正気が) つく，つまる，できあがる，できる，てんかいする，てんぷくする，とける，とまる，とろとろする，なおる，なる (変化)，ねむる，

のびる，はえる，はかどる，はげる，はつどうする，はびこる，ひょうめんかする，ひらく，ひらめく，ふくらむ，ふっかつする，ぶつかる，ほぐれる，ほころぶ，まじる，まとまる，まどろむ，みだれる，みなぎる，めざめる，もえる，やぶれる

c.（A·3）主体動作動詞＜非内的限界動詞＞
①主体動作・客体接触動詞[他動詞]：すう，のむ，ふれる
②人の認識活動・言語活動・表現活動動詞[他動詞]：いう，うたう，かく，きく，こたえる，さがす，しょうする，みいだす，もうす，よむ
③人の意志的動作動詞[自動詞]：あるく，かつどうする，とおる，はしる，わたる
④ものの非意志的な動き（現象）動詞[自動詞]：かたむく，なく，まわる，わらう

d. 二側面動詞：おりる，くだる，のぼる
e.（B·1）思考動詞：れんそうする，わかる
f.（B·2）感情動詞：あきらめる，くるう
g.（B·4）感情動詞：おこる，ふんぜんとする，ほれる

　　从以上调查结果看，属于「ものの無意志的な（状態・位置）変化動詞[自動詞]」的动词数量最多，而属于「(B)内的情態動詞＜非内的限界動詞＞」的动词较少，没有收集到属于「(C)静態動詞」的用例。除了（7）以外，此次调查还收集到几个难以纳入工藤真由美（1995）分类的动词。参照工藤真由美（1995）的分类原则，似乎可以描写为（8）。

(8) a. 人の意志的動作動詞［他動詞］：ぐろうする，めぐらす，やる
b. 記憶動詞：おぼえる，わすれる

此次调查，我们还收集到「V＋う/ようとする＋かける」的用例，如（9）。

(9) a. 帰ろうとしかけると、漸っと出てきた赤ん坊を負ったお上さんらしいのに呼び戻された。
（堀辰雄，「晩夏」）
b. けれども子供達がそれと一緒に遊ぼうとしかけると、子家鴨は、みんながまた何か自分にいたずらをするのだと思い込んで、びっくりして跳び立って、ミルクの入っていたお鍋にとび込んでしまいました。
（菊池寛訳，「醜い家鴨の子」）

构成体的「かける」作为语法复合词的 V_2，在与 V_1 之间插入语法成分，在构成原理上是可能的（影山太郎，1993），实际上我们也收集到这方面的用例，如（10）。

(10) a. この事件があってから後、ゴーリキイは却って生活に対する真率な活溌性をとり戻し、翌年の春から人民主義者のロマーシという男と或る農村に行き、危く殺されかけるような目にも遭った。
（宮本百合子，「逝けるマクシム・ゴーリキイ」）
b.「校舎が倒れました」と高等工業生は、うつろのような声で云った。「友達が、おおかたみんな、つ

ぶされました。つぶされかけて、負傷した者もおりました。」

（井伏鱒二，「黒い雨」）

c. やがて、日がだんだん山に近くなって、天地が橙色に霞み山々の緑が薄い鳩羽色で包まれかけると、六は落日に体中照り出されながら、来たとは反対の側から山を下りる。

（宮本百合子，「禰宜様宮田」）

d. そう思って、馬をそろそろ歩かせかけると、「お待たせ申した」と、甚左が、叫んだ。

（直木三十五，「寛永武道鑑」）

我们还收集到了更有趣的用例，如（11）。

（11）a. 気持とは無関係に、呼吸がうわずってくる。どうやら、泣き出しかけているような感じだった。いそいで、土間の、ビーズ玉がこぼれたあたりに、かがみこんだ。不器用な手さばきで、砂の表面を、さぐりはじめる。

（安部公房，「砂の女」）

b. でも、たいしておもしろさうなけはひもなく、目では、じっと、トゥロットが三日月パンをもう少しで食べてしまひかけるのを見つめてゐるのです。

（鈴木三重吉，「乞食の子」）

（11）a 的「泣き出す」本来就是构成起始体的复合动词，还可以再加上「かける」。当然，这里的「かける」不构成起始体，而构成将然体。（11）b 的「食べてしまう」是构成终结体的，加

上「かける」之后同样构成将然体。

按照影山太郎（1993）的分析，构成体的「かける」在构成复合动词时，表示被动的「れる/られる」应该接在 V_1 之后，如例（10）a~（10）c。但是，我们这里收集到了「れる/られる」接在「かける」之后的用例，如（12）。从意思上看，「れる/られる」接在「かける」之后与接在 V_1 之后没有区别。

（12）a. 朝早く男が来て雨戸を引く音のために、いったん破りかけられたその夢は、半醒半睡の間に、辛うじて持続した。

（夏目漱石，「明暗」）

b. これが捨てられ、忘れかけられた女の唯一の幽かないやがらせと思召し、ぜひお聞きいれのほど願います。

（太宰治，「斜陽」）

c. 彼の意識の中に築きかけられた美しいものが、吉川機関手の一言で崩されてしまったのだった。

（佐左木俊郎，「汽笛」）

「V＋かける」可以构成起始体和将然体。仅就收集到的用例来看，绝大多数是构成起始体的。可以相对较明确地解释为将然体的用法，跟动词有很大的关系，如うえじにする、（気を）うしなう、おちる、おわる、きえる、しぬ、そっとうする、たおれる、ちっそくする、ぶつかる、できあがる、わすれる等。这些动词有一个共同的特点，那就是它们都强调最终的质变。虽然「わすれる」属于内在状态动词，但是"记着"和"忘却"之间还是有一条明确界线的。

(13) a. カトリック教のひどくきびしい寄宿学校に八つのときから六年間も入れられ、あまり器用に立ちまわれないこの生徒は、終りに衰弱で半分<u>死にかける</u>ような苦労をした。

（宮本百合子,「バルザックに対する評価」）

b. そのころの太郎はようやく小学の課程を<u>終わりかける</u>ほどで、次郎はまだ腕白盛りの少年であった。

（島崎藤村,「嵐」）

c. そのために、運搬車から突き出ている死体の腕が解剖台につかえて、運搬車が<u>転覆しかけ</u>たりした。

（大江健三郎,「死者の奢り」）

d. さっき三沢とぶつかったように、こんども克平はだれかと<u>ぶつかりかけ</u>て立ちとまった。八千代だった。

（井上靖,「あした来る人」）

e. 喜助は、はじめは、竹神を訪ねてきた時の、ケットをきた玉枝の像をいっしんに作っていたが、ほぼ<u>出来あがりかけた</u>時になって、玉枝が自分のところへ嫁入ってきてくれることになったので、それではもの足らなく思えてきたのだった。

（水上勉,「越前竹人形」）

f. 人と云ふ字を見ても、或る説文學者の説には、<u>倒れかける</u>棒が二本相互に支ふるの姿勢で、双方相持になつて居るのが人だと云ふことだ。

（新渡戸稲造,「教育の目的」）

以（13）a 来说，我们一般只看「死ぬ」这个动作是否发生，因为这个动作尚未发生，所以我们认定「死にかける」构成将然体。(13) d 中,「ぶつかる」这个动词只表示物体的接触,「ぶ

つかりかける」表示趋向接触但实际上未发生接触，所以是将然体。同样，（11）b 的「食べてしまひかける」因为强调了终点的质变，所以也作将然体的解释。

但是，尽管是主体变化动词，以下这些用例似乎更容易解释为起始体。

(14) a. 断水しかけた水道管のような音をたてて、……

(安部公房，「砂の女」)

b. 実のところ俺は、死というもの、自殺というものを、漠然と考えていたのだ。漸く探りあてた一筋の人の心の誠実さ、真心が、ごく些細なことのために壊れかけるのを、見てきた。それが壊れ去った後は、人は完全に孤独だ。

(豊島与志雄，「どぶろく幻想」)

c. 緑はサングラスをとって目を細めた。なんだか百メートルくらい向うの崩れかけた廃屋を眺めるときのような目つきだった。

(村上春樹，「ノルウェイの森」)

如果尚未开始，那么（14）a 中自来水管不会发出异样的声音，（14）b 和（14）c 中就观察不到那种变化。

(15) 和 (16) 是同一动词的用例，(15) a 和 (16) a 都构成将然体，而 (15) b 和 (16) b 则构成起始体。

(15) a. しかしそう思って見れば見る程、杉子の桃のつぼみが今にも咲きかけているような感じが、実になつかしかった。

(武者小路実篤，「友情」)

b. 杉子は一つ齢下でも既に咲きかけた花のような所があったが。

（武者小路実篤,「友情」）

(16) a. ふいに、男は体を固くする。視線は虚ろに、焦点を失い、呼吸も、ひきつり、ほとんど止りかけた。

（安部公房,「砂の女」）

b. 次第に緩くのろく止りかける車室に立って、ギャソリンくさい停車場の空気を嗅ぎながら、この楽しそうな鐘の音を聞いたらば、誰でもいい難い感慨に胸を打たれずにはいないだろう。

（宮本百合子,「南路」）

这两组例句显示,「かける」所构成的体容易受到语用因素的影响。「かける」可以用于表达变化动词（或瞬间动词）所表示的最典型的意义发生之前的那个阶段的开始。菊田千春（2008：140~143）认为,「かかる」最早用于构成体的用例「暮れかかりぬれど」(『源氏物语』)是起始体。其实,现代日语中的「暮れかける」同样可以解释为起始体,如例（17）。

(17) a. もう日が暮れかけているように薄暗がりになっていた。

（井伏鱒二,「黒い雨」）

b. なすび色に暮れかけた表の戸口があいて、

（水上勉,「越前竹人形」）

从这些用例和分析看,「かける」接在变化动词之后可以构成起始体。变化动词所表示的典型意义在于变化点上,「かける」所构成的这种起始体,捕捉的是发生质变前的量变过程的开始。

因此，这种起始体可以称作非典型起始体。从这个意义上来看相对较明确地解释为将然体的（13）中的用例，似乎同样可以解释为非典型起始体。（13）a 的「半分死にかける」、（13）b 的「ようやく小学の課程を終わりかける」和（13）e 的「ほぼ出来あがりかけた」中的副词其实就说明在人们的意识中，典型意义发生前的那个量变过程已经开始。因此可以说，典型起始体和非典型起始体在构成原理上是一致的。

三 「かける」的语义特征与「V+かける」构成的体

「V＋かける」所构成的体还有一个显著的特点，那就是动作的中途停止，如例（18）。

（18）a.「すると、死亡時刻は――」といいかけるのを、先生は軽く遮って、……

（甲賀三郎，「血液型殺人事件」）

b. 六助が、あまり力を入れて話すので、お豊は少し笑いかけると、「いや、笑い事じゃござんせん、……

（中里介山，「大菩薩峠 05 龍神の巻」）

c. 杏子はくるりと背を向けると、五六歩あるきかけたが、すぐ道路へ戻った。

（井上靖，「あした来る人」）

d. 八千代は夫の上着を取りかけたが、それをやめた。

（井上靖，「あした来る人」）

e. そういうと、雪州は廊下を行きかけたが、またあと戻りして、……　（水上勉，「雁の寺」）

造成这种中途停止的原因可以来自外界，如（18）a 和（18）

b，也可以来自动作者本身，如（18）c~（18）e。可以发生在动作动词上，如（18）a~（18）c，也可以发生在变化动词上，如（18）d 和（18）e。当动作主体为无生命体时，这种中途停止则主要来自外界的干预，如例（19）。

（19）a.「庭の松の木の先が、<u>燃えかけ</u>ていましたが、高くて、どうすることも出来ませんでした」

（井伏鱒二，「黒い雨」）

b.火の<u>消えかけ</u>た火鉢をかきまわした。

（水上勉，「越前竹人形」）

然而，像（20）这样的自然现象，通常情况下不容易受到外界的干预，因此（20）只表示开始，而没有中途停止的意思。

（20）a.日が<u>暮れかけ</u>ていた。（井伏鱒二，「黒い雨」）

b.ラールビンディに着くと、ポプラの葉が<u>散りかけ</u>ている。

（井上靖，「あした来る人」）

这种中途停止义在动作动词句中已经相当稳定，《广辞苑》、《大辞林》和《明镜国语辞典》等词典都将中途停止义和起始义并举。从以上用例看，这种中途停止义已经扩展到变化动词。甚至较明确表示即将发生的（13）a、（13）c 和（13）d 也未尝不能做中途停止的解释，因为最终那个事态没有发生。那么，「V＋かける」的这种起始体（包括典型起始体和非典型起始体）和中途停止义是如何产生的呢？

我们认为，这与「かける」这个动词的语义有关。「かける」是三价动词，根据《明镜国语辞典》的解释，其基本义如下：

（21）止めたり引っかけたりして、（高い所から）下げる。また、（高い所に）掲げ置く。「壁に絵を—」「入り口に看板を—」「ハンガーに服を—」

从这些解释和例句，我们可以分析出「かける」的语义特征：[施事动作][受事移动][受事到达目标][受事的一部分接触目标][受事存在于目标]。我们认为，其中的[受事到达目标]的语义特征与起始体的形成有关。与此类似的，有汉语的"V上"构成的起始体（如：住上别墅／哆嗦上了）。"'上'所表示的[到达]，是从非A场所移动至A场所之后的到达。因此，在'上'用于事件时，同样表示从非A事件向A事件的到达。到达A事件，意味着A事件得以实施，因此'上'表示起始体。"（林璋2008：106）「V+かける」也一样，当「かける」作用于动词本身时，即当「かける」作用于事件时，首先被使用的是[到达]的语义特征，用于表示从非V_1状态到达V_1所示状态。

「V+かける」在表示起始体时不同于「V+はじめる」和「V+だす」的显著特点在于中途停止义。我们认为，这个中途停止义与[部分接触]的语义特征有关。「かける」这个动词区别于其他附着义动词之处正在于[部分接触]。当这种[部分接触]义与[到达]义同时作用于事件时，「かける」所捕捉的是事件进程中最开始的那个"部分"。作为一个完整的事件，其内部时间进程可以分为开始、持续、终结三个阶段。「V+はじめる」和「V+だす」所构成的起始体，都表示指向持续的开始，即作为语用解释，开始之后事件进入持续的阶段，见图4-1。然而，「V+かける」表现的重点则对准开始的部分。对于线性展开的时间而言，在"开始"的阶段强调"部分"，就容易造成事件展开受阻的解释。因此，「V+かける」所构成的起始体具有强烈的中途停止的倾向就是顺理成章的事了，见图4-2。正因为「かける」只关注

开始而不指向事件的展开，所以不受 V_1 是否具有 [+ 持续] 语义特征的限制，而可以与变化动词复合构成非典型起始体，即所谓将然体。

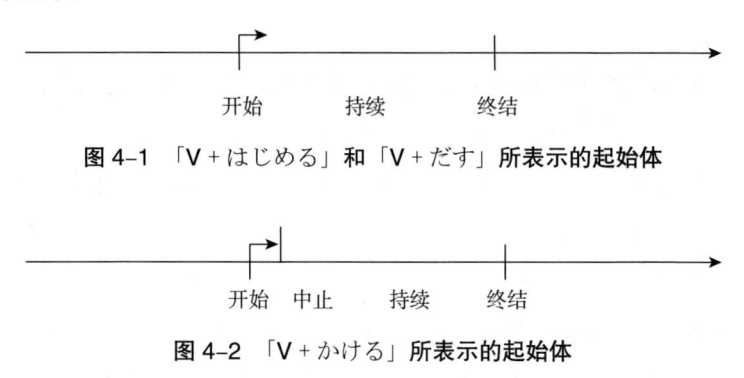

图 4-1 「V＋はじめる」和「V＋だす」所表示的起始体

图 4-2 「V＋かける」所表示的起始体

四　小结

本节通过青空文库和《中日对译语料库》调查了「かける」在构成体时的分布状况。用工藤真由美（1995）的动词分类来说，「かける」可以跟外在运动动词和内在状态动词复合，但是难以跟静态动词构成复合动词。「V+かける」所构成的体，有开始和即将开始两种解释，二者都可以解释为起始体。其中，作开始解释的是典型起始体，作即将开始解释的是非典型起始体。不论是典型起始体还是非典型起始体，「V+かける」在构成起始体时均容易伴随中途停止义。

「V+かける」构成的体之所以具有上述特征，与动词「かける」的语义特征密切相关。「かける」的 [（受事）到达] 义是形成起始体的主要因素，而 [部分接触] 义则是造成起始体的中途停止义的原因。

中 篇
汉语研究

第五章　汉语时体研究

第一节　汉语的数量词和体 *

本节目的在于考察汉语数量词与体的关系，阐明汉语数量词的语义和句法功能。

本节考察对象为"SVO"结构的单句，具体采用以动词词缀的"了"（即"了$_1$"）、"着"或"在"为体标记的例句为研究对象，句末助词"了"（即"了$_2$"）不作为考察对象。

就结论而言，出现在动词前的数量词的作用在于设定动作或作用领域的"范围"，出现在动词之后的数量词根据其性质可分为达成量、同时量和属性量。

（1）a. 他<u>3点到5点</u>在听音乐。　　　　　（范围）
　　 b. 他听了<u>1个小时</u>音乐。　　　　　　（达成量）
　　 c. 他在抽<u>3支</u>烟。　　　　　　　　　（同时量）
　　 d. 他走完了<u>5公里</u>的山路。　　　　　（属性量）

---

*　原名「中国語の数量詞とアスペクト」，载『日中言語対照研究論集』第4号，2002。陈燕青译。本节是在日中语言对比研究会第四次大会（大东文化大学）的主题演讲"范围与达成量"和日本汉语学会第51次全国大会（东京大学）的口头发表"出现在动词后的数量词"的基础上修改而成的。

一　达成量

（一）达成量的意义

1.本书所说的"达成量"援引矢泽真人（1985）的"随着动作或作用增减，在结束时达成的数量"这一定义。

（2）a. 他听了 <u>1 个小时</u> 音乐。
　　 b. 他买了 <u>5 本字典</u>。

首先来看达成量的语义性质。如（3）所示，（2）a 的"1 个小时"可以有两种解释。

（3）a. 一次动作达成的量
　　 b. 多次动作达成的合计量

上述解释的证据就是（2）既可以与表示一次的副词"一下子"共现，如（4）a、（5）a，也可以与表示合计的副词"总共"[①]共现，如（4）b、（5）b。

（4）a. 他<u>一下子</u>听了 <u>1 个小时</u> 音乐。
　　 b. 他<u>总共</u>听了 <u>1 个小时</u> 音乐。
（5）a. 他<u>一下子</u>买了 <u>5 本字典</u>。
　　 b. 他<u>总共</u>买了 <u>5 本字典</u>。

2.一般认为在英语中，"in an hour"用于有界情状，"for an hour"用于无界情状。杨素英（2000）指出"in an hour"相当于

[①] "总共"可以有两种解释：①一次动作达成的达成量的总计；②多次动作达成的达成量的总计。（4）b 和（5）b 两种解释均可。

汉语的"在一个小时内",可以与有限定性(quantized)的宾语共现,不能与无限定性(unquantized)的宾语共现[①]。

(6)a. *玛丽在一个小时内喝了啤酒。
　　b. 玛丽在一个小时内喝了那些啤酒。

(杨素英,2000)

北原博雄(1998)指出"in an hour"和"for an hour"分别相当于日语的「1時間で」(期间Qデ)和「1時間」(期间Q),期间Q可以像(7)a那样与无界动词共现。

(7)a. 太郎が1時間歩いた。
　　b.[??]花子が駅に1時間行った。

(北原博雄,1998)

(7)a的「1時間」表示步行终止时所达成的时间量。因此,这个期间Q相当于本书所说的达成量。也就是说,英语的"for an hour"相当于出现在动词之后的"1个小时"。同样,在汉语中时间量的达成可以与无界动词(词组)共现,很难与有界动词("去")或动词词组("听到敲门声")共现。

(8)a. 张三走了<u>1个小时</u>。　　　　　　(无界)
　　b. 张三听了<u>1分钟</u>敲门声。　　　　(无界)
　　c. *张三听到了<u>1分钟</u>敲门声。　　　(有界)
　　d. *张三去了<u>1个小时</u>。　　　　　　(有界)

---

① 严格来说,"在一个小时内"不一定是60分钟,也可能是50分钟,因此不能等同于"in an hour"。相当于"in an hour"的汉语表达为"(用)1个小时"。另外,杨素英(2000)未提及相当于"for an hour"的汉语表达。

  e.*? 张三去了<u>1个小时</u>车站。　　　　　（有界）

与此相对，表示次数的动量词形成的达成量不受这种限制。

（9）a. 张三听了<u>3次</u>音乐。　　　　　　　（无界）
  b. 张三听到了<u>3次</u>敲门声。　　　　（有界）
  c. 张三去了<u>3次</u>。　　　　　　　　　（有界）
  d. 张三去了<u>3次</u>车站。　　　　　　（有界）

（二）达成量的形式

1. 如果用 Q（Q = quantifier）来表示数量词，那么达成量的结构可以表示如下。

（10）V 了 QO

朱德熙（1982：48~51）指出，汉语的量词分为个体量词、集合量词、度量词、不定量词、临时量词、准量词和动量词七类，动量词还可以进一步分为专用的动量词、借用名词、重复动词三类。这些量词均可以用（10）的形式表示达成量。

（11）a. 他买了<u>5本</u>字典。　　　（名量词：个体量词）
  b. 他做了<u>1套</u>家具。　　　（名量词：集合量词）
  c. 他跑了<u>2公里</u>山路。　　（名量词：度量词）
  d. 他吃了<u>一些</u>水果。　　　（名量词：不定量词）
  e. 他拿了<u>1口袋</u>面。　　　（名量词：临时量词）
  f. 他走了<u>3站</u>路。　　　　（名量词：准量词）
  g. 他念了<u>5遍</u>课文。　　　（动量词：专用的动量词）
  h. 他踢了<u>3脚</u>大门。　　　（动量词：借用名词）

i. 他量了一量距离。　　　　　　（动量词：重复动词）

如下所示,（11）中的各类数量词均可与宾语分离。

(12) a. 他字典买了 5 本。　　　　（名量词：个体量词）
　　　b. 他家具做了 1 套。　　　　（名量词：集合量词）
　　　c. 他山路跑了 2 公里。　　　（名量词：度量词）
　　　d. 他水果吃了一些。　　　　（名量词：不定量词）
　　　e. 他面拿了 1 口袋。　　　　（名量词：临时量词）
　　　f. 他路走了 3 站。　　　　　（名量词：准量词）
　　　g. 他课文念了 5 遍。　　　　（动量词：专用的动量词）
　　　h. 他大门踢了 3 脚。　　　　（动量词：借用名词）
　　　i. 他把距离量了一量。　　　　（动量词：重复动词）

2. 朱德熙（1982、1985）指出名量词和动量词可以同时修饰名词，动量词"从意义上说，'一趟、一次、一遍'表示动作的次数，可是从结构上说，却是修饰后边的名词的"（朱德熙 1982：51）。汉语中，定语一般出现在中心词之前。本该作定语的数量词没有出现在中心语之前，这个现象被称为"数量词游离"。如果仅看下例（13）和（14），也许可以说（13）b 和（14）b 发生了"数量词游离"。

(13) a. 他听了 1 个小时音乐。
　　　b. 他音乐听了 1 个小时。
(14) a. 他念了 5 遍课文。
　　　b. 他课文念了 5 遍。

然而，由例（15）不成立可知，（13）b 和（14）b 并非"数

量词游离",而应该视为宾语移动到了动词之前。因此,本书认为(13)b和(14)b这样的现象不是数量词"游离",而是数量词"分离"。

(15) a. *<u>1 个小时</u>他听了音乐。
　　 b. *他<u>5 本</u>买了字典。

综上,我们可以把达成量总结如下:

(16) 达成量在语义上可有一次性达成和多次达成两种解释,在句法上可以与宾语分离。

同时,(10)可以改写为(17)。

(17) V 了 Q(O)

即对达成量而言,宾语 O 是任意的。

二　同时量

(一)持续体

1. 本书不采用形态学的视角,而是认同 Comrie(1976)的观点,将体看作语法范畴。在这种视角下,汉语的持续体有"在 V"和"V 着"两种形式。"在 V"表示动作持续,"V 着"表示动作维持、结果持续和动作持续。

(18) a. 他在抽烟。　　　　　　　　(动作持续)
　　 b. 他拎着水果。　　　　　　　(动作维持)
　　 c. 他穿着毛衣。　　　　　　　(结果持续)

d. 他慢慢地穿着毛衣。　　　　　　　（动作持续）

动作持续还可以进一步细分为"动态动作持续"和"静态动作持续"。（福嶋健伸，2000）表示动态动作持续的例（19）a 中可以出现描写动作进展状况的副词"慢慢地"以及描写施事状态的"专心地"之类的副词，而表示静态动作持续的例（19）b 中无法出现副词"慢慢地"，只能与"专心地"共现。

（19）a. 他在{慢慢地/专心地}抽烟。

（动态动作持续）

b. 他在{*慢慢地/专心地}看电视剧。

（静态动作持续）

在这点上，下面的动作维持句与静态动作持续句有共通之处。

（20）他{*慢慢地/专心地}拎着水果。

（动作维持）

然而，在结果持续的句子中，上面两类副词都不能共现。下面的例（21）b 可以解释为动作持续，无法解释为结果持续。

（21）a. 他穿着毛衣。

（结果持续）

b. 他{慢慢地/专心地}穿着毛衣。

（动作持续/*结果持续）

上述共现关系可以总结为表 5-1。

（22）

表 5-1 "慢慢地""专心地"与体的共现状况

	慢慢地	专心地
动态动作持续	○	○
静态动作持续	×	○
动作维持	×	○
结果持续	×	×

可见，结果持续不表示动作展开，也不涉及施事意志，与动作持续和动作维持形成对立。

2. 下面从是否蕴含完结义的角度进行考察。首先我们可以确认宾语带数量词的例（23）与上述例（18）具有相同语义。

（23）a. 他在抽 <u>3 支</u>烟。　　　　　　　（动作持续）
　　　b. 他拎着 <u>2 袋</u>水果。　　　　　　（动作维持）
　　　c. 他穿着 <u>2 件</u>毛衣。　　　　　　（结果持续）
　　　d. 他慢慢地穿着 <u>2 件</u>毛衣。　　　（动作持续）

结果持续和动作维持蕴含完结义，而动作持续并不蕴含完结义。其证据是结果持续和动作维持句中可以发生数量词分离，但动作持续句中数不发生数量词分离。

（24）a. *烟他在抽 <u>3 支</u>。　　　　　　　（动作持续）
　　　b. 水果他拎着 <u>2 袋</u>。　　　　　　（动作维持）
　　　c. 毛衣他穿着 <u>2 件</u>。　　　　　　（结果持续）
　　　d. *毛衣他慢慢地穿着 <u>2 件</u>。　　　（动作持续）

前文中已经指出，允许数量词分离是达成量的句法特征。由

于结果持续中的数量是动作或作用在完结时所达成的数量，可以认为蕴含完结义。能够伴随达成量，说明动作维持和结果持续蕴含完结义。

蕴含完结义的结果持续和动作维持句中的数量词，可以认为表示达成量。就表示结果持续的（24）c 而言，穿毛衣可以一件一件穿，也可以一次性把两件毛衣套在一起穿。因此，达成量的语义解释在此处仍然有效。动词维持句亦然。

与此相反，动作持续不蕴含完结义，因此动作持续句中的数量词不是达成量。由于施事正在作用于某一受事，作为其结果的数量——即达成量——不存在也是理所当然的。（23）a 的"他在抽 3 支烟"描述的是施事同时抽 3 支烟，（23）d 的"他慢慢地穿着 2 件毛衣"也同样表示的是一次性把两件毛衣套在一起穿上。也就是说，动作持续句中的数量是同时进行的数量。本书把这种总是作同时解释的动作持续句中的数量词称为"同时量"。

从表 5-1 来看，静态动作持续与动作维持相似。但是从数量词的表现来看，静态动作持续与动态动作持续一样不允许数量词分离，即无法与达成量共现。

（25）a. 他在看 1 部电视剧。　　　　　（静态动作持续）
　　　b. *他电视剧在看 1 部。　　　　　（静态动作持续）

3. 陆俭明（1988）认为"主 [处所]+动词+着+宾语"句式中的宾语排斥数量词，沈家煊（1995）继承这一结论，指出不仅是处所主语句式，动态行为的"动词+着"后面的宾语一般都不能带数量词。

（26）a. *他正吃着三碗饭。
　　　b. 他正吃着饭。

c. *他正写着五行字。
d. 他正写着字。　　　　　　　　　　（沈家煊，1995）

但是，在表动态行为的"动词＋着"句中，也并不是完全不能出现数量词，只要能够解释为同时量，句子就完全可以成立。

（27）a. 他正抽着 3 支烟。
　　　b. 他慢慢地穿着 2 件毛衣。　　　　　　　（=23d）

日语亦然。例（28）可以有动作完成和动作持续两种解释，不过当表示动作持续时，与汉语一样，这里的数量词表示的是同时量。

（28）a. 彼は 3 本のタバコを吸っている。
　　　　　　　　　　　　　　　　　（动作持续：同时）
　　　b. 彼はタバコを 3 本吸っている。
　　　　　　　　　　　　　　　　　（动作持续：同时）

处所主语构成的存在句中也同样可以观察到这样的现象。宋玉柱（1992）指出存在句有动态存在句和静态存在句两种，二者结构相同。

（29）a. 院子里滚动着一个罐头盒。　　（动态存在句）
　　　b. 桌子上放着一本书。　　　　　（静态存在句）
　　　　　　　　　　　　　　（宋玉柱，1992：141）

动态存在句属于本书所说的表动作持续的句子，句中的数量

词表示同时量，因而无法分离，如（30）b。而静态存在句是表动作维持或结构持续的句子，句中的数量词表示达成量，因而可以分离，如（31）b。因此，很难说二者结构相同。

（30）a. 小路上走着5个老人。

（动态；动作持续；同时量）

b. *老人小路上走着5个。

（动态；动作持续；同时量）

（31）a. 院子里种着3棵柳树。

（静态；结果持续；达成量）

b. 柳树院子里种着3棵。

（静态；结果持续；达成量）

一般情况下，持续中的动作是对某"一个"对象施加作用，因此动作持续应解释为同时量。也就是说，把复数的事物视为"一个"，即看成单数，然后同时对其施加作用。

同时量无法分离，而达成量可以分离，这一差异可以表示为（32），即同时量一般修饰后续的名词，与动词构成间接的句法关系，而达成量与动词构成直接的句法关系。

（32）a. V + [同时量 + O]

b. [V + 达成量] + (O)

（二）起始侧面

被称为"起始体"的起始侧面句中也可以出现数量词。

（33）a. 他开始抽3支烟。

b. 他吹起了2支唢呐。

与动作持续一样，由于不蕴含完结义，起始侧面句中的数量词不能说是达成量。因此数量词无法分离。

（34）a.*他烟开始抽 3 支。
　　　b.*他唢呐吹起了 2 支。

（33）a 和（33）b 只能解释为同时量。如果不解释为同时量，下例则无法成立。

（35）a.*他开始吃 2 个西瓜。
　　　b.*他唱起了 2 首歌。

因此，起始侧面句中的数量词与动作持续一样，表示的是同时量。

三　属性量

（一）终结侧面

出现在动词之后的数量词除了表示达成量和同时量以外，还有（36）这样的用法，本书称之为属性量。属性量可以用于终结侧面，但受到无法省略"的"等限制。

（36）a. 他走完了 5 公里*（的）山路。　　　　（属性量）
　　　b. 他吃完了 1 公斤*（的）鱼。　　　　　（属性量）

（36）a 的"5 公里"只能解释为山路的全长，（36）b 的"1 公斤"只能解释为一条鱼的重量，即表示后续名词的属性。

在完成体的句子中，数量词后面也可以带"的"，但这个"的"是任意的。无论有无"的"，数量词的解释都不会发生

改变。①

(37) a. 他走了 <u>5 公里</u>（的）山路。　（达成量/*属性量）
　　　b. 他吃了 <u>1 公斤</u>（的）鱼。　（达成量/*属性量）

达成量的语义特征是数量词可以解释为一次或多次。(37)a 既可以解释为一次走 5 公里，也可以解释为多次动作合计的量为 5 公里。当解释为一次性的动作时，也可能刚好山路的全长为 5 公里。

(37)a 的 "5 公里" 表示达成量，证据之一就是达成量无法与其他达成量共现。

(38) a. 他走了 {<u>5 公里</u>/<u>1 个小时</u>} 山路。
　　　b. *他走了 <u>5 公里</u>、<u>1 个小时</u>山路。
　　　c. *他走了 <u>1 个小时</u>、<u>5 公里</u>山路。

在 (37)a 中添加了 "1 个小时" 的下例中，如果省略了 "的"，则句子不成立，因此 (37)a 的 "5 公里" 表示达成量。

(39) 他走了 <u>1 个小时</u>、<u>5 公里</u>*（的）山路。

例 (40) 可以成立，但宾语前的数量词所带的 "的" 无法省略。

(40) a. 他走了 <u>2 段 5 公里</u>*（的）山路。
　　　　　　　　　　　　　（达成量 + 属性量）

---

① 关于这个 "的" 的性质，本节暂不作判断。

b. 他吃了 <u>2 只 1 公斤</u>*（的）鱼。

（达成量 + 属性量）

从句法上看，例（40）中的"的"无法被省略；从语义上看，"5 公里"只能解释为全长，"1 公斤"也只能解释为一条鱼的重量。由于"5 公里"和"1 公斤"不是达成量，因此可以与表示达成量的"2 段"和"2 只"共现。

属性量和达成量的差异从数量词分离时"的"的用法也可窥见一斑。表属性量时，"的"无法省略；表达成量时，无法保留"的"。

(41) a. 他山路走完了 <u>5 公里</u>*（的）。　　（属性量）
　　 b. 他山路走了 <u>5 公里</u>（*的）。　　　（达成量）

（二）其他体的情况

持续体和起始侧面的句子中，数量词也可以像下例这样与属性量共现，但"的"不能省略。

(42) a. 他在走 <u>5 公里</u>*（的）山路。（动作持续；属性量）
　　 b. 他拎着 <u>1 公斤</u>*（的）鱼。　（动作维持；属性量）
　　 c. 他穿着 <u>1 公斤</u>*（的）棉袄。（结果持续；属性量）
　　 d. 他开始走 <u>5 公里</u>*（的）山路。（起始侧面；属性量）

四　范围

（一）范围的形式

1. 范围是指动作或作用进行的领域，本节只处理与数量相关的"数量范围"。达成量或同时量都出现在动词之后，范围出现在动词之前。

出现在动词之前的范围成分可以分为以下六类。

(43) A 类：范围成分有介词。
　　　B 类：同时需要介词和方位词。
　　　C 类：介词为必需成分。
　　　D 类：范围成分中的介词和方位词同时为必需成分。
　　　E 类：方位词为必需成分。
　　　F 类：不能使用介词和方位词。

(44) a. 他(从)3点到5点在听音乐。　　　　　(A 类)
　　　b. 主教练在30人的名单中挑选球员。　　(B 类)
　　　c. 他开始从5个俱乐部挑选球员。　　　(C 类)
　　　d. 他3点到5点之间在听音乐。　　　　(D 类)
　　　e. 他(在)1个小时内喝了*(3瓶)啤酒。　(E 类)
　　　f. 他1个小时喝了*(3瓶)啤酒。　　　　(F 类)
　　　g. 他3脚踢*(开)了大门。　　　　　　(F 类)

2. 范围出现在动词前，构成动词的状语。这种句法关系可以表示为(45)。

(45) 范围 +V+O

范围出现在动词之后的例子如例(46)b，(46)b 中的"3点到5点"不构成动词的状语，而是修饰名词属性的定语。

(46) a. 他3点到5点在看电影。
　　　b. 他在看3点到5点*(的)电影。

（二）范围的语义

1. 范围的语义可以分为两类：一类表示两个点之间的区间，本书称之为"明示性范围"，如（44）a 和（44）d；一类表示数量词所囊括的总量，本书称之为"非明示性范围"，如（44）b、（44）c 及（44）e~g。

明示性范围可以像（47）这样，用于列举个体。

（47）他在<u>张三、李四和王五</u>中挑选代表。

明示性范围有时可以通过数量词换算为非明示性范围。同时，明示性范围可以与非明示性范围共现，但此时语序只能是"明示性范围＋非明示性范围"，相反的语序不成立。

（48）a. 他<u>（从）3 点到 5 点的</u> <u>2 个小时</u>在听音乐。

（明示＋非明示）

b. 他在<u>张三、李四和王五</u> <u>3 个人</u>中挑选代表。

（明示＋非明示）

c. 他开始从 <u>A、B、C、D、E</u> <u>5 个俱乐部</u>挑选球员。

（明示＋非明示）

d. *他<u>2 个小时</u> <u>（从）3 点到 5 点</u>在听音乐。

（非明示＋明示）

e. *他在<u>3 个人</u> <u>张三、李四和王五</u>中挑选代表。

（非明示＋明示）

2. 明示性范围和非明示性范围是同位语关系，二者无法分离，如例（49）。

（49）a. *<u>（从）3 点到 5 点</u>他<u>2 个小时</u>在听音乐。

b. *在张三、李四和王五中他3个人挑选代表。
　　c. *从A、B、C、D、E他开始5个俱乐部挑选球员。

　　非明示性范围虽然使用数量词，但数量词无法分离，如例（50）。

（50）a. *在名单中30人主教练挑选球员。
　　b. *从俱乐部他开始5个挑选球员。

（三）范围与体

　　1. 这里我们考察最简单的动词短语中添加了体和范围成分的形式。完整体与上述任何一类范围成分共现，句子都不成立。使用"完"的终结侧面亦然。

（51）a. *他（从）3点到5点听（完）了音乐。　　（A类）
　　b. *主教练在30人的名单中挑选（完）了球员。
　　　　　　　　　　　　　　　　　　　　　　（B类）
　　c. *他从5个俱乐部挑选（完）了球员。　　（C类）
　　d. *他3点到5点之间听（完）了音乐。　　（D类）
　　e. *他1个小时内喝（完）了啤酒。　　　　（E类）
　　f. *他1个小时喝（完）了啤酒。　　　　　（F类）

　　一般认为，在完整体的句子中，"in an hour"或与此相当的日语、汉语表达（F类）都应该与有界动词短语共现。然而，汉语似乎倒过来看更合适。也就是说，如果不是有界动词短语，句子本身就无法成立，不单是F类，与任何一类范围成分共现都无法构成合格的句子。

　　动作持续可以与E、F类以外的四类范围成分共现。

(52) a. 他（从）3点到5点在听音乐。　　　　　（A类）
　　　b. 主教练在30人的名单中挑选球员。①　（B类）
　　　c. 他在从5个俱乐部挑选球员。　　　　　（C类）
　　　d. 他3点到5点之间在听音乐。　　　　　（D类）
　　　e. *他1个小时内在喝啤酒。　　　　　　（E类）
　　　f. *他1个小时在喝啤酒。　　　　　　　（F类）

起始侧面可以与A、F类以外的四类范围成分共现。

(53) a. *他（从）3点到5点开始听音乐。　　　（A类）
　　　b. 主教练开始在30人的名单中挑选球员。（B类）
　　　c. 他开始从5个俱乐部挑选球员。　　　（C类）
　　　d. 他3点到5点之间开始听音乐。　　　（D类）
　　　e. 他1个小时内开始喝啤酒。　　　　　（E类）
　　　f. *他1个小时开始喝啤酒。　　　　　　（F类）

五　共现关系

（一）范围与范围

范围可以与范围共现，不过一般情况下，时间范围在前。

(54) a. 主教练（从）3点到5点在30人的名单中挑选球员。
　　　b. *主教练在30人的名单中（从）3点到5点挑选球员。

（二）范围与达成量

范围可以与达成量共现。

---

① 由于表示动作持续的"在"出现在"主教练在在30人的名单中挑选球员。"的位置，因此可认为是同音省略。

（55）a. 他（从）3 点到 5 点听了 2 个小时音乐。

　　　b. 主教练在 30 人的名单中挑选了 22 名球员。

当范围和达成量为同类时，A 类范围与达成量构成"范围 = 达成量"的数量关系，B ~ E 各类范围与达成量构成"范围 > 达成量"的数量关系，不可能有"范围 < 达成量"的情况。

（56）a. 他（从）3 点到 5 点听了 {*5 个小时 /2 个小时 / *1 个小时} 音乐。

　　　b. 主教练在 30 人的名单中挑选了 {*35 名 /?*30 名 /22 名} 球员。

　　　c. 他（在）3 点到 5 点之间听了 {*5 个小时 /?*2 个小时 /1 个小时} 音乐。

A 类的（56）a 表示"听"的动作从 3 点持续到 5 点整个范围，达成量为 2 个小时，而在 B 类的（56）b 与 D 类的（56）c 中，达成量必须小于范围的设定量。

（三）范围与属性量

当范围与属性量共现时，即便范围与属性量属于同一类，属性量也不受范围的限制，如例（57）。

（57）a. 他 1 天干了 2 天 ?*（的）活儿。

　　　b. 他从 3 点到 5 点看了 5 个小时 ?*（的）录像。

例（57）的"2 天"和"5 个小时"为属性量，其句法上的证据有以下两点：①当数量词分离时，必须保留"的"，省略"的"则句子不成立；②可以再添加达成量。

（58）a. 他活儿1天干了2天*（的）。

　　　b. 他从3点到5点录像看了5个小时*（的）。

（59）a. 他1天干了2份2天的活儿。

（达成量+属性量）

　　　b. 他从3点到5点看了2部5个小时的录像。

（达成量+属性量）

六　小结

通过以上观察，我们可以把出现在动词之后的数量词与体的关系表示如下。完整体的句子中若要出现属性量则要求达成量与范围成分共现。

（60）

表5-2　各种数量与体的共现情况

	达成量	同时量	属性量
完整体	+	−	(+)
动作持续	−	+	+
动作维持	+	−	+
结果持续	+	−	+
起始侧面	−	+	+
终结侧面	−	−	+

出现在动词之后的数量词可以分为能够与后续名词分离的达成量、无法分离的同时量、以"的"的保留为前提的可以分离的属性量。从上述句法表现来看，句子层面的"V+数量词+O"中的数量词并非如朱德熙（1982，1985）所言全都是在句法上修饰后续名词。修饰后续名词的只有同时量和属性量，达成量构成动词的补语。换言之，正因为是补语，达成量才能够与后续的名词分离。

第二节 "了₁":从完整体标记到时标记*

现代汉语的"了",依其出现的句法位置来看,可以有以下三种情形:可以出现于句中,如(1)a;可以出现于句末,如(1)b;还可以同时出现于句中和句末,如(1)c。

(1) a. 张三吃了三个苹果。
　　b. 张三吃三个苹果了。
　　c. 张三吃了三个苹果了。

句中的"了"和句末的"了"是同一个"了"吗?黎锦熙(1992/1924)、王力(1985/1943-1944)、赵元任(1979/1968)、朱德熙(1982)、刘勋宁(1985,1988)以及《现代汉语八百词》是主张分开的。本节仿《现代汉语八百词》,把位于句中的"了"称为"了₁",把位于句尾的"了"称为"了₂"。[①]

不作区分的有高名凯(1986/1948)和石毓智(2000)。石毓智(2000:20)认为:"'了₁'和'了₂'实质上是同一个东西在不同句法位置上的语法变体,二者的使用条件是一致的。"

我们认为有必要区分"了₁"和"了₂",因为"语法变体说"很难解释(1)c中不同语法位置上的两个"了"的同现。

本节以 Comrie(1976)的理论框架来分析"了₁"。在这个理论框架下,"了₁"的原型(prototype)是完整体标记,而不是完成体标记;完成体是由"了₂"来标记的。

---

* 原名《"了₁":从完整体标记到时标记》,载竟成主编《汉语时体系统国际研讨会论文集》,百家出版社,2004。在"汉语时体系统国际研讨会"上,承戴耀晶、左思民、陈前瑞等先生提出宝贵意见,特此致谢。

[①] 马希文(1992/1982)以北京话为对象区分"了₁"和"了₂",区分的标准是发音:读轻声·le 的为"了₁";读轻声·lou 的为"了₂"。

一 完整体与完成体

本节首先对"了₁"的先行研究作个回顾。然后介绍 Comrie（1976）的理论，着重介绍完整体和完成体。

（一）使用"了₁"和"了₂"这样的说法，只是说明了这两个"了"是不同的语素，而没有言及其各自的性质。本部分就来回顾对"了"的性质的研究。对"了₁"的定性，在某种程度上可以从命名上看出来。名称一般使用的是"X 体 / 貌 / 态"，用在 X 的位置上的名称主要有"完成"、"实现"、"完全"和"完整"。

1. 先看借用外语的术语来说明的。黎锦熙（1992/1924：109）认为："这是国语中动词的 Perfect。"认为"了₁"是 perfect 的还有木村英樹（1997）。

高名凯（1986/1948：192~194）未明确区分"了₁"和"了₂"，认为"了"表示"完成体"（accomplished）或"完全体"（perfect），但是在行文中主要使用"完成体"的说法。

赵元任（1979/1968）认为"了₁"表示 completed action，吕叔湘将此译作"完成态"，刘勋宁（1988）则将此译作"动作完成"。

2. 不借用外语的术语来说明的，主要有"完成"和"实现"。

王力（1985/1943~1944）认为"了₁"表示"完成貌"。朱德熙（1982：68）和《现代汉语八百词》认为"了₁"表示"动作的完成"。

刘勋宁（1988）认为"了₁"是"实现体"的标记，"附在动词、形容词以及其他谓语形式之后，表明该词词义所指处于事实的状态下"。它"所表现的应当是'没有'的反面——一种实有的状态"。

戴耀晶（1997：35）认为"了₁"表示"现实体"，"现实体表达的是一个现实的动态完整事件"。

（二）我们注意到，以上列举的各种名称中，只有刘勋宁（1988）和戴耀晶（1997）对名称的内涵作了界定，其他学者没有进行界定。没有界定，我们就难以了解那个名称的确切内涵。

以"完成"来说，刘勋宁（1988）认为"完成"是由"V+完"这一语法格式表现的，"了$_1$"不表示"完成"。木村英樹（1997）不同意这种看法，他认为刘勋宁所说的"完成"是作为内在时间体的终结体，与"了"所承担的体是不同层面的东西，因此刘勋宁所否定的并不是一般称作 perfect 的概念或这个概念的译词"完成"。

（三）"一般称作 perfect 的概念"相对来说是比较明确的，它表示两个时点之间的关系。用英语来说，perfect 由 "have+ 过去分词"构成，如例（2）a。

（2）a. John *has eaten* three apples.

b. John *ate* three apples.

（2）a 表示动作发生在某个参照时（＝说话时）之前；（2）b 则表示动作发生在说话时之前，是过去时。

1.（2）a 的"完成"和（2）b 的"过去"如果用汉语来表现，应该分别对应（3）a 的"了$_2$"和（3）b 的"了$_1$"。

（3）a. 张三吃（了）三个苹果了。

b. 张三吃了三个苹果。

（3）a 表示事件发生在某个参照时（＝说话时）之前；（3）b 则表示动作发生在说话时之前，即表示过去。在（3）a 中标记这种意义上的"完成"的，是"了$_2$"；而在（3）b 中标记过去的正是"了$_1$"。

因此，我们认为，把 perfect 译作"完成（体）"并没有什么不妥，不妥的是把"perfect"或"完成（体）"这个标签贴在"了$_1$"上。因为"perfect"指称的"have+过去分词"表示两个时点之间的关系，而"了$_1$"则不表示这种关系。赵世开、沈家煊（1984）的研究也证明"了$_1$"跟英语的完成体不同。

2. 实现体的主要问题在于过分强调"了$_1$"所表示的是"'没有'的反面，一种实有的状态——事实的状态"。因为作为"没有"的反面的"事实"，只适合说明非将来（过去/现在）的情况，如（4）；而不适合说明将来的情况，如（5）。

(4) a. 昨天他吃了早饭就走了。
　　 b. 昨天他没吃早饭就走了。
(5) a. 明天他吃了早饭就走。
　　 b. *明天他没吃早饭就走。

如果坚持"了$_1$"表示"没有"的反面这个观点，就有必要把（5）a 的"了"排除在"了$_1$"之外。但是，刘勋宁（1988）认为"这种'实现体'与'时'（tense）没有关系，因而 V 表示的动作或事态不论是过去发生的、现在发生的还是将来发生的，V 都可以带'了'"。因此，我们认为这里是有矛盾的。

（四）本部分介绍 Comrie（1976）的理论，着重介绍"完整体"（perfective）和"完成体"（perfect）。

Comrie（1976：3~4）认为，"体是情状的内部时间构成的不同观察方式"[①]，并以（6）来说明。内部时间指的是开始、中途和终了这样的"侧面"（phase）。

---

① 原文是："Aspects are different ways of viewing the internal temporal constituency of a situation."（p3）该文献的汉语表述为笔者所译，下同。

(6) John was reading when I entered.(Comrie, 1976: 3)

第二个动词表示一个完整的情状(situation),即不区分"开始、中途和终了";承载这个意义的动词形式,就具有"完整体"(perfective)的意义。第一个动词则表示处于看书状态的"中途"的侧面,而不涉及"开始"和"终了"的侧面,因而表示"不完整体"(imperfective)。

在 Comrie(1976:25)那里,体的分类首先表现为"完整体"和"不完整体"的对立,然后"不完整体"又分为"习惯体"和"持续体","持续体"又进而分为"非进行体"和"进行体",见图 5-1。

$$
\text{体}\begin{cases}\text{完整体}\\ \text{不完整体}\begin{cases}\text{习惯体}\\ \text{持续体}\begin{cases}\text{非进行体}\\ \text{进行体}\end{cases}\end{cases}\end{cases}
$$

图 5-1 Comrie 的体分类

这个分类中没有出现"完成体"(perfect)。Comrie(1976:52)认为,"完成体"(perfect)跟其他体的不同之处在于"它表现两个时点之间的关系","它本身不直接言及情状"。完成体同样不受时的限制,(7)就是过去完成体。

(7) John had eaten the fish.

二 完整体标记"了$_1$"

(一)本节在 Comrie(1976)的意义上使用"完整体"(perfective)和"完成体"(perfect)来分析汉语的体。我们先来分析(8)中的"了"。

(8) a. 张三吃了三个苹果。　　　　　　　　　(=1a)
　　 b. 张三吃三个苹果了。　　　　　　　　　(=1b)
　　 c. 张三吃了三个苹果了。　　　　　　　　(=1c)

(8) a 所描写的情状包括了开始、持续和终了，是一个完整的情状，因此(8)a 的"了"（即"了$_1$"）标记的是"完整体"。在时间上，(8)a 表示过去发生的事件。(8)b 和(8)c 所描写的事件同样发生在过去，但是增加了与说话时的关系，即过去发生的事件在说话时仍然保留着某种效力。过去发生的事件与说话时的关系这一层意思，显然是由出现在句末的"了"（即"了$_2$"）带来的。因此，可以说"了$_2$"标记的是"完成体"。

（二）完整体的一个重要特征，就是可以表示两个事件的相继发生（Comrie，1976；工藤真由美，1995；戴耀晶，1997）。"了$_1$"标记的是完整体，因此当使用了"了$_1$"的小句出现在从句的位置上时，可以表示该小句的事件跟后续小句的事件相继发生。既可以表示两个已然事件的相继发生，如(9)a；也可以表示两个未然事件的相继发生，如(9)b。

(9) a. 张三吃了两个苹果，然后走了。
　　 b. 明天他吃了早饭就走。　　　　　　　　(=5a)

完成体的重点在于表示事件时与参照时的关系。因此，完成体不适于表示两个事件的相继发生。(10) 中标记完成体的"了$_2$"恰恰不适合表示这样的先后关系。可以说这是"了$_1$"和"了$_2$"的一个重要区别。

(10) a. *张三吃（了）两个苹果了，然后走了。
　　　b. *明天他吃早饭了就走。

（三）完整体之所以可以表示相继发生，是因为完整体具有完整性（perfectivity），即"点"的特征。用 Comrie（1976：17~18）的话说就是："认为完整体的基本功能是把事件表现为瞬间的或点状的这种说法是不对的，但是可以说完整体——以不直接表现情状内部结构的方式，与其客观复杂性无关——具有将它压缩成一个点的功效。"① 因此，可以说完整体所表现的情状的原型（prototype）是有界的情状②。

有界有两种情况：动词的有界/无界和情状的有界/无界。

1. 动词的有界/无界。词汇意义中含有内在终止点的动词，即有界（telic）动词，如杀、破、眨（眼）、走（=离开）等；词汇意义中不含内在终止点的动词，即无界（atelic）动词，如听、写、看、吃、走（=步行）等。此外，静态动词（戴耀晶，1997；郭锐，1997）也是无界动词，如是、姓、属于、知道、有等。

2. 情状的有界/无界。非静态动词的有界/无界跟情状是否有界没有必然的联系，如（11）a 和（11）b 就是无界（unbounded）情状。由非静态动词构成的无界情状可以通过使用达成量来构成有界（bounded）情状③，如（11）c 和（11）d。

（11）a. 听音乐　　　　　　　（无界动词；无界情状）
　　　b. 杀鸡　　　　　　　　（有界动词；无界情状）
　　　c. 听两个小时音乐　　　（无界动词；有界情状）
　　　d. 杀两只鸡　　　　　　（有界动词；有界情状）

由非静态动词参与构成的无界情状（11）a 和（11）b，无法

---

① Comrie（1976：18）认为"点"的说法不准确，应该是三维的"颗粒"（blob）。
② 关于"有界"的问题，可参看 Comrie（1976：44~48）、沈家煊（1995）、北原博雄（1998）。
③ 林璋（2002）认为，现代汉语的数量词从句法功能上可以分为"达成量"、"同时量"和"属性量"。"达成量"指动作完结时所达成的数量。

作为简单句的命题与"了₁"同现,如(12)a和(12)b;反之,由非静态动词参与构成的有界情状(11)c和(11)d,则可以作为简单句的命题与"了₁"同现,如(12)c和(12)d。

(12) a. *张三听了音乐。
　　 b. *张三杀了鸡。
　　 c. 张三听了两个小时音乐。
　　 d. 张三杀了两只鸡。

但是,由静态动词参与构成的情状与"了₁"同现时,"了₁"所标记的不是完整体,如例(13)。

(13) a. 只要女人可以做太太,管她什么美国人、俄国人。难道是了美国人,她女人的成分就加了倍?
　　　　　　　　　　　　　　　　　(钱锺书《围城》①)
　　 b. 病房的护士知道了马林生的身份后也这么说,……
　　　　　　　　　　　　　　　　　(王朔《我是你爸爸》)
　　 c. 就说我们姓王的,东汉时代皇后,成捆皇上全是我们生的,末了江山也姓了王,我们说什么了我说什么了还不是忍着,有没有身份不在那个。
　　　　　　　　　　　　　　　　　(王朔《玩儿的就是心跳》)
　　 d. 瑞丰的小干脸白得象了一张纸。离婚?好吗,这可真到了拿切菜刀的时候了!
　　　　　　　　　　　　　　　　　(老舍《四世同堂》)
　　 e. 经过这么一段漫长的时间,期待、挣扎、奋斗……这个男人才属于了她,永不会再离开她了。(琼瑶《船》)

---

① 转引自崔山佳:《"姓了"与"是了"》,《中国语文》1991年第4期。

上述实例之所以不是完整体，是因为"了₁"所标记的情状不具有完整性。因此"了₁"所标记的小句的事件无法跟后续小句的事件构成相继发生的先后关系。譬如（13）a，女人成分加倍的时候，是"她"为美国人的时候，因此"了₁"所标记的事件跟后续小句的事件处于"同时"的关系。（13）b也一样，病房的护士"说"的时候，是处于"知道马林生的身份"这一状态下的，因此"了₁"所标记的事件跟后续小句的事件同样处于"同时"的关系。（14）则不同，张三"走"的时候，不处于"正在吃苹果"的状态，因此"了₁"所标记的事件跟后续小句的事件之间是相继发生的先后关系，因此"了₁"标记的是完整体。

（14）张三吃了两个苹果，然后走了。　　　　（=9a）

Comrie（1976：19）指出："在完整体和非完整体的形式有区别的许多语言中，一些动词尤其是一些静态动词的完整体形式实际上可以用于表示情状的开始（ingressive）的意思。"（13）中的"了₁"所标记的正是这种"起始体"。

三　"了₁"标记的绝对时

（一）汉语中有没有时（tense），这是个意见分歧很大的问题。

持否定意见的有高名凯（1986/1948），这可以从《汉语语法论》第六章第一节的标题"汉语没有表时间的语法形式"中看出。他认为"时间（tense）""必含有现在、过去和将来三阶段，也只包含这三阶段"（高名凯，1986/1948：188）。木村英樹（1982）也认为汉语没有表示"时"的语法形式。

（15）a. 他去年在这里工作。

b. 他<u>明年</u>在这里工作。

（木村英樹，1982）

持肯定意见的可细分为两种：陈平（1988）、龚千炎（1991，1995）、张济卿（1996，1998）认为汉语的时是相对时；李铁根（1999）、左思民（2001）则认为汉语的时既有相对时又有绝对时。龚千炎（1991，1995）认为"现代汉语只有'体'的语法范畴而无'时'的语法范畴"，但是他们承认汉语中有"先事—过去时，先事—现在时，先事—将来时"等表达方式，我们认为这种"先事—过去时，先事—现在时，先事—将来时"属于相对时。李铁根（1999：15）认为："绝对时制和相对时制在汉语中均有所反映。……同一种时制标记既可以用来反映绝对时制意义，也可以用来反映相对时制意义。比如时态助词'了''着''过'既能在绝对时间句中呈现绝对时意义，又能在相对时用法中呈现相对时意义。"这里的绝对时分为"已然"和"未然"，其中"已然"包括过去和现在。

具体到"了$_1$"，朱德熙（1982：69）的观点是很有代表性的："印欧语动词过去时表示说话以前发生的事。汉语的'了'只表示动作处于完成状态，跟动作发生的时间无关。既可以用于过去发生的事，也可以用于将要发生的或设想中发生的事。"

（二）我们注意到，认为汉语有绝对时的李铁根（1999）和左思民（2001）都没有给出标记绝对时的句法条件①。换言之，他们没有给出一个可操作的标准，告诉人们什么时候应该启动绝对时系统，什么时候应该启动相对时系统，因此很难说动摇了以朱德熙（1982）为代表的、认为汉语没有绝对时的观点。

---

① 左思民（2001：133）只是说："考姆墙所说的绝对时态和相对时态的区分，可以作为先时、同时和后时的下位分类来处理。""了$_1$作为时标记，它标记先时。"

那么，汉语有没有标记绝对时的语法手段呢？如果有的话，该如何认定呢？这里，我们可以借鉴寺村秀夫（1984）对日语的"た（ta）"的分析。首先看例句。日语的"た（ta）"可以用于将来的事件，如（16）a；也可以用于表示感叹，如（16）b；还可以用于过去的事件，如（16）c。

（16）a. こんど北京へ行ったとき、かばんを買おう。
　　　b. あ、あった！
　　　c. きのうは寒かった。

（寺村秀夫，1984）[①]

寺村认为，在考虑时体的问题的时候，必须注意以下三个方面的问题。

（17）a. 是什么种类的谓语
　　　b. 在主句还是在从句
　　　c. 是叙述事实还是叙述感想

寺村认为应该以"主句"和"叙述事实"来看日语的时，动作性谓语包含将来和过去的对立，状态性谓语则包含现在和过去的对立。因此，在叙述事实的主句中，"た"总是标记过去时。

（三）从总体上说，汉语没有标记绝对时的语法手段，汉语时的系统主要是依靠相对时来运作的。但是，如果按照寺村秀夫（1984）的理论来分析，我们可以说"了$_1$"有绝对时的用法。

汉语的"了$_1$"跟日语的"た"有相似之处，如（18）a用于将来的事件，（18）b用于过去的事件；也有不同之处，即

[①] 原文用的是片假名，这里改为平假名。

"了₁"后续于静态动词的时候,不标记时,如(18)c。

(18) a. 明天他吃了早饭就走。
　　 b. 他吃了三个苹果。
　　 c. 他们有了自己的家。

但是,如果以"动态谓语"、"主句"和"叙述事实"来看"了₁",我们可以说"了₁"拥有标记绝对时的用法,如(19)。

(19) a. 他吃了三个苹果。
　　 b. 昨天他吃了三个苹果。
　　 c. *明天他吃了三个苹果。

"了₁"的绝对时用法可以这样界定:当"了₁"用于动态谓语的主句并叙述事实时,标记绝对时"过去"。

(四)对汉语来说,区别谓语的类型是很重要的。如果主句谓语是叙述事实的动态性谓语,那么就有过去和将来的对立,"了₁"标记过去时。然而,即便主句同样是叙述事实的,只要主句谓语是状态性谓语句,就无法表现时的对立。形容词谓语句、判断句以及"在V"和"V着"的句子都不能与"了₁"同现。

(20) a. 这会儿很热。
　　 b. 昨天很热。
(21) a. 现在他是推销员。
　　 b. 去年他是(*了)推销员。
(22) a. 这会儿他在看报纸。
　　 b. 昨天下午三点他在看(*了)报纸。

(23) a. 这会儿他穿着一件红色的毛衣。
　　　b. 昨天下午他穿着（*了）一件红色的毛衣。

静态动词可以与"了₁"同现，但是这里的"了₁"无法标记过去时。

(24) a. 他们有了自己的家。　　　　　　　（=18c）
　　　b. 瑞丰的小干脸白得象了一张纸。离婚？好吗，这可真到了拿切菜刀的时候了！

　　　　　　　　　　　　　　（老舍《四世同堂》）

既然使用过去时，就说明现在不处于那个动词所描写的状态。譬如，说"张三吃了三个苹果"，意味着"张三"现在不处于吃那三个苹果中的任何一个苹果的状态。但是，(24)a 并不是说过去"有"一个家，而现在没有家或者现在拥有的不是同一个家。(24)a 的意思是过去拥有一个家，现在依然拥有同一个家。这说明，静态动词"有"所后续的"了₁"不是时标记，而是起始体的标记，即那个静态动词所描写的动作发生以后，就一直处于那个静态动词所描写的状态。(24)b 也可以作同样的解释。

（五）完整体的有标记形式容易用于构成过去时（Comrie, 1976），日语的完整体标记"た"也同样是过去时标记。所不同的是，日语的"た"可以用于状态性谓语，标记过去时，而"了₁"与状态性谓语同现时则不能标记过去时。这说明"了₁"的语法化程度低于日语的"た"。

一般认为，"了₁"是由表示"终了"义的动词虚化而成的（王力，1980/1958；太田辰夫，2003/1958；赵金铭，1979；刘勋宁，1985；曹广顺，1995；吴福祥，1998）。笔者认为"了₁"的

语法化进程是："终了"义动词>"终了"义补语（终了的侧面）>完成体标记（"了$_2$"）>完整体标记（"了$_1$"）。（25）a 的"了"表示终了的侧面，在语法上是补语；（25）b 和（25）c 的"了"是完成体标记；（25）d~f 的"了"是完整体标记。

(25) a. 晨起早扫，食了洗涤。　　　（王力，1980/1958）

　　b. 公留我了矣，明府不能止。　　（曹广顺，1995）

　　c. 其人白王："父已死了。"

　　　　　　　　　　　　（俞光中、植田均，1999）

　　d. 师平生预有一言："者老汉去时，大吼一声了去。"

　　　　　　　　　　　　（《祖堂集》卷七）

　　e. 其僧喫饭了便去。

　　　　　　　　　　　　（《祖堂集》卷十四）

　　f. 譬如烧火相似，必先吹发了火，然后加薪，则火明矣。

　　　　　　　　　　　　（《朱子语类》卷十二）

完整体最主要的特征是情状具有完结性，因此"了"所标记的具有完结性的完整的情状可以跟后续的情状构成相继发生的关系。从时的角度看，（25）d~f 的"了"标记的是相对时中的"先时"。也就是说，当"了"标记的完整的情状出现在从句的位置时，以主句的事件作为参照时而标记相对的过去，即先时。到了元代，"了"标记的完整的情状可以出现在主句的位置上，如（26）。

(26) a. 俺婆婆去取讨，被他赚到郊外，要将婆婆勒死，不想撞见张驴儿父子两个，救了俺婆婆性命。

　　　　　　　　　　　　（《窦娥冤》）

b. 陈巡检将昨夜遇申公之事，从头至尾说了一遍。

（《清平山堂话本》）

c. 我家墙也倒了几堵。　　　　（《朴通事》）

当"了"标记的完整的情状出现在主句的时候，不再以其他的事件作为参照时，而是以说话时作为参照时。因此，可以说"了₁"在元代就有绝对时的用法了。

四　小结

本节根据 Comrie（1976）的理论框架，对汉语的"了₁"作了分析，认为"了₁"在体方面标记的是"完整体"，在时方面已经具有绝对时的用法。"了₁"的过去时的用法是从"完成体"经"完整体"语法化而来的。

时标记由体标记语法化而来，并非汉语特有的个别现象，日语和朝鲜语的时标记也来自体标记，欧洲语言也有同样的现象（安平鎬、福嶋健伸，2001）。然而，"了₁"不能在状态性谓语句中标记过去时，一个可能的解释是"了₁"的语法化程度还不够高。

第三节　闽语持续体的构成[*]

本节是对闽语福州方言和厦门方言持续体的构成方式进行描写。这里所说的持续体，分为动作持续、动作维持和结果持续，形态上包括相当于普通话的"在 V"和"V 着"两种结构。福州

---

[*] 原名《闽语持续体的构成》，载《现代中国语研究》2001年第3期。本研究得到筑波大学「東西言語文化の類型論特別プロジェクト研究」（主持人：铃木英一）和日本文部科学省科学研究费辅助金・基础研究B（2）「言語間の差異に関する記述的・理論的総合研究」（主持人：鹫尾龙一）的资助。

方言的体标记是"吪"和"所在动词＋吪"，厦门方言的体标记是"咧"和"佇咧"。福州方言的所在动词有"夹"/kaʔ⁵/（阳入）、"着"/tuoʔ⁵/（阳入）、"住"/tøy²⁴²/（阳去）和"屈"/k'ouʔ²⁴/（阴入）[①]；厦门方言的"佇"/ti¹¹/（阳去）[②]也是所在动词。因此，本节将对以上两个用于标音的代用字的本字进行考证，在此基础上对持续体的构成进行描写。

本节福州方言的国际音标依据陈泽平（1998）[③]，厦门方言的国际音标依据周长楫（1998）。

一 福州方言"吪"的本字

（一）首先引用陈泽平（1998）对福州方言"吪"的描写。

（1）福州话动词持续体的标记写作"吪"，总是读轻声，韵母是 [-ɛ]，声母随着前一音节的收尾音变化，在阴声韵、阳声韵、入声韵字后面分别读 [l-]、[n-]、[t-]。据刘丹青（1995）分析，"吪"可能来源于方位词"里"。

（陈泽平，1998：185）

陈泽平（1998：185）认为，"吪"除持续体之外还可以"用来写几个语音相同、来源未明、语法意义各不相同的虚词"：作进行体标记，用于谓语动词前；作表处所后缀，用于名词后；作为词缀，构成固吪、乍吪、着吪、屈吪、载吪等虚词。

在解释"吪"的方位词用法时，陈泽平（1998：131）猜测"本字应该是'里'"，但是他没有给出推测的依据。对"进行体

---

① 引自陈泽平（1998：146~148）。作者称不敢判断其中的"住"是否为本字。
② 厦门方言的所在动词只有1个。《厦门方言词典》写作"在"；周长楫和欧阳忆耘（1998：99）认为本字应为"佇"。
③ 本书做了两个改动：喉音"x"→"h"；送气音"h"→" ' "。

标记"的描写见（2）。

(2) "咧"总是出现在动词之前，紧挨着动词，与动词合并为一个连续变调单位，符合上声字作为连续前字的一般变调规律，从来不读本调。与上一节讨论的持续体的"咧"比较，两个"咧"语法意义不同，形式上也能区分开。

（陈泽平，1998：187）

(1) 中提及的刘丹青（1995）的分析见（3），文章列举了苏州、杭州、汤溪、温州、福州和泉州方言中与近代汉语的"在里"相应的例词，认为"其中有些写法不同的字可能是对应的同源词"，其中福州方言的例词见（4）。

(3) 用作体标记的处所词语，主要指的是吴语闽语中普遍存在的可以用在动词前后的一类词，其构词法比较特殊，不见于普通话，基本相当于近代汉语中的"在里"。

（吕叔湘，1941，转引自刘丹青，1995：26）

(4) 福州：著礼　住礼　敆礼

（刘丹青，1995：26）

在福州方言中，"咧"的发音与"里"[①]的发音不一致。陈泽平（1998）没有考证"咧"的本字，而是谨慎地认为"咧"来源不明。

我们认为前文列举的各个用法的"咧"来自同一个语素"里"。本节将证明"咧"的本字极可能就是"里"。

[①] 除了有必要特别说明之外，本书一律使用简体字。

（二）近代汉语"在里"的"里"有方位词的用法，如例（5）。（5）a的"里"，依然保留了"内部空间"的意思；而（5）b和（5）c已经没有了"内部空间"的意思。因此可以说，唐朝的时候"里"已经可以用作泛用方位词。而"里"的泛用，正是"里"的语法化的第一步。

(5) a. 师曰："古佛殿里拾得一行字。"

（《祖堂集》）

b. 口上珊瑚耐拾取，频里芙蓉堪摘得。

（张文成《游仙窟》）

c. 朝无寒士达，家在旧山贫。相送天涯里，怜君更远人。

（刘长卿《送张起、崔载华之闽中》）

但是，我们在近代汉语中没有找到可以确证"里"或"在里"作为持续体标记的用法。（6）中的"在里"的"里"都不能完全排除"内部"的解释。而且，从（7）可以看出，在唐宋时期的官话中，"在"可以单独作谓语，而不必伴随"里"；但是福州方言的所在动词不能单独构成谓语，使用时必须伴随"吼"。也就是说，近代汉语中的"里"并没有成为持续体标记。因此，闽语福州方言的"所在动词+吼"跟吕叔湘（1941）作为语助词"呢"的源头的"在里"有着本质的不同。

(6) a. 赵州到投子，山下有铺。向人问："投子那里？"俗人对曰："问作什摩？"赵州云："久响和尚，欲得礼谒。"俗曰："近则近，不用上山。明日早朝来乞钱，待他相见。"赵州云："若与摩和尚来时，莫向他说纳僧在里。"俗人唱喏。

（《祖堂集》卷六）

b. 二者，为是真底物事，却著些假换放里，使成诈伪。

　　　　　　　　　　　　　　　　　　（《朱子语类》卷十五）

　　c. 人心如一个镜，先未有一个影象，有事物来，方始照见妍丑。若先有一个影象在里，如何照得！

　　　　　　　　　　　　　　　　　　（《朱子语类》卷十六）

　　d. 僧问："如何出三界？"师云："你在里许多少时？"

　　　　　　　　　　　　　　　　　　（《祖堂集》卷十四）

　　e. 如镜中先有一人在里面了，别一个来，便照不得。

　　　　　　　　　　　　　　　　　　（《朱子语类》卷十六）

（7）a. 初见侍者便问："和尚还在也无？"对曰："在，只是不看客。"

　　　　　　　　　　　　　　　　　　（《祖堂集》卷四）

　　b. 少间，沩山问侍者："师叔在否？"

　　　　　　　　　　　　　　　　　　（《五灯会元》卷三）

　　c. 师问尼众："汝邪在否？"曰："在。"

　　　　　　　　　　　　　　　　　　（《景德传灯录》卷十四）

　　d. 曰："但有子孙之气在，则他便在。然不是祭祀时，如何得他聚！"

　　　　　　　　　　　　　　　　　　（《朱子语类》卷四）

　　尽管（6）的"里"无法确认为持续体标记，但是"里"可以单独出现在动词后面，而不必以"里许""里面"等形式出现。这就为"里"发展成为持续体标记提供了句法上的可能性。

　　（三）福州方言的"里"文读为 /li^{33}/，与之相应的白读音一般认为是 /tie^{33}/。白读的 /tie^{33}/ 还可以用作动词，表示"入内"的意思，如例（9）。

　　（8）a. /li^{33}/（文）：里面 [li^{55}meiŋ^{214}]（服装等的）里和

面；乡里 [hyoŋ⁵³li³³] 邻里

　　b. /tie³³/（白）：房里 [puŋ³³nie³³] 房间，房内；

　　　厝里 [tsʻuo⁵³lie³³] 内人，妻子

（9）a. 伊里房里咯了。[i⁵⁵tie³³puŋ³³nie³³o⁰lau⁰] 他进房间了。

　　b. 伊行里咯了。[i5⁵kiaŋ⁵³nie³³o⁰lau⁰] 他走进去了。

　　从以上用法可以看出，(8)a 文读 /li³³/ 没有明显的"内部"义，而（8)b 白读 /tie³³/ 则明显表示跟"内部"有关的意思。由于福州方言的 /lɛ/ 有泛用方位词的用法，因此我们认为这个 /lɛ/ 与"里"的白读 /tie³³/ 有共同的来源。接下来，我们要探讨这个"吼"在历史上是否可能读作 /*lie³³/。如果历史上有可能读作 /*lie³³/，那么我们就可以说，现代福州方言的 /lɛ/ 是从 /*lie³³/ 变化来的。

　　（四）从声母看，中古来母字在福州方言中读作 /t-/ 的，除"里"之外，还有"蛎"字，读作 /tie²⁴²/。这个字可以单用，也可以构成"蛎蒲"[tie⁵⁵βuo⁵³]（牡蛎）这样的词。也就是说，"里"的白读音的声母 /t-/ 是从 /l-/ 来的。因此，"里"的白读 /tie³³/ 可能来源于 /*lie³³/。从韵母看，福州方言中 /-i/（/-ei/）① 对 /-ie/ 的文白两读是成立的。

（10）a. 地：/tei²⁴²/（文），地区 [ti⁵⁵kʻy⁵⁵] 地区

　　　　/tie²⁴²/（白），地兜 [tie⁵⁵lau⁵⁵] 地上

　　b. 儿：/i⁵³/（文），儿童 [i⁵⁵luŋ⁵³] 儿童

　　　　/nie⁵³/（白），儿囝 [nie⁵³iaŋ³³] 孩子

---

① 福州方言韵母的音值与声调有关，阴平、阳平、上声和阳入为"本韵"；阴去、阳去和阴入为"变韵"。这里，/-i/ 和 /-ei/ 是同一个"韵位"。（参见陈泽平，1998：13）

c. 裨: /pi⁵⁵/（文）①，裨益 [pi⁵³ei ʔ²⁴] 裨益

/pie⁵⁵/（白），裨蜀条边。[pie⁵⁵soʔ⁵leu⁵³pieŋ⁵⁵] 加一条边。

d. 易: /ei²⁴²/（文），容易 [yŋ²¹ŋei²⁴²] 容易

/kie²⁴²/（白），易大 [kie⁵³luai²⁴²] 容易长大

福州方言"厘（釐）"的读音字也提供了一个有力的佐证。"厘"，《广韵》中为"里之切"，普通话的声母和韵母跟"里"字读音一样，声调为阳平。这个字福州方言读作 /lie⁵³/（阳平），表示计量单位，同时还有"厘戥"[lie³³liŋ³³]这样的词（意为"戥子"）。

从声调上看，作方位词和持续体标记时，"唎"总是读轻声；进行体标记"唎"则不读轻声，而是读上声。陈泽平（1998）以此作为证据之一，认为持续体标记和进行体标记是不同的。我们认为，福州方言的持续体（包括动作持续、动作维持和结果持续）的构成原理是一致的，因此用于构成持续体的"唎"是同一个语素。语法上的论证见后文。从结果看，"所在动词+唎"以副词的形式前置于动词，是"唎"的声调得以在连续变调中保留下来的主要原因。保留下来的声调，恰恰是与"里"相同的上声调。

因此，我们可以这样推测：福州方言中的"里"字，有 /li/、/tie/ 和 /lie/ 三种读音，俗字写作"唎"的字，其本字极可能就是曾经读作 /*lie³³/ 的"里"。

（五）前面我们证明了福州方言的"唎"的本字极可能是曾经读作 /*lie³³/ 的"里"。从 /*lie³³/ 到现在的 /lɛ³³/，其中发生了介音的脱落。由于福州方言没有 /e/ 和 /ɛ/ 的音位对立，因此 /*lie³³/

---

① "裨"字，现代汉语读作[pi]，去声。陈泽平（1998：38）列入阳去。《广韵》为府移切，平声；《戚林八音》为阴平。在"裨益"这个词上，不论是阴平还是阳去，连读变调的结果都是一样的。

的介音脱落之后，就并入了与 /-e/ 最接近的 /-ɛ/ 韵，成为 /lɛ³³/。

介音脱落，是因为"里"在语法上从表示内部的方位词虚化成泛用方位词，以及"V 里"的"里"虚化为持续体标记。相应地，在语音上趋向弱读，并转向轻声。在句末因为弱读而发生介音脱落的，福州方言中还有"了"字，读作 /lau³³/，如例（9）。

二 "哩"的语法分布

（一）福州方言的 /lɛ³³/，除了前文列举的四种记为"哩"的用法以外，还有用于句中的，陈泽平（1998）记为"嘞"的完成体标记，例句见（12）。

(11) a. 在有后续的谓词性成分或小句的条件下，在动词和宾语，或动词和补语之间插入体标记"嘞"，表示"先行动作"的完成。　　（陈泽平，1998：181）

　　 b. 实际上，"嘞"的语音形式与本文第三节将讨论的"持续体"标记"哩"完全相同，分别写为"嘞"和"哩"主要是为了在书面上加以区别。从来源上看，"嘞"很可能来自近代汉语表持续或完成的助词"得"，与可能来源于"里"的"哩"无关。

　　　　　　　　　　　　　（陈泽平，1998：184）

(12) a. 我想食嘞冥，看嘞电影介转去。（我想吃了晚饭，看了电影再回去。）

　　 b. 者碗恰嫩，食嘞三四碗固未饱。（这碗太小，吃了三四碗还不觉得饱。）

　　 c. 我各侬等嘞半点钟零，门乍开。（我们等了半个多钟头，门才开。）

　　　　　　　　　　　（陈泽平，1998：184~185）

在上文中，我们看到唐宋时期作为方位词的"里"已经成为泛用方位词，其所后续的名词不仅仅限于作"内部"解释的名词。同时，我们还看到，在近代汉语中，含有"内部"语义的"里"可以单独出现在动词之后，我们认为，这已经在句法上为动词与"里"的结合提供了可能性。官话最终没有走上促使动词之后的"里"在语义上虚化的轨道，但是闽语则完成了动词之后的"里"的语义的虚化，使之成为持续体的标记。下文将对福州方言作为体标记的"里"进行描写，并对以上所列各种用法做出统一的解释。

（二）福州方言的方位词"吼"是泛用的，它可以表示内部，如（13）a，但不仅限于表示内部，如（13）b 和（13）c。在前文中我们看到，近代汉语的"里"已经完成了这种泛用化。

（13）a. 厝吼无人。/ 家里没人。
　　　b. 书夹桌吼。/ 书在桌子上。
　　　c. 汝下颏吼有蜀粒饭粒。/ 你下巴上有一粒饭粒。

近代汉语的"里"，以（跟"里许""里面"相同的）"内部"义后续于动词，如（6）。因此，"V 里"的"里"是名词，"V 里"是述宾结构。另外，还有一点要指出的是，唐宋时期的"V 里"结构中的动词，"在"的用例占绝大多数。与此相应的一个语言事实是，福州方言的动作持续恰恰是由"所在动词＋吼"构成的。

（14）伊（夹）吼看电视。/ 他在看电视。

从近代汉语的"在＋里"到福州方言的"所在动词＋吼"，需要两个步骤：句法组合的固定化和"里"的语义虚化。语义变

化的过程可以这样推测：由于方位词"里"的语义已经虚化，在临摹作用的影响下，"所在动词+里"的"里"也发生了语义虚化。"内部"义解除之后，"里"便成为泛指的场所。在"里"表示"内部"的阶段，"里"与外、上、下等其他表示方位的名词形成语义对立。但是，在"里"语义虚化为泛指的场所词之后，由于语义对立的消除，"里"最终成了"存在"的形式化标记，述宾结构的语义基础也随之消失了。于是，"里"进而扩展到后续于与存在有关的动词和句式。

（三）由于近代汉语的"V里"的结构是在句末形成的，因此我们有理由相信闽语的持续体首先是以"V里"的形式在句末形成的。[①] 福州方言的"动词+持续体标记"表示动作维持和结果持续，这种持续体的构成方式和语法意义跟普通话的"V着"是平行的。而"所在动词+吼+V"的构成方式和语法意义（动作持续）跟普通话的"在V"也是平行的。

（15）a. 伊掼吼水果。/他拎着水果。　　　　（动作维持）
　　　b. 伊颂吼羊毛裯。/他穿着毛衣。　　　（结果持续）
　　　c. 伊（夹）吼食薰。/他在抽烟。　　　（动作持续）

福州方言"所在动词+里"中的"里"的衍变情况，因为没有文献材料，所以无从了解。但是，我们不难推测：即便"里"解除了方位的对立，在相当长的一段时间内，仍然可以表示某种场所。动作持续的形式正是在这种状态下，通过表示动作者的所在与动作处于"同时"的状态来构成的。湖北大冶方言为我们的推测提供了证据，汪国胜（1999）的报告显示，湖北大冶方言的"在里"既可以构成动作持续，同时又仍然保留着"实在的处所

[①] 后面我们将看到，厦门方言的"V里"不能后续语义上的宾语。

意义",即本书所说的泛指的场所。

由于否定句中所在动词必须出现,因此我们认为福州方言的动作持续是由"所在动词+吼"构成的(16)b。肯定句(16)a中所在动词可以不出现,我们认为是所在动词的省略,而省略的动因则是出于对动作维持和结果维持的临摹。

(16)a. 伊(夹)吼食薰。/他在抽烟。　　　(动作持续)
　　b. 伊无*(夹)吼食薰。/他没在抽烟。　(动作持续)

从历时的角度看,汉语的持续体也是先出现"动词+持续体标记",即"V着"的形式;而后才出现表示动作持续的"持续体标记+动词",即"在V"的形式。由"V着"构成的持续体可上溯到唐代(曹广顺,1995:31);而由"在V"构成的持续体则晚得多,我们找到的最早的用例是明代的。①

(17)a. 说由未了,只见探事人来报道:"文招讨令军士做造云梯、炮石、天桥,适前逼近城下,见在打城!"
　　　　　　　　　　　　(罗贯中《三遂平妖传》第十八回)
　　b.(贴)陪过夫人,到香阁中,自言自语,淹淹春睡去了。敢在做梦也?
　　　　　　　　　　　　(汤显祖《牡丹亭》第十一出)
　　c.(叫介)(内应介)老长官贵干?(老旦)天大事,你在睡梦哩!
　　　　　　　　　　　　(汤显祖《牡丹亭》第五十二出)

---

① 太田辰夫(2003/1958)认为清代以前没有"在V",并认为"在"是"正在"的省略,如"若是还在应考,贤契留意看看"中的"还"是顶替了"正"的,"还在应考"应解释为"还在应考之中"(太田辰夫,2003/1958:256)。另外,例句中的"正在"都出现在从句,我们找到的用例都出现在主句。

动作维持和结果持续可以作为伴随状态,构成从句。例（18）各句表示"V+吼"跟后面的动词（词组）处于"同时"的状态,在句法上属于偏正复句；在语音形式上,"V+吼"保持了声调的独立性,"吼"读轻声,不发生连续变调,如（19）a 和（19）b。与此形成对照的是,"所在动词＋吼"不被看作从句,而是跟其他的"副词＋动词"的偏正结构一样,"吼"发生连续变调,如（19）c 和（19）d。

（18）a. 伊坐吼等。/ 他坐着等。
    b. 伊摜吼水果吼等车。/ 他拎着水果在等车。
    c. 伊颂吼羊毛裯睏。/ 他穿着毛衣睡觉。
（19）a. 伊坐吼听。[i^{55}soy^{242}le^{0}t'iaŋ^{55}] / 他坐着听。
    b. 伊坐吼等。[i^{55}soy^{242}le^{0}tiŋ^{33}] / 他坐着等。
    c. 伊夹吼听。[i^{55}ka^{5}le^{21}t'iaŋ^{55}] / 他在听。
    d. 伊夹吼等。[i^{55}ka^{5}le^{35}tiŋ^{33}] / 他在等。

（四）林璋（2001）证明了动作维持和结果持续蕴含着完成义,因此可以伴随达成量,而动作持续不蕴含完成义,因此不可以伴随达成量。达成量的句法特征是数量词可以跟名词分离。这一结论同样适用于福州方言,因此可以说福州方言的动作维持和结果持续蕴含着完成义。

（20）a. 伊（夹）吼食三条薰。/ 他在抽三支烟。

（动作持续）

b. *伊薰（夹）吼食三条。/ *他烟在抽三支。

（动作持续）

c. 伊摜吼两袋水果。/ 他拎着两袋水果。

（动作维持）

d. 伊水果攒吼礼两袋。/他水果拎着两袋。

（动作维持）

e. 伊颂吼礼两件羊毛裯。/他穿着两件毛衣。

（结果持续）

f. 伊羊毛裯颂吼礼两件。/他毛衣穿着两件。

（结果持续）

因为动作维持和结果持续蕴含着完成义，所以普通话可以使用"了"来标记。（林璋，2001）也就是说，完成体标记和持续体标记的使用，在动作维持和结果持续上存在交叉。

（21）a. 他拎了两袋水果。　　　　　　　　（动作维持）
　　　b. 他穿了两件毛衣。　　　　　　　　（结果持续）

在（11）中，陈泽平把 /lɛ³³/ 的一个用法认定为完成体标记，并且在书面上以"嘞"的形态区别于"吼"。福州方言的"咯"不能出现在句中，/lɛ³³/ 则可以出现在句中表示完成。但是，用于表示完成的 /lɛ³³/ 的动词词组不能成句，只能表示"先行动作"的完成，如（12）。陈泽平（1998：184）据此推测这个 /lɛ³³/ 可能来自近代汉语的"得"。但是，这个推测没有经过语音上的证明，而且在句法上也有一些问题，因为近代汉语的"得"是可以成句的。如果认为"吼"来源于"得"，那么就有必要说明为什么表示完成的"得"从不受限制而发展到受"先行动作"的限制。（22）是曹广顺（1995）的例句。

（22）a. 顷为人所掳，至岳州，与刘翁媪为女，嫁得北来军
　　　　士任某。

（曹广顺，1995：74）

b. 季通理会乐律，大段有心力，看得许多书。

（曹广顺，1995：76）

本书选择另外一种解释，即这里的 /lɛ³³/ 依旧是"呗"，完成的用法是"呗"的语义扩展。因为动作维持和结果持续本身就蕴含着完成义，因此用于标记这两个语法意义的"呗"不排斥完成义。（18）中用作伴随状态的"V+呗"，都是蕴含完成义的动作维持和结果持续。在这个句法位置上，保留完成义，解除动作维持和结果持续的约束，是完全可能的。因此，从蕴含完成义的"伴随状态"到"先行动作"的完成，可以看作"呗"的语义扩展。

（五）我们来看看"呗"的最后一个用法："作为词缀，构成'固呗、乍呗、着呗、屈呗、载呗'等虚词。"（陈泽平，1998：185）这里所说的"虚词"都出现在动词的前面。

（23）a. 伊只盘固呗食饭。／他这会儿还在吃饭。
   b. 伊只盘乍呗食饭。／他这会儿才吃饭。
   c. 伊只盘着呗食饭。／他这会儿在吃饭。

对于动词前面的"呗"，陈泽平（1998：187）将其分成了两种：①体标记"呗"；②虚词固呗、乍呗、着呗、屈呗、载呗等。我们认为，这样处理有以下两个问题。第一，如果只把"呗"当作体标记，而把"所在动词+呗"当作副词，那么很难说明为什么否定的时候一定要使用副词而不能使用体标记，如（16）b。第二，"固"和"乍"本身是副词，可以单独修饰动词，如（24）a 和（24）b；"固呗"和"乍呗"之间，可以插入任何一个所在动词，如（24）c 和（24）d。因此，我们认为动作持续是以"所在动词+呗"表示的；"固呗"和"乍呗"不是一个词。

（24）a. 伊固未食饭。/ 他还没吃饭。
　　　b. 伊乍行。/ 他才走。
　　　c. 伊固着吼食饭。/ 他还在吃饭。
　　　d. 伊乍着吼食饭。/ 他才吃饭。

至于"载吼"（意为"宁可"），现在我们已经无法把两个语素分开理解，我们只能猜测其中的"吼"可能是本书探讨的"吼"，因此"载"可能是动词。

三　厦门方言的"咧"

（一）厦门方言的"里"字，文读为上声 /li^{53}/，白读为阳去 /lai^{11}/。

（25）a. /li^{53}/（文）：里面 [li^{55}bin^{11}]（服装等的）里和面；乡里 [hiũ^{11}li^{53}] 乡村
　　　b. /lai^{11}/（白）：里房 [lai^{21}paŋ^{35}] 里间；厝里 [ts'u^{53}lai^{11}] 屋里

此外，跟福州方言一样，厦门方言也有一个用作方位词和体标记的语素，周长楫（1998）和周长楫、欧阳忆耘（1998）用"咧"字来标记。《厦门方言词典》对"咧"的描写如下。①

（26）·leʔ ①副词。用在动词前，表示动作正进行，相当于北京话的"正在"，也说"在咧 ti$^{11\text{-}21}$ leʔ^{55}"：你～食甚物？| 人～读册 人家正在读书 | 我～无闲 正忙着，你小等一下 稍等一下 ②介词。相当于"在"：衫挂～壁的 | 笔下

---

① 其中的声调符号改用数字。

放~桌顶桌上③用在动词后。A) 表示动作的持续，相当于"着"：你坐~食|我徛站~讲|窗仔开~ B）用于句末，相当于"一下"，可能是"一下·tsit·e"的轻声后合音，表示做一次或试着做，有时含商议口气：你小坐~稍坐一下，伊随马上来|好抑否好或不好，你合伊食~吃了看④助词，用在句末。表示确认事实，也可含祈使口气：相当于北京话的"呢"、"吧"、"哩"、"啊"：即阵犹佫未寒~现在还不冷呢。

这里没有列出"咧"的方位词用法，但是周长楫、欧阳忆耘（1998：358）中有"咧"用作方位词的例子（27）。因此，通过周长楫（1998）和周长楫、欧阳忆耘（1998）的描写，我们看到厦门方言的"咧"有方位词和持续体标记的用法。

（27）伯拢是家己人，来你遮若像来到家己兜咧。/ 我们都是自己人，来你这儿就像来到自己家里。

但是，我们的调查结果跟以上的描写稍微有些不同。具体表现在：①方位词读作轻声 [e⁰]；②动词后的体标记，在句末时读作轻声 [e⁰]，在句中时读作 [e⁵⁵]；③动词前单个的"咧"读作 [leʔ⁵⁵]。这里只是记录了实际使用的结果，我们并不认为③的"咧"是入声字。作为结论，我们认为 [e⁰]、[e⁵⁵] 和 [leʔ⁵⁵] 是同一语素的条件变体（allomorph），是互补的关系。其本字就是读作 /leʔ⁵³/ 的"里"，作为文字标记，本书按照厦门方言的习惯写作"咧"。为了便于区分读音，本书在必要的时候把读作 [leʔ⁵⁵] 的"咧"记为"咧₁"，把读作 [e⁰] 和 [e⁵⁵] 的"咧"记为"咧₂"。

（二）跟福州方言一样，厦门方言的"咧"作方位词的时候，也是泛用的，如例（28）。

(28) a. 厝咧无人。/ 家里没人。

b. 伊面咧有一粒痣。/ 他脸上有一颗痣。

跟福州方言不同的是,厦门方言的体标记有两个:"咧"和"伫咧"。"伫"是所在动词,意义相当于"在",因此"咧"和"伫咧"就是"里"和"在里"。跟福州方言相同的是:①持续体的构成都使用了源于"里"的语素;②构成动作持续时,体标记位于动词前面,构成动作维持和结果持续时,体标记位于动词后面。只是厦门方言的"V+{咧/伫咧}"的后面不能出现宾语,只有存现句可以在"V+{咧$_1$/伫咧}"之后出现语义上的主语。

(29) a. 伊{咧$_1$/伫咧$_2$}看电视。/ 他在看电视。

(动作持续)

b. *伊捾{咧$_2$/伫咧$_2$}水果。/ 他拎着水果。

(动作维持)

c. 伊水果捾{咧$_2$/伫咧$_2$}。/ 他拎着水果。

(动作维持)

d. *伊穿{咧$_2$/伫咧$_2$}羊毛衫。/ 他穿着毛衣。

(结果持续)

e. 伊羊毛衫穿{咧$_2$/伫咧$_2$}。/ 他穿着毛衣。

(结果持续)

f. 门口徛{咧$_2$/伫咧$_2$}一个囝仔。/ 门口站着一个小孩。

(结果持续)

跟福州方言不同的是,厦门方言的动作持续可以用"咧"来否定,即厦门方言的"咧"和"伫咧"都可以构成持续体。

（30）a. 伊无｛咧₁/仂咧₂｝看电视。／他没在看电视。
　　　b. 伊水果无捔｛咧₂/仂咧₂｝。／他没拎着水果。
　　　c. 伊羊毛衫无穿｛咧₂/仂咧₂｝。／他没穿着毛衣。

"咧"和"仂咧"还可以用来构成伴随状态。(31)a 的结构是"[V₁｛咧₂/仂咧₂｝]+V₂"，(31)b 的结构则是"V₁+[咧₁V₂]"。

（31）a. 伊倒｛咧₂/仂咧₂｝看电视。／他躺着看电视。
　　　b. 伊倒咧₁看电视。／他在躺着看电视。

（三）我们已经在音韵和语法上证明了福州方言的"㘝"极可能是"里"。我们认为，福州方言的"㘝"的最基本的用法是方位词和持续体标记，"㘝"表示完成的用法只是方言体系内部的语义扩展。在方位词和持续体的构成上，厦门方言所使用的构成要素和构成方式跟福州方言基本上是一致的。在语音上，两种方言也存在相似之处：作方位词及用于构成动作维持和结果持续的时候，读轻声①；用于构成动作持续的时候发生连续变调。

读轻声的时候，我们很难猜测其本调。但是我们可以利用连续变调来辨别其本调。从(32)a 和(32)b 可以看到，两个"咧"的声调是一样的。按照厦门方言的连续变调规律逆推，(32)a"咧"的本调应该是上声；而(32)b 的"咧"如果是入声字，那么读作 [leʔ⁵⁵] 便是例外，因为不论是阴入还是阳入，喉塞音的连续变调的结果不可能是高平调。

（32）a. 伊仂咧看电视。[i⁵⁵ti²¹e⁵⁵kʻuã⁵³tian²¹si¹¹]／他在看电视。

---

① 以动作维持和结果持续作伴随状态出现在句中的时候，发生连续变调。

b. 伊咧看电视。[i⁵⁵leʔ⁵⁵kʻuã⁵³tian²¹si¹¹] / 他在看电视。
c. 伊羊毛衫穿咧。[i⁵⁵iũ¹¹mŋ¹¹sã⁵⁵tsʻiŋ¹¹e⁰] / 他穿着毛衣。
d. 厝咧无人。[tsʻu²¹e⁰bo¹¹laŋ³⁵] / 家里没人。

要解释（32）b 的 [leʔ⁵⁵]，有两种可能的方法：①认为这个字就是入声字，因此在入声字中寻找 [leʔ⁵⁵] 的解释方案；②这个字不是入声字。本书采用第②种方案，认为这个字不是入声字。如果不是入声字，那么连续变调读作高平调的只能是上声字。采用第②种方案，需要解释为什么会读成入声。在我们的调查中，这个字的喉塞音并不是很清晰。其实，福州方言的"咧 V"中的"咧"也有某种程度的喉塞音，那是因为弱读，即读得短促而产生的条件变体，并不构成音位对立。厦门方言的 [leʔ⁵⁵] 也是这样的条件变体，因此"咧"的本字应该是"里"，读作 /le53/。至于（32）a、（32）c 和（32）d 中后置的"咧"，从语法分布看，我们有理由认为那些是"里"。（32）a 中的高平调，也意味着这个字的本调是上声调；如果把 [leʔ⁵⁵] 看作 /le⁵³/ 的条件变体，那么 [e⁵⁵] 的韵母和声调跟 /le⁵³/ 都是相同的。（32）a 的 [e⁵⁵] 没有声母可以看作由于后置并弱读而脱落，（32）b 之所以保留着声母，是因为"咧"是前置的。因此，（32）a 的 [e⁵⁵] 可以看作 /le⁵³/ 的条件变体。同样，（32）c 和（32）d 读轻声的 [e⁰] 也可以看作 /le⁵³/ 的条件变体。

厦门方言中，因弱读而使声母脱落的现象，还见于（33）a 的"甲"，原文的注音是 [kaʔ⁵⁵]。但是，我们调查到的（33）b 则读作 [a⁵⁵]。

（33）a. 即堂课伊讲甲真好势。/ 这堂课他讲得很好。

（周长楫、欧阳忆耘，1998：393）

b. 你写 a⁵⁵ 真好。/ 你写得很好。

另外，厦门方言 /-i/ 对 /-e/ 的文白对应关系，也支持上述推测。

（34）（文）i（白）e[支]皮 p'i³⁵ 调～，p'e³⁵ 牛～。[脂]地 ti¹¹ 土～公，te¹¹ ～头。[微]未 bi¹¹ ～来，be¹¹ ～去（还没去）。

（周长楫、欧阳忆耘，1998：104）

四　小结

本节从音韵和语法两个角度考察了闽语持续体的构成，认为闽语福州方言的"吼"和厦门方言的"咧"的本字都是"里"。唐宋时期的"里"没有形成持续体标记，但是已经为构成持续体提供了语义和句法的可能性。闽语则在这个基础上进一步语法化，把这种可能性转化成为现实。同时，我们也看到持续体标记在闽语内部的语法化进程是不同步的。厦门方言的"咧"不能出现在述宾结构之间，而福州方言的"吼"不仅可以出现在述宾结构之间，还扩展出表示完成的用法。

在持续体的构成方式上闽语内部是一致的：体标记＋动词＝动作持续；动词＋体标记＝动作维持／结果持续。但是在体标记的使用上，二者存在差异（见表 5-3）。形成这种差异的一个可能的解释是：首先，所在动词和"里"的结合固定化，然后"所在动词＋里"虚化为体标记，进而"里"的虚化程度继续提高，可以不借助于所在动词、单独承担体标记的作用。也就是说，在这个阶段闽语中同时存在两种体标记，"所在动词＋里"和"里"。其中的"所在动词＋里"以表示在某个泛指场所的形式移动到了动词前面。而后，福州方言和厦门方言各自发展。作为结果，福州方言朝简化的方向发展，动词后的体标记只保留"吼"一个，动词前的体标记在肯定句中可以省略；厦门方言不仅保留了动词后的两种标记，而且把"咧"移动到了动词前面。

表 5-3　福州方言、厦门方言中体标记的使用情况

	动作持续	动作维持	结果持续	伴随状态
福州	所在动词+吼	吼	吼	吼
厦门	咧/伫咧	咧/伫咧	咧/伫咧	咧/伫咧

第六章　方言与社会语言学研究

第一节　宁波方言的反复问 *

本节的主要任务是对中国浙江省宁波方言中的反复问句进行描写。从共时的角度来看，现代汉语（普通话）和各方言在反复问句的表现上存在很多共同点。因此，在第一部分中，我们先对现代汉语各类疑问句的特征进行梳理，明确反复问句的识别方法。第二部分主要是对宁波方言的否定词和"V-neg-V"式反复问句进行观察和分析。第三部分对"哦"疑问句中的"哦"的性质进行讨论，证明"哦"疑问句是"VP-neg"式反复问句。第四部分探讨"哦"的语法化问题。第五部分对宁波方言的反复问句中出现的语序交替现象进行描写。

一　汉语疑问句的种类

现代汉语（普通话）和方言之间，在疑问句的表现上存在很多共同点。本部分主要对普通话疑问句的相关研究文献进行梳

---

*　原名「中国寧波方言における反復疑問文」,『文芸言語研究・言語篇』39号，2001。黄毅燕译。本研究得到了筑波大学"东西语言文化类型学特别研究项目"（特别项目负责人：铃木英一）以及日本文部省科学研究经费补助金・基础研究B（2）"关于语言间差异的描写性・理论性综合研究"（项目负责人：鹫尾龙一）的资助。本节是基于在"现代汉语研究会"（2000年10月1日，东京）上口头发表的内容进行修改而成的。宁波方言的例句由浙江大学徐萍飞老师提供。在此表示感谢！

理，并提出基于句法性质的新分类。

现代汉语中，疑问句有以下几种句法形式，见例（1）。（1）a 和（1）b 是是非问句，（1）c 是选择问句，（1）d 和（1）e 是反复问句或叫正反问句，（1）f 是特指问句。①

(1) a. 你 昨天 去 西湖 了？　　　　　　　（是非问句）
　　　 君は昨日西湖へ行きましたか。
　　 b. 你 昨天 去 西湖 了 吗？　　　　　　（是非问句）
　　　 君は昨日西湖へ行きましたか。
　　 c. 你 是 去了 公园 还是 去了 电影院？　（选择问句）
　　　 君は公園へ行きましたか、それとも映画館へ行きましたか。
　　 d. 你 昨天 去 西湖 了 没有？　　　　　（反复问句）
　　　 君は昨日西湖へ行きましたか。
　　 e. 你 明天 去 不 去 西湖？　　　　　　（反复问句）
　　　 君はあした西湖へ行きますか。
　　 f. 你 要 去 哪里？　　　　　　　　　　（特指问句）
　　　 君はどこへ行きますか。

是非问句是指，回答该问题时可以用相当于"yes"的"是""是的""对"和相当于"no"的"不"等来回答的疑问句。其中，存在类似于（1）a 那样需要使用上升语调，或像（1）b 那样将"吗"作为提问标记的情况。袁毓林（1993）指出，"吗"疑问句的内部并非同质，如（2）b 所示，即使是使用了"吗"的疑问

---

① 除上述几种类型之外，汉语还存在"小王呢？"（相当于日语的「佐藤さんは？」）这类使用"呢"的疑问句，但由于这类疑问句没有谓语，与本节所研究的疑问句在句法形式上有差异，因此这类疑问句暂不列入本节的讨论对象范围。关于"呢"疑问句，请参照陆俭明（1982）。此外，袁毓林（1993）中，区分反复问句和正反问句。

句,有时也不能用"对"来回答。在此基础上,袁毓林进一步指出"吗"疑问句应该同时归属于反复问句和是非问句的范畴。

(2) a. 你知道这事?
   君はこの事を知っている?
   对。
   ええ。

   b. 你知道这事吗?
   君はこの事を知っているか?
   *对。
   ええ。

特指问句因为使用了疑问词,所以较容易辨别。选择问句是由并列的事项构成的,反复问句是由肯定和否定的反复构成的①。问题是,不同类型的疑问句是以什么样的关系构成了汉语疑问句体系的呢?

1. 先行研究

陆俭明(1982)列举了"是非问句""特指问句""选择问句",并指出了这三者的关系,如(3)。"是非问句"由非疑问形式构成,"特指问句"和"选择问句"由疑问形式构成。"是非问句"带有"吗",而"特指问句"和"选择问句"带有"呢"。作为本节讨论对象的反复问句,被归入"选择问句"中。

(3) Ⅰ ············ 是非问句
    Ⅱ { Ⅱₐ ········· 特指问句
        Ⅱᵦ ········· 选择问句

---

① 朱德熙(1983)将苏州方言的"阿VP"型疑问句也认定为反复问句,但由于宁波方言中没有这种类型的疑问句,因此本节从狭义上来看反复问句,指的是肯定和否定的反复的疑问句。

范继淹（1982）将"吗"疑问句和"V不（没）V"的各种形式的疑问句（即本节所说的反复问句）称为"是非选择问句"，将其视为选择疑问句的特殊形式。另外，如（1）c所示，本节所说的选择问句被称为"特指选择问句"。要求对方选择特定的项目作为回答的疑问句是"特指选择问句"，要求对方选择肯定或否定作为回答的疑问句是"是非选择问句"。邵敬敏（1999：540）将范继淹（1982）所主张的疑问句体系归纳为（4）。

(4) 疑问句 { 特指问句; 选择问句 { 特指选择问; 是非选择问 } }

邵敬敏（1999）认为所有疑问句都可以看作某种"选择"，与上述范继淹（1982）的主张相同，他根据对回答的要求的不同，区分了"是非选择"和"特指选择"。但同时设立了"正反问句"这个类别，这点与范继淹（1982）不同，具体如（5）所示。

(5) 疑问句 { 是非选择问 { 单项是非选择问（是非问句）; 双项是非选择问（正反问句）}; 特指选择问 { 有定特指选择问（选择问句）; 无定特指选择问（特指问句）} }

2. 基于选项数的疑问句分类

采用什么样的分类方法其实是基于对疑问句的认识的不同。正如上面所讨论的那样，对疑问句的认识因研究者而异。范继淹（1982）和邵敬敏（1999）是根据说话人所期待的听话人的回答来分析疑问句的，而与此相对，陆俭明（1982）则是根据疑问句自身的句法性质来分析疑问句的。

笔者采取的立场是从疑问句自身的句法性质进行考察，但

观察方法与陆俭明等学者不同。这主要是因为，陆俭明（1982）的分析方法在考察普通话时取得了一定的成果，但如果将方言也纳入研究视野，这个分析方法则未必适用。能否加"呢"或"吗"的测试方法，对于没有与"吗"相对应的形态的方言或没有与"吗"功能相对应的方言而言是无效的。因此，本节将方言也列入考察对象范围，尝试重新对普通话的疑问句进行分类。

本节以疑问句的选项的项目数作为分类标准。首先，我们以（1）中的句子为例，测试一下句子能否与副词"到底/究竟"同现。测试结果如（6）所示。

(6) a. *你 昨天 到底 去 西湖 了？　　　　　（是非问句）
    *君は昨日いったい西湖へ行った（の）か。
   b. *你 昨天 到底 去 西湖 了 吗？　　　　（是非问句）
    *君は昨日いったい西湖へ行った（の）か。
   c. 你 到底 是 去了 公园 还是 去了 电影院？（选择问句）
    君はいったい西湖へ行ったのか、映画館へ行ったのか。
   d. 你 昨天 到底 去 西湖 了 没有？　　　　（反复问句）
    君は昨日いったい西湖へ行ったのか行かなかったのか。
   e. 你 明天 到底 去 不 去 西湖？　　　　　（反复问句）
    君はいったいあした西湖へ行くのか行かないのか。
   f. 你 到底 要 去 哪里？　　　　　　　　　（特指问句）
    君はいったいどこへ行こうとしているのか。

通过这个测试，疑问句可以分成两类。无法与"到底/究竟"同现的只有是非问句，选择问句、反复问句和特指问句均可以与

"到底/究竟"同现。① 我们发现能否同现取决于选项的数量。是非问句只有一个选项,与此相对,其他三种疑问句均有多个选项。也就是说,使用"到底/究竟",可以判断疑问句的选项数是只有一个还是有多个。

既然只有一个选项,是非问句的回答就只能有同意或反对一个选项。因此,同意对方的问话时,必然可以使用"是"、"是的"或"对"。

对于"吗"疑问句需要稍做说明。如"到底/究竟"的测试所示,这种类型的疑问句只有一个选项,因此,应该可以用"是""是的""对"来回答,但也存在像(2)b那样无法用"是""是的""对"来回答的情况。正如袁毓林(1993)所指出的,"吗"疑问句的内部是不同质的。不同质的原因在于,普通话的"吗"是近代汉语的"VP-neg"反复问句中的"neg"的位置上所使用的"无"语法化而成的。关于"吗"是"无"的语法化产物这一点已有多位学者论述过,但从其回答无法用"是""是的""对"来应答这点可以看出,"吗"疑问句至今并没完成是非问句的语法化过程。

具有多个选项的反复问句、选择问句和特指问句,根据选项的提示方法的不同可以继续分为两类。在选择问句(6)c和反复问句(6)e中,选项以明示的方式提示,与此相对,特指问句(6)f由于使用了疑问词,选项没有以明示的方式提示。即,在选项是否明示这一点上,选择问句和反复问句与特指问句形成对立。

关于选择问句,陆俭明(1982)列举了"(是)A还是B"、"V不V"和"V了没有"这样的并列句式。因为反复问句是并列结构,所以被归入选择问句之中。与此相对,范继淹(1982)

---

① 日语副词「いったい/一体全体」相当于汉语"到底/究竟"。和汉语一样,其无法与可以用「はい/ええ」回答的是非问句同现。另外,中川正之(1982:148)也在测试中使用了"到底/究竟",但只用于区别是非问句和反复问句。

将反复问句归入了是非问句之中。无论哪方观点，都没有将反复问句作为一个独立的类别来看待。关于是非问句和反复问句的差异前文已做了讨论，那么选择问句和反复问句之间是否有差异呢？如果有的话，具体在哪些方面有所不同呢？

反复问句由肯定选项和否定选项的重复（即"反复"）构成。因此，反复问句的选项仅限于肯定和否定这两项。但是，如（7）b 所示，即使没有连词"还是"，句子也能成立。同时，选择问句成立仍需要"还是"等连词，没有"还是"的（8）b 是不成立的。

（7）a. 你去还是不去？
　　　君は行くかいそれとも行かないかい。
　　b. 你去不去？
　　　君は行くかい。
　　c. *你去不去，还是张三去？
　　　君が行くんですか、それとも張三が行くんですか。
（8）a. 张三去，还是李四去？
　　　張三が行くんですか、それとも李四が行くんですか。
　　b. *张三去，李四去？
　　　張三が行くんですか、李四が行くんですか。

另外，由于选择问句使用了"还是"等连词，因此也有可能出现选项为三个以上的情况。下面的例（9）便是使用了三个选项的实例。

（9）"怎么勾搭上的？大街上还是人家里，或是别的什么社
　　　交场合？"

（王朔《无人喝彩》）

「どのようにナンパしたんだい？町でかい、人の家でかい、それともほかの何かの社交の場かい？」

在现代汉语中，选择问句和反复问句在这两点上是不同的：选择问句需要使用连词，且可以有三个以上的选项；反复问句中，选项仅限于肯定和否定这两项，不需要使用连词。

以上的讨论，可以总结为（10）。

（10）疑问句 ｛单一选项 ·················· 是非问句
      复数选项 ｛明示选项 ｛选项可追加 ········· 选择问句
                              选项不可追加 ········ 反复问句
                  非明示选项 ················ 特指问句

二 宁波方言中的否定词与"V–neg–V"式反复问句

宁波方言的反复问句中有"V-neg-V"式和"VP-neg"式两种。本部分主要考察宁波方言中的否定词与"V-neg-V"式反复问句的关系。

（一）宁波方言中的否定词

宁波方言中的否定词有非合音词和合音词两种类型。前者有"弗"（fa?⁵）、"勿"（va?²）、"呒没"（ma?²）三种，后者是"勿"与情态助动词"会""要""用"分别合音的否定词，本节暂不讨论后者。

1. 当表示将来的情况时，如例（11）所示，动词句中使用"弗"和"勿"。① 当表示非将来的情况时，如例（12）所示，动词句中只能使用"呒没"。

（11）a.［动词句·将来］

---

① 否定句中"弗"和"勿"的分布几乎相同，但"勿"较为口语。

(宁波话)其 明朝 西湖 弗/勿 去。
(普通话)他 明天 不 去 西湖。
(日语)彼はあした西湖へ行かない。

b. [动词句・将来]
(宁波话)*其 明朝 西湖 呒没 去。
(普通话)*他 明天 没 去 西湖。
(日语)彼はあした西湖へ行かない。

(12) a. [动词句・非将来]
(宁波话)其 昨末 呒没 去 西湖。
(普通话)他 昨天 没 去 西湖。
(日语)彼は昨日西湖へ行かなかった。

b. [动词句・非将来]
(宁波话)*其 昨末 弗/勿 去 西湖。
(普通话)*他 昨天 不 去 西湖。
(日语)彼は昨日西湖へ行かなかった。

2. 宁波方言的存在句，不管是将来还是非将来，都是通过"呒没"来否定的，这并不是上述否定词的区别使用的例外情况。也就是说，宁波方言中没有存在动词，如例（13）所示，其通过表示"来了在这里"的说法"来当"和"来该"等来表示存在。"来当"是近称，"来该"是远称，它们也有指示场所的作用。①

(13) a. [存在句・非将来]
(宁波话)其 该畈 屋里 来当。

---

① 表示结果持续的还有一个"来的"，但不是用于指示场所，而是用于提及说话者所关心的事情。另外，这里所说的近称是指说话人说话时所处的场所，远称是指说话人说话时不在的地方。

(普通话)他 这会儿 在 家里。

(日语)彼はいま家にいます。

  b.［存在句・将来］

   (宁波话)其 明朝 屋里 呒没 来当。

   (普通话)他 明天 不 在 家里。

   (日语)彼はあした家にいません。

  c.［存在句・非将来］

   (宁波话)其 昨末 屋里 呒没 来该。

   (普通话)他 昨天 不 在 家里。

   (日语)彼は昨日家にいませんでした。

  "～当"、"～该"和"～的"是表示持续的体标记，这些标记也常用于存在句以外的句式。(14)a的"去该"是"去了在那里"的意思。而且，和存在句一样，其否定形式不使用"弗/勿"，而使用"呒没"。并且，如例(15)所示，表示动作持续的"来当/来不/来的+V"结构的否定也同样使用"呒没"。

  (14)a.(宁波话)阿姆 昨末 去该嘞。　　　(结果存续)

    (普通话)妈妈 昨天 去 了。

    (日语)お母さんはきのう行った。

   b.(宁波话)电视 呒没 开当。　　　　(结果存续)

    (普通话)电视 没 开着。

    (日语)テレビがついていない。

   c.(宁波话)*电视 弗/勿 开当。　　　(结果存续)

    (普通话)*电视 不 开着。

    (日语)テレビがついていない。

  (15)a.(宁波话)其 该晌 来的 看 电视。　(动作持续)

    (普通话)他 这会儿 在 看 电视。

（日语）彼は今テレビを見ている。

b.（宁波话）其 该晌 呒没 来的 看 电视。（动作持续）

（普通话）他 这会儿 没 在 看 电视。

（日语）彼は今テレビを見ていない。

c.（宁波话）*其 该晌 弗／勿 来的 看 电视。（动作持续）

（普通话）*他 这会儿 不 在 看 电视。

（日语）彼は今テレビを見ていない。

3. 宁波方言中，与完成相关的体标记有出现于句中的"勒"和出现于句末的"嚡"，其否定表达如（16）b和（17）b所示，使用"呒没"。而（16）c使用"弗／勿"便不再是对完成的否定。（17）c的句子不成立。

（16）a.（宁波话）我 买勒 一辆 脚踏车。　　　（完成）

（普通话）我 买了 一辆 自行车。

（日语）ぼくは自転車を買った。

b.（宁波话）我 呒没 买 脚踏车。　　　（完成）

（普通话）我 没 买 自行车。

（日语）僕は自転車は買っていない。

c.（宁波话）#我 弗／勿 买 脚踏车。　　　（非完成）

（普通话）我 不 买 自行车。

（日语）僕は自転車は買わない。

（17）a.（宁波话）雨 停嚡。　　　（完成）

（普通话）雨 停 了。

（日语）雨が止んだ。

b.（宁波话）雨 还 呒没 停。　　　（完成）

（普通话）雨 还 没 停。

（日语）雨はまだ止んでいない。

c.（宁波话）*雨还弗/勿停。　　　　　　（完成）
（普通话）*雨还不停。
（日语）雨はまだ止んでいない。

4. 上述观察结果用木村英樹（1982）的"已然""未然"来说的话，便是动词的否定句中，如果是已然则使用"呒没"，如果是未然则使用"弗/勿"。

但是，形容词的否定与动词的否定不同，也与普通话中的形容词的否定不同。在普通话中，形容词的否定，无论是将来、非将来还是属性都使用"不"，无法使用"没（有）"。与此相对，在宁波方言中，表示将来的情况下，如（18）a那样使用"弗/勿"，表示非将来的情况下，如（18）c那样使用"呒没"。

(18) a. ［形容词句·将来］
（宁波话）明朝弗/勿热。
（普通话）明天不热。
（日语）あしたは暑くない。
b. ［形容词句·将来］
（宁波话）*明朝呒没热。
（普通话）*明天没热。
（日语）あしたは暑くない。
c. ［形容词句·非将来］
（宁波话）昨末呒没热。
（普通话）*昨天没热。
（日语）昨日は暑くなかった。
d. ［形容词句·非将来］
（宁波话）*昨末弗/勿热。
（普通话）昨天不热。

（日语）昨日は暑くなかった。

在普通话中，句中含有表示参照时之前已经处于该状态的"已经"的形容词句和含有表示参照时当下还没有处于该状态的"还"的形容词句，都使用"不"来否定。但是，在宁波方言中，在使用"已经"和"还"的句子中，否定使用"勿/弗"，而"呒没"只在非将来的情况下使用，"朆"只在将来的情况下使用。

(19) a. [形容词句·将来]
　　　　（宁波话）? 下礼拜已经勿/弗冷嘞。
　　　　　　　　 *下礼拜已经呒没冷嘞。
　　　　　　　　 下礼拜已经朆冷嘞。
　　　　（普通话）下个星期已经不冷了。
　　　　（日语）来週はもう寒くない。
　　 b. [形容词句·将来]
　　　　（宁波话）下礼拜还勿/弗冷。
　　　　　　　　 *下礼拜还呒没冷。
　　　　　　　　 下礼拜还朆冷咯。
　　　　（普通话）下个星期还不冷。
　　　　（日语）来週はまだ寒くない。

(20) a. [形容词句·非将来]
　　　　（宁波话）上礼拜已经勿/弗冷嘞。
　　　　　　　　 上礼拜已经呒没冷嘞。
　　　　　　　　 *上礼拜已经朆冷嘞。
　　　　（普通话）上个星期已经不冷了。
　　　　（日语）先週はもう寒くなかった。
　　 b. [形容词句·非将来]
　　　　（宁波话）上礼拜还勿/弗冷。

上礼拜还朆没冷。

*上礼拜还朆冷。

（普通话）上个星期还不冷。

（日语）先週はまだ寒くなかった。

表示与时间设定没有直接关系的属性，如（21）a 和（21）b 所示，既可以使用"弗/勿"，也可以使用"朆没"。这种情况下，"朆没"否定事实本身，而"弗/勿"倾向于表示说话人的判断。

(21) a.［形容词句·属性］

（宁波话）该间房间弗/勿大。

（普通话）那个房间不大。

（日语）その部屋は大きくないです。

b.［形容词句·属性］

（宁波话）该间房间朆没大。

（普通话）*那个房间没大。

（日语）その部屋は大きくないです。

c.［形容词句·属性］

（宁波话）我想该间房间弗/勿大。

*我想该间房间朆没大。

（普通话）我想那间房间不大。

（日语）その部屋は広くないと思う。

5. 以上所观察到的宁波方言中的否定表达的各项表现，可以总结为表 6-1。从动词句来看，宁波方言中的否定词"弗/勿"和"朆没"是互补分布的关系。形容词句的情况下，则区分状态和属性。与时间有关的将来、非将来的状态的否定与动词的已然、未然相平行，但与时间无关的属性的否定则三种否定词均可

以使用。

（22）

表 6-1　宁波方言否定词的分布情况

	动词		形容词		
	未然	已然	将来	非将来	属性
弗	+	−	+	−	+
勿	+	−	+	−	+
呒没	−	+	−	+	+

（二）"V-neg-V" 式反复问句

1. 宁波方言的三个否定词都可出现在"V-neg-V"式反复问句的"neg"的位置上。（23）是动词+将来的例句，使用了"弗"和"勿"，但使用"呒没"的（23）c 句子不成立。（24）是形容词+将来的例句，和动词一样无法使用"呒没"。（25）是形容词+属性的例句，可以使用的只有（25）a 的"弗"。在（26）的动词+非将来的例句中，能说的只有使用"呒没"的（26）c。（27）是形容词+非将来的例句，与（24）的形容词+将来的例句情况相同。（28）表示的是结果存续，（29）表示的是动作持续，（30）表示的是完成，都只能使用"呒没"。

（23）a.［动词·将来］

（宁波话）其 明朝 西湖 去 弗/勿 去？

（普通话）他 明天 去 不 去 西湖？

（日语）彼はあした西湖へ行きますか。

b.［动词·将来］

（宁波话）*其 明朝 西湖 去 呒没 去？

（普通话）*他 明天 去 没 去 西湖？

（日语）彼はあした西湖へ行きますか。

(24) a. ［形容词·将来］
　　　（宁波话）明朝 热 弗/勿 热？
　　　（普通话）明天 热 不 热？
　　　（日语）あしたは暑いですか。

　　b. ［形容词·将来］
　　　（宁波话）*明朝 热 呒没 热？
　　　（普通话）*明天 热 没 热？
　　　（日语）あしたは暑いですか。

(25) a. ［形容词·属性］
　　　（宁波话）该 间 房间 大 弗 大？
　　　（普通话）那 个 房间 大 不 大？
　　　（日语）その部屋は大きいですか。

　　b. ［形容词·属性］
　　　（宁波话）*该 间 房间 大 勿 大？
　　　（普通话）那 个 房间 大 不 大？
　　　（日语）その部屋は大きいですか。

　　c. ［形容词·属性］
　　　（宁波话）*该 间 房间 大 呒没 大？
　　　（普通话）*那 个 房间 大 没 大？
　　　（日语）その部屋は大きいですか。

(26) a. ［动词·非将来］
　　　（宁波话）*侬 昨末 西湖 去 弗/勿 去？
　　　（普通话）*你 昨天 去 不 去 西湖？
　　　（日语）君は昨日西湖へ行きましたか。

　　b. ［动词·非将来］
　　　（宁波话）侬 昨末 西湖 去 呒没 去？
　　　（普通话）你 昨天 去 没 去 西湖？

（日语）君は昨日西湖へ行きましたか。

(27) a. [形容词·非将来]

（宁波话）昨末 热 弗 / 勿 热？

（普通话）昨天 热 不 热？

（日语）昨日暑かったですか。

b.（形容词·非将来）

（宁波话）*昨末 热 呒没 热？

（普通话）*昨天 热 没 热？

（日语）昨日暑かったですか。

(28) a.（宁波话）*电视 开 弗 / 勿 开的？ （结果存续）

（普通话）*电视 开 不 开着？

（日语）テレビがついていますか。

b.（宁波话）电视 开 呒没 开的？ （结果存续）

（普通话）电视 开 没 开着？

（日语）テレビがついていますか。

(29) a.（宁波话）*其 该晌 来 弗 / 勿 来的 看 电视？

（动作持续）

（普通话）?他 这会儿 在 不 在 看 电视？

（日语）彼は今テレビを見ていますか。

b.（动作持续）

（宁波话）其 该晌 来 呒没 来的 看 电视？

（普通话）他 这会儿 在 没 在 看 电视？

（日语）彼は今テレビを見ていますか。

(30) a.（宁波话）*雨 停 弗 / 勿 停？ （完成）

（普通话）*雨 停 不 停？

（日语）雨が止みましたか。

b.（宁波话）雨 停 呒没 停？ （完成）

（普通话）雨 停 没 停？

（日语）雨が止みましたか。

2. 以上观察结果，可以总结为表6-2。"V-neg-V"式反复问句是由肯定和否定的反复构成的，但这里动词句和形容词句呈现出不同的表现形式。使用动词时，"V-neg-V"式反复问句中的"neg"的分布与否定词的分布一致。与此相对，形容词句除了在表示属性的情况下无法使用"勿"之外，其余的与表示将来的情况分布相同。

（31）

表6-2　宁波方言反复问句中否定词的分布情况

	动词		形容词		
	未然	已然	将来	非将来	属性
弗	＋	－	＋	＋	＋
勿	＋	－	＋	＋	－
呒没	－	＋	－	－	－

3. 在宁波方言的"V-neg-V"式反复问句中，如例（32）所示，无法在"V"和"neg-V"之间放置宾语。

（32）（宁波话）*侬 去 西湖 弗／勿 去？

　　　（普通话）你 去 西湖 不 去？

　　　（日语）君は西湖へ行きますか。

三　宁波方言的"VP-neg"式反复问句

1. "哦"构成的疑问句

宁波方言中还有一种在句末使用"哦"的疑问句。"哦"构成的疑问句与"V-neg-V"式反复问句不同，不受时和体的限制。

（33）a 是表示将来的句子，（33）b 和（33）c 是表示非将来的句子，（33）d 表示结果存续，（33）e 表示动作持续，而（33）f 表示完成。

(33) a. ［动词·将来］

　　（宁波话）侬 明朝子 西湖 去 哦？

　　（普通话）你 明天 西湖 去 不？

　　（日语）君はあした西湖へ行きますか。

b. ［动词·非将来］

　　（宁波话）侬 昨末 西湖 去掉 哦？

　　（普通话）你 昨天 去 西湖 了 没有？

　　（日语）君はきのう西湖へ行きましたか。

c. ［形容词·非将来］

　　（宁波话）昨末 有 热 哦？

　　（普通话）昨天 热 不 热？

　　（日语）昨日は暑かったですか。

d.（宁波话）电视 的 哦？　　　　　　（结果存续）

　　（普通话）电视 开着 吗？

　　（日语）テレビはついていますか。

e.（宁波话）其 该昀 来的 看 电视 哦？　　（动作持续）

　　（普通话）他 这会儿 在 看 电视 吗？

　　（日语）彼は今テレビを見ていますか。

f.（宁波话）雨 停 勒 哦？　　　　　　（完成）

　　（普通话）雨 停 了 没有？

　　（日语）雨は止みましたか。

2. 先行研究

这一部分主要介绍朱彰年等（1996）的《宁波方言词典》和

汤珍珠等（1997）的《宁波方言词典》中关于音韵和语法的论述，并探讨两者的差异。

关于句末的"哦"，朱彰年等（1996）的描写为："<助>表示疑问，相当于'吗'。"（朱彰年等，1996：254）汤珍珠等（1997）则认为"哦"是"反复问句的否定词，用在动词或形容词之后，意为'…不…'，或'…了没有…'。"（汤珍珠等，1997：59）同是方言词典的词条，对"哦"的描写内容却有着相当大的差距。依前文所述的汉语（普通话）疑问句的种类来说，如果是朱彰年等（1996）所说的"相当于'吗'"的疑问句，就是是非问句，这与汤珍珠等（1997）所说的反复问句完全是两码事。那么，这个"哦"，到底是什么呢？

朱彰年等（1996）将"哦"的发音描写为 [vaʔ²]，而汤珍珠等（1997）则描写为 [va²⁴]。朱彰年等（1996）中没有关于"勿"的描写，只在"弗"这个词条中，描写了"弗"的发音为 [faʔ⁵]及其意思之后，提到也写作"勿"。这相当于把"弗"和"勿"当成同一个词来描写。

汤珍珠等（1997）中，将"勿"的发音描写为 [vɐʔ¹²]，与描写为 [va²⁴] 的"哦"是区别开来的，并且指出"哦"可能是由否定词"勿"+语气词"啦"[la⁵³] 组成的合音词。从（34）的描写中也可以看出，汤珍珠等（1997）认为，由于"勿"中没有语气词成分，因此可以说"勿啦"。与此相对，由于"哦"中已经加入了语气词"啦"，因此仅使用"哦"就可以构成疑问句。

（34）宁波话中相当于普通话"这苹果甜不甜？"这样的反复问句的形式有两套，不大说"该苹果甜勿甜？"。

    A. 该苹果甜哦？

     该苹果甜勿啦？

     该苹果甜脍？

B. 该苹果有甜哦？

该苹果有甜勿啦？

该苹果有甜唩？

第一套形式与第二套形式的不同之处在于第二套中多了一个"有"字。"有"在这里意义虚化，与表示"领有、具有"的"有"无关。"唩"可能是否定词"勿"与语气词"啦"的合音。

（汤珍珠等，1996：26）

朱彰年等（1996）中没有"勿"这个词条，取而代之的是"哦啦"这个词条。他认为"哦啦"是助词，与"哦"的意思相同，但表示的语气更强烈。

上述朱彰年等（1996）和汤珍珠等（1997）关于"勿"和"哦"描述的区别可以整理如下。

(35) a. 朱："勿"没有相关描写。

"哦" =[vaʔ²]（阳入）

b. 汤："勿"=[veʔ¹²]。

"哦" = "勿"[veʔ¹²]（阳入）+"啦"[la⁵³]（阴平）

→ [va²⁴]（阳平）

3. 作为否定词的"哦"

朱彰年等（1996）中没有关于"勿"的发音的描写。由于"勿"的声调为阳入，因此可知在朱彰年等（1996）的系统中，"勿"和"哦"一样，都应该描写为[vaʔ2]。也就是说，在朱彰年等（1996）的系统中，"勿"和"哦"的语音形态是相同的。然而，汤珍珠等（1996，1997）区别了"勿"和"哦"。但是，其区别方法没有确凿的证据，若仅凭听觉，很可能像朱彰年

等（1996）那样，无法真正地区分二者。

那么，"哦"中是否必然包含"啦"[la^{53}]呢？从音韵上看，[vɐʔ^{12}] + [la^{53}] → [va^{24}]相当勉强。因为从语音层面上看，使[la^{53}]中的[l]脱落是很困难的，而且从声调上来看，"阳入 + 阴平→阳平"这种变化结果并不自然。在汉语中，以X+Y→Z的形式产生合音词时，一般情况下新产生的Z的声调会继承Y的声调。但是，从"阳入 + 阴平→阳平"这个变化结果来看，Z的声调既不继承于X也不继承于Y。据笔者确认，文末的"哦"是低调的，至少不是上升的24。如果低调是上升调24的轻声，那么从语法性质上来看"哦"总是处于这个位置，几乎没有使用"哦"的基本调值的机会。因此，将"哦"的基本调值定为24并不恰当。

从语法的角度来看，如果像汤珍珠等（1996）所说的那样，"哦"是"勿"和"啦"的合音，那么在宁波方言的"VP-neg"式反复问句中就总是带有语气词"啦"。① 但是，在"VP-neg"式反复问句的"neg"位置上出现的否定词中，也有"勿"和"会"的合音"朆"②。如（36）a所示，也有可能不使用"啦"。因此，"VP-neg"式反复问句并非一定要有语气词"啦"。

（36）a.（宁波话）其 明朝 西湖 会 去 朆？
　　　　（普通话）他 明天 会 去 不 会 西湖？
　　　　（日语）彼はあした西湖へ行きますか。
　　　b.（宁波话）其 明朝 西湖 会 去 哦？
　　　　（普通话）他 明天 会 去 西湖 不？
　　　　（日语）彼はあした西湖へ行きますか。

---

① （34）的非合音形式"勿啦"中也有"啦"。
② 朱彰年等（1996）中，文字形态为上下结构，而不是左右结构。

因此，本书采用（35）a 所示的朱彰年等（1996）关于"哦"=[vaʔ²] 的描写。朱彰年等（1996）中没有关于"勿"的描写，但由于"勿"也是阳入，因此在音韵上 [vaʔ²]="哦"="勿"。但是，我们不赞成"哦"相当于"吗"这样的描写。如果相当于"吗"的话，就成了是非问句。但是，使用"哦"的疑问句（37），由于可以与"到底"同现，因此可知其不是是非问句。因为没有疑问词，即没有非明示选项，所以也不是特指问句。虽然有明示选项，但由于无法追加选项，因此也不是选择问句。因为 [vaʔ²]="哦"="勿"，所以以 [vaʔ²] 结句的疑问句是"VP-neg"式反复问句。由此，句末的 [vaʔ²] 可认定为否定词。但是，在汉字表记上，本书按照宁波方言的习惯，写作"哦"。

(37)（宁波话）侬 明朝子 西湖 到底 去 哦？
　　（普通话）你 明天 到底 去 西湖 不 去？
　　（日语）君はあしたいったい西湖へ行くのか、行か
　　ないのか。

（37）是反复问句，这也可以从其他表现来验证。反复问句由肯定和否定的反复构成，意味着疑问的语气是由句法结构本身来实现的。如果肯定的部分被否定的话，就转变成"negP-neg"，而不再是承担疑问语气的"VPneg"。因此，不能用"negP-neg"来表示疑问的语气，其结果，否定句式中带有"哦"的例（38）便成了表示推测语气的句子。推测句不像反复问句那样具有多个选项，因此如例（39）所示，不能与"到底"同现。

(38)（宁波话）其 恐怕 呒 来 了 哦？
　　（普通话）他 大概 不 会 来 了 不？
　　（日语）彼は多分来ないでしょう？

(39)（宁波话）*其到底朆来了哦?
　　（普通话）*他到底不会来了不?

（朱彰年等，1996）

"哦"疑问句与"吗"疑问句的不同，从回答的差异中也能看出来。在普通话中，对于例（40）中的问题的回答，可以是"是"。与此相对，例（42）的"哦"疑问句，与例（41）的"V-neg-V"式反复问句一样，无法用"是咯"来回答。这一事实说明，"哦"疑问句不是"吗"疑问句，即不是是非问句。

(40)（普通话）问：他明天去西湖吗？
　　　　　　答：是的。
　　（日　语）问：彼はあした西湖へ行きますか。
　　　　　　答：ええ。
(41)（宁波话）问：其明朝西湖去弗去？
　　　　　　答：*是咯。
　　（普通话）问：他明天去不去西湖？
　　　　　　答：*是的。
　　（日　语）问：彼はあした西湖へ行きますか。
　　　　　　答：ええ。
(42)（宁波话）问：其明朝西湖去哦？
　　　　　　答：*是咯。
　　（普通话）问：他明天去西湖不？
　　　　　　答：*是的。
　　（日　语）问：彼はあした西湖へ行きますか。
　　　　　　答：ええ。

四　宁波方言中反复问句的语序问题

汉语是 SVO 型语言，但在宁波方言的反复问句中，如例（43）所示，宾语移动到了动词前面，呈现的是 SSV 型语序。在本部分中，我们主要观察和讨论这种语序交替的现象。

（43）（宁波话）其 明朝 西湖 去 弗 去？　　　　（SSV）
　　　（普通话）他 明天 西湖 去 不 去？
　　　（日语）彼はあした西湖へ行きますか。

1. 疑问句中的语序交替不仅发生在宁波方言中，朱德熙（1991）指出，在北方的陕西清涧方言和青海西宁方言的反复问句中，宾语名词也经常移动到动词前成为主语。

为什么会产生上述的宾语主题化现象呢？朱德熙（1991）没有提及其中的原因，但就宁波方言而言，可以看出其具有以下倾向。

（44）如果在肯定句或否定句中发生宾语移动，那么在反复
　　　问句中就会发生宾语的移动。

2. 例（45）是以动词"去"（行く）为谓语的句子。在表示将来・肯定的情况下，采用 SVO 语序；在表示将来・否定的情况下，采用 SSV 语序。因此，如例（46）所示，反复问句（"V-neg-V"式和"VP-neg"式）都不是 SVO 型，而是 SSV 型。

（45）a.［将来・肯定］
　　　（宁波话）其 明朝 去 西湖。　　　　　　（SVO）
　　　（普通话）他 明天 去 西湖。

（日语）彼はあした西湖へ行きます。

b. [将来・肯定]

（宁波话）*其明朝西湖去。　　　　　（*SSV）

（普通话）*他明天西湖去。

（日语）彼はあした西湖へ行きます。

c. [将来・否定]

（宁波话）其明朝西湖弗去。　　　　　（SSV）

（普通话）他明天西湖不去。

（日语）彼はあした西湖へ行きません。

d. [将来・否定]

（宁波话）*其明朝弗去西湖。　　　　（*SVO）

（普通话）他明天不去西湖。

（日语）彼はあした西湖へ行きません。

(46) a. [将来・疑问]

（宁波话）其明朝西湖去弗去？　　　　（SSV）

（普通话）他明天西湖去不去？

（日语）彼はあした西湖へ行きますか。

b. [将来・疑问]

（宁波话）*其明朝去弗去西湖？　　　（*SVO）

（普通话）他明天去不去西湖？

（日语）彼はあした西湖へ行きますか。

c. [将来・疑问]

（宁波话）其明朝西湖去哦？　　　　　（SSV）

（普通话）他明天去西湖不？

（日语）彼はあした西湖へ行きますか。

d. [将来・疑问]

（宁波话）*其明朝去西湖哦？　　　　（*SVO）

（普通话）他明天去西湖不？

（日语）彼はあした西湖へ行きますか。

（47）是表示非将来、肯定/否定的例句，肯定句采用 SVO 的语序，否定句有 SVO 和 SSV 两种语序。SVO 是无标的形式，与此相对，SSV 的第二个 S 是已知的信息，已主题化。在这一点上，宁波话与普通话平行。在反复问句的例（48）中，"VP-neg"式采用 SSV 语序，而"V-neg-V"式则与否定句的情况相同，SVO 和 SSV 两种语序都成立。

(47) a. ［非将来・肯定］
　　（宁波话）其 昨末 吃勒 一只 苹果。　　（SVO）
　　（普通话）他 昨天 吃了 一个 苹果。
　　（日语）彼は昨日リンゴを食べた。

b. ［非将来・否定］
　　（宁波话）其 昨末 呒没吃 苹果。　　（SVO）
　　（普通话）他 昨天 没吃 苹果。
　　（日语）彼は昨日リンゴを食べなかった。

c. ［非将来・否定］
　　（宁波话）其 昨末 苹果 呒没吃。　　（SSV）
　　（普通话）他 昨天 苹果 没吃。
　　（日语）彼は昨日リンゴは食べなかった。

(48) a. ［非将来・疑问］
　　（宁波话）其 昨末 吃 苹果 勒哦？　　（SVO）
　　（普通话）他 昨天 吃 苹果 了没有？
　　（日语）彼は昨日リンゴを食べたか。

b. ［非将来・疑问］
　　（宁波话）其 昨末 苹果 吃勒哦？　　（SSV）
　　（普通话）他 昨天 苹果 吃了没有？

（日语）彼は昨日リンゴを食べたか。

c. [非将来・疑问]
（宁波话）其 昨末 吃 呒没 吃 苹果？ （SVO）
（普通话）他 昨天 吃 没 吃 苹果？
（日语）彼は昨日リンゴを食べたか。

d. [非将来・疑问]
（宁波话）其 昨末 苹果 吃 呒没 吃？ （SSV）
（普通话）他 昨天 苹果 吃 没 吃？
（日语）彼は昨日リンゴを食べたか。

3. 例（49）表示的是结果存续，肯定、否定、疑问都采用SSV语序。例（50）表示的是动作持续，肯定和否定都采用SVO语序，（50）c是反复问句，也是SVO语序。

(49) a. [结果存续・肯定]
（宁波话）其 该晌 屋里 来当。 （SSV）
（普通话）他 这会儿 在 家里。
（日语）彼はいま家にいます。

b. [结果存续・否定]
（宁波话）其 该晌 屋里 呒没 来当。 （SSV）
（普通话）*他 这会儿 家里 不 在。
（日语）彼はいま家にいません。

c. [结果存续・否定]
（宁波话）其 昨末 屋里 呒没 来的。 （SSV）
（普通话）*他 昨天 家里 不 在。
（日语）彼はきのう家にいませんでした。

d. [结果存续・疑问]
（宁波话）其 该晌 屋里 有 来的 哦？ （SSV）

（普通话）*他 这会儿 家里 在 不？

（日语）彼はいま家にいますか。

    e. ［结果存续·疑问］

（宁波话）其 昨末 屋里 有 来 的 哦？　　　（SSV）

（普通话）*他 昨天 家里 在 不？

（日语）彼は昨日家にいましたか。

（50）a. ［动作持续·肯定］

（宁波话）其 来 的 看 电视。　　　（SVO）

（普通话）他 在 看 电视。

（日语）彼はテレビを見ている。

    b. ［动作持续·否定］

（宁波话）其 呒 没 来 的 看 电视。　　　（SVO）

（普通话）他 没 在 看 电视。

（日语）彼はテレビを見ていない。

    c. ［动作持续·疑问］

（宁波话）其 来 呒 没 来 的 看 电视？　　　（SVO）

（普通话）他 在 没 在 看 电视？

（日语）彼はテレビを見ていますか。

4.（51）和（52）是表示完成的句子，但与非将来的情况相同，否定句和疑问句中 SVO 和 SSV 两种语序都成立，SVO 是无标，SSV 是有标。

（51）a. ［完成·肯定］

（宁波话）其 吃 勒 一 只 苹果。　　　（SVO）

（普通话）他 吃 了 一 个 苹果。

（日语）彼はリンゴを食べた。

b. ［完成・否定］

（宁波话）其咾没吃苹果。　　　　　　　（SVO）

（普通话）他没吃苹果。

（日语）彼はリンゴを食べていない。

c. ［完成・否定］

（宁波话）其苹果咾没吃。　　　　　　　（SSV）

（普通话）他苹果没吃。

（日语）彼はリンゴは食べていない。

(52) a. ［完成・疑问］

（宁波话）其吃苹果勒哦?　　　　　　　（SVO）

（普通话）他吃苹果了没有?

（日语）彼はリンゴを食べたか。

b. ［完成・疑问］

（宁波话）其苹果吃勒哦?　　　　　　　（SSV）

（普通话）他苹果吃了没有?

（日语）彼はリンゴを食べたか。

c. ［完成・疑问］

（宁波话）其吃咾没吃苹果?　　　　　　（SVO）

（普通话）他吃没吃苹果?

（日语）彼はリンゴを食べたか。

d. ［完成・疑问］

（宁波话）其苹果吃咾没吃?　　　　　　（SSV）

（普通话）他苹果吃没吃?

（日语）彼はリンゴを食べたか。

5. 表现出例外的是以"是"为谓语的句子，肯定和否定都采用 SVO 语序。该反复问句应该是 SVO 型，但在"VP-neg"式的情况下，采用 SSV 语序的 (54) c 也可以成立。

(53) a. ["是"·肯定]
   (宁波话)其 是 宁波人。　　　　　　(SVO)
   (普通话)他 是 宁波人。
   (日语)彼は寧波人です。

   b. ["是"·肯定]
   (宁波话)*其 宁波人 是。　　　　　　(*SSV)
   (普通话)*他 宁波人 是。
   (日语)彼は寧波人です。

   c. ["是"·否定]
   (宁波话)其 弗 是 宁波人。　　　　　(SVO)
   (普通话)他 不 是 宁波人。
   (日语)彼は寧波人ではありません。

   d. ["是"·否定]
   (宁波话)*其 宁波人 弗 是。　　　　　(*SSV)
   (普通话)*他 宁波人 不 是。
   (日语)彼は寧波人ではありません。

(54) a. ["是"·疑问]
   (宁波话)其 是 弗 是 宁波人？　　　　(SVO)
   (普通话)他 是 不 是 宁波人？
   (日语)彼は寧波人ですか。

   b. ["是"·疑问]
   (宁波话)其 是 宁波人 哦？　　　　　(SVO)
   (普通话)他 是 宁波人 不？
   (日语)彼は寧波人ですか。

   c. ["是"·疑问]
   (宁波话)其 宁波人 是 哦？　　　　　(SSV)
   (普通话)'他 宁波人 是 不？
   (日语)彼は寧波人ですか。

d. ["是"·疑问]
  （宁波话）*其宁波人是不是？　　　　　（*SSV）
  （普通话）*他宁波人是不是？
  （日语）彼は寧波人ですか。

6. 在宁波方言中，与之前观察到的"动作"的表达相对立，也有表示"习惯"的表达。① 由于肯定、否定都不会引起语序的变化，因此疑问句也必然采用SVO语序。

（55）a.（宁波话）我弗吃茶，我吃咖啡。　　（SVO）
  （普通话）我不喝茶，我喝咖啡。
  （日语）僕はお茶は飲みません。僕はコーヒーを
　　　　飲みます。
b.（宁波话）侬吃茶哦？　　　　　　　　（SVO）
  （普通话）你喝茶不？
  （日语）君はお茶を飲みますか。

以上所观察到的宁波方言中反复问句的语序情况可以总结如表6-3。

---

① 区别"习惯"和"动作"的表达的方言，不仅有宁波方言。刘勋宁（1998：125）指出，在青海省的西宁方言中，询问"动作"和询问"习惯"时，存在以下明显的区别。
　a. 你羊肉吃（哩）不？　　　　吃俩。/不吃。[动作]
　　 君は羊の肉でも食べますか。　食べます。/食べません。
　b. 你羊肉吃者没？　　　　　　吃者。/没吃着。[习惯]
　　 君は羊の肉を食べますか。　　食べます。/食べません。

(56)

表 6-3　宁波方言反复问句的语序

	动作						习惯
	将来	非将来	结果存续	动作持续	完成	"是"	
肯定	SVO	SVO	SSV	SVO	SVO	SVO	SVO
否定	SSV	SVO / SSV	SSV	SVO	SVO / SSV	SVO	SVO
疑问	SSV	SVO / SSV	SSV	SVO	SVO / SSV	SVO / SSV	SVO

五　小结

以上，我们针对宁波方言中有关反复问句的各种问题，与普通话进行了对比分析。在第一部分中，我们基于普通话的例句，提出了基于选项数的新的疑问句分类方法。在第二部分中，我们明确了动词的否定句中否定词的使用分布情况和"V-neg-V"式反复问句中否定词的使用分布一致，同时也明确了在形容词方面看不到这种一致关系。在第三部分中，根据第一部分中提出的疑问句的分类标准，我们证明了宁波方言的"哦"疑问句中的"哦"是否定词，因此"哦"疑问句属于"VP-neg"式反复问句。在第四部分中，我们对反复问句中出现的宾语主题化现象进行了观察和分析，明确了在肯定句或否定句任何一方可以宾语主题化时，该反复问句也会产生宾语主题化现象。

第二节 《华语官话语法》与十七世纪的南京话[*]

一 背景介绍

《华语官话语法》(以下简称"瓦罗《语法》")于1682年在福建省首府成书，1703年在广州正式出版。作者弗朗西斯科·瓦罗（1627~1687）是西班牙传教士，在中国居住了38年。瓦罗《语法》的原文是西班牙文，2000年出版了英语译本，汉语版是从英语译本转译而成的。

瓦罗《语法》明确指出，该书描写的对象是当时的南京话，是官话。

本节参照瓦罗《语法》汉译本的原稿写作，有关读音方面的内容则参照英语译本。

二 "英译出版前言"中的拟音问题

瓦罗《语法》不仅对语法进行描写，还对南京话的声、韵、调作了描写。由于书中的例子都是用拉丁字母记录的，记录的是当时的实际发音，因此其在音韵学上也是非常有价值的。

瓦罗《语法》中的注音，除了正文中使用的拼写法（以下简称"瓦罗拼音"）以外，在《弁言》中还援引法语的读音（以下简称"法式拼音"）来描写当时南京话的语音。瓦罗《语法》的"英译出版前言"分别给出了与瓦罗拼音和法式拼音对应的国际音标。我们觉得其中的个别地方值得讨论。问题的关键在于，是给瓦罗拼音拟音还是通过瓦罗拼音给当时的南京话拟音。我们认为"英译出版前言"在这个问题上似乎不是很明确。

---

[*] 原名《〈华语官话语法〉与十七世纪的南京话》，载任继愈主编《国际汉学》第十辑，大象出版社，2004。本节承陈泽平教授提出宝贵的修改意见，谨此致谢。

首先看中古微母字的读音。瓦罗拼音标注了三种读音，如（1）。

（1）中古微母字的读音
　a. v-：弯（vuān），晚（vuàn），望（vuáng），微（vûi），
　　　　尾（vì），未（ví）
　b. g-：威（goēi），位、为、谓（goéi）
　c. 零声母：晚（uàn），微（ûi），尾（uì），未（uí）

"英译出版前言"给"v-"的拟音是[v]。瓦罗拼音没有使用"w-"，因此"w-"和"v-"不构成音位的对立。一个有趣的现象是，（1）a 中的一些字，又记作合口的零声母，如（1）c。由此可知，"vu-"和"u-"也不存在音位的对立，是自由变体。因此，瓦罗拼音中的"v-"应该是零声母，"vi"（尾、未）可以拟作 [*ui]①，"vu-"中的"v-"是羡余的，"vuan"（弯、晚）可以拟作 [*uan]。这样可能更容易说明（1）a 和（1）c 的关系。

"英译出版前言"把瓦罗拼音的"go-"拟为"[vʷ]or[w]"。瓦罗《语法》中可以把"go-"当作声母的有疑母的"危"和（1）b 中微母的"威、位、为、谓"。

据瓦罗拼音，中古疑母字分化为四类（括号内为瓦罗拼音）。

（2）中古疑母字的分化结果
　a. g-：傲（gáo），鹅（gô），我（gò），危（goêi），吾（gû），
　　　　午（gù），悟（gú）
　b. v-：瓦（và），外（vái）
　c. n-：虐（niǒ）

---

① 国际音标前的 * 说明该读音为拟音。

d. 零声母：言（iên），银（în），鱼（iǔ），遇（iǘ），原（iuên），
愿（iuén），五（ù），疑（ŷ），乂 议（ý），衙
（yâ）；岳狱（iǒ），月（iuě）。

"英译出版前言"在瓦罗拼音与国际音标的对照表中，把（2）a 中的 "g-" 拟为 "[ŋ]"，并把其中的 "go-" 拟为 "[vʷ] or[w]"。我们认为把 "go-" 当作 "危" 和（1）b 中微母字 "威、位、为、谓" 的声母拟为 "[vʷ]or[w]" 不是太妥当。

瓦罗《语法》在第二章第五节中特别指出："有些说汉语的中国人会把音发作 'guei' 或 'vuei'，然而正确的发音方法应该是 'goêi'。" 瓦罗的这个说明显示：①在当时的南京话中，在以 "uei" 为韵母的音节中，"g-" 和 "v-" 是自由变体；②在以上三个音节中，"uei" 和 "oei" 是自由变体，即其中的 "-u-" 和 "-o-" 不构成音位的对立；③在这些自由变体中，瓦罗认为 "goêi" 是正确的。

再来看看与以上声母有关的韵母的拟音。瓦罗《语法》中的 "uai（怀），oai（坏）" 和 "uei（晦、惠），oei"，"英译出版前言" 分别拟作 [uai] 和 [uɛi]。如果排除 "危、为" 的 "goei"，那么读作 "-oei" 的有 "回、悔、会（hoei）"。既然 "英译出版前言" 认同 "-oei" 中的 "-o-" 可以是合口介音，那么把 "危、为" 的 "go-" 拟作 "[vʷ]or[w]" 的理由就不是很充分。①

因此，我们认为瓦罗《语法》中的 "goei（危、为）" 应该拟作 [ˀŋuei]。

另外，"英译出版前言" 中把法式拼音中的入声韵 "ǐ" 拟作 [iI]。这可能是印刷错误，参照 "英译出版前言" 对瓦罗拼音的拟

---

① 如果要在拟音中进行区别，那么最应该考虑的对象是 "huei（晦、惠）" 和 "hoei（回、悔、会）" 之间的对立，而不是把 "go-" 单列出来。

音,应该是 [iI?]。

三 十七世纪南京话的调值

1. 瓦罗《语法》记录的南京话的单字调共有五个:阴平、阳平、上声、去声和入声。南京话属于江淮官话,至今依然保留着入声,而入声作为一个单独的调类保留下来是江淮官话的特征(刘勋宁,1995;侯精一,2002)。

据詹伯慧(1981),现代南京话的五个单字调的调值如(3)所示。

(3) 现代南京话的调值
阴平 32　阳平 14　上声 22　去声 44　入声 5

"英译出版前言"根据瓦罗的描述而拟测的十七世纪南京话的调值如(4)。

(4) "英译出版前言"拟测调值
　　　清平　中或上中
　　　浊平　低降
　　　上　　中降
　　　去　　上中至高升
　　　入　　中升

我们认为"英译出版前言"对调值的拟测与瓦罗《语法》中对调值的一些描述不尽相符。

2. 瓦罗《语法》在第二章第一节中对当时南京话调值的描写如下。

（5）a. 第一声

　　①缓而平，既不升也不降，就好像一个人感到疼痛时，叹息着说"ai"。

　　②它的发声过程从头至尾是一样的，既不升也不降，始终保持在高与低之间的中间状态。

b. 第二声

　　①发声延长并略为下降。

　　②比如有个人走过来对我说："……"（胡安犯了抢劫罪。）但我不信，就说："No…"（不，不可能，胡安为什么要干这样的事？）

c. 第三声

　　以元音为基点，随即降低第三个。

d. 第四声

　　基点在第一个音节，然后升至第三个（即使所发的只是一个音节，也照样如此），并且在发音或重音的末了拖长发声。

e. 第五声

　　实际上与第四声是一样的。

　　根据（5）a 的描述，阴平可以理解为中平调 33。不升不降主要是对调型的描写，而疼痛时的叹息声则可以理解为声调的高度。一个人感到疼痛时发出的较自然的声调，应该不会太高。

　　阳平和上声都是降调。但是，从（5）b 的①和（5）c 的描述看不出二者的区别。问题在于声调的起始高度不明确。我们只能根据瓦罗对语调（intonation）的描述来理解。（5）b 中②的"No"，按照瓦罗的解释是用来表示不相信的。基于不相信而否定对方的说法，一般来说要加强语气，其结果就是要抬高声调。与此相反，瓦罗《语法》附录一《美国国会图书馆手稿》对上声的描述则是另

外一种情形:"第三声可比于叹息声,就像有人精神不振、疲惫不堪时发出一声叹息那样。"从这个描述看,上声应该属于低降调。因为当一个人"精神不振、疲惫不堪时",发出的叹息声不应该是起始高度较高的降调,而是最省力的声调。"各种调形有不同的声调起点,其中最自然最省力的起点是五度制中的2(朱晓农之说)。"(潘悟云,2002)因此,阳平可以拟作42,上声可以拟作21。

去声和入声的调型是一样的,都是上升调。瓦罗《语法》附录一《美国国会图书馆手稿》同样用语调来描写去声:"听起来几乎像是疑问调,而实际上并非问句。"结合(5)d和(5)e的描述,去声和入声可以拟作35。

这样,十七世纪南京话的调值可以拟测如下。

(6)阴平33　阳平42　上声21　去声35　入声35

3. 据瓦罗《语法》第二章第一节的描述,当时的南京话有连读变调,连读变调的原则是后字不变前字变。连读变调发生在两个上声字或两个去声字连读的时候,变调调值都是阴平。

(一)上声+上声→阴平+上声
(二)去声+去声→阴平+去声

四　十七世纪南京话的若干语法现象

1. 瓦罗《语法》在第一章中首先区分汉语的三种语体:①第一种是高雅、优美的语体,很少使用复合词。②第二种语体处于高雅与粗俗之间的中间位置。它能够被大多数人所理解,也使用一些复合词。③第三种是粗俗的语体,可以用来向妇人和农夫布道。瓦罗《语法》不涉及第一种语体,后两种语体的例子如(7)。

(7) a. 欲升天者，可行真善路，若不然，岂得到。

（第二种语体）

b. 但凡人要升天，该当为善，若不为善，自然不会升天。

（第三种语体）

以上的描述和例句显示，第一种语体是古文，第二种语体是一般的书面语，第三种语体是口语。

2. 我们在看汉语史的语料时，虚词的读音是最难确认的。一般认为，虚词的语法化会伴随着读音的弱化。但是，历史上的韵书一般不记录这种弱化后的读音，而韵文的押韵也不表现弱化的读音。瓦罗《语法》为我们展现了当时的读音状况。

首先来看"了"。普通话中，"了"读作弱化的 [lə0]，而不读作 [liau3]①，如（8）。其中（8）a 的"了"为"了$_1$"，标记完整体（perfective），（8）b 的"了"为"了$_2$"，标记完成体（perfect）。

(8) a. 他吃 {[lə0]/*[liau3]}2 个苹果。

b. 他吃 2 个苹果 {[lə0]/*[liau3]}。

汉语的时体助词"了"由表示完结义的动词语法化而来（王力，1980/1958；太田辰夫，2003/1958；赵金铭，1979；刘勋宁，1985；曹广顺，1995；吴福祥，1998），林璋（2003）认为"到了元代，'了'标记的完整的情状可以出现在主句的位置上"，即"了"已经发展出标记绝对时过去的用法，如例（9）。

(9) a. 陈巡检将昨夜遇申公之事，从头至尾说了一遍。

（《清平山堂话本》）

---

① [lə0] 和 [liau3] 中的数字为调类符号，其中"0"表示零调（潘悟云，2002），"3"表示上声。

b. 我家墙也倒了几堵。　　　　　　　　（《朴通事》）

进行这项确认，是因为南方的一些方言中"了"并不一定都有标记完整体和完成体的用法。如闽语福州话中，"了"（[lau3]）只有相当于普通话中的"了₂"的用法，没有相当于"了₁"的用法。闽语厦门话中，"了"（[liau3]）用于表示终了的侧面（phase），相当于普通话的"V 完"，而相当于普通话的"了₂"的是"也"（[a6]）。

在瓦罗《语法》中，我们可以看到典型的"了₁"的例句和典型的"了₂"的例句，如（10）。

（10）a. 一日吃了几次肉？
　　　b. 你偷了人的物件么？
　　　c. 你到时候我讲过了。
　　　d. 他来时节我去了。

不论是"了₁"还是"了₂"，瓦罗拼音都记作"leào"，按照"英译出版前言"的拟音是 [*liau3]。这说明，在当时的南京话中，"了"的语法化并没有伴随语音的弱化。布道主要是以语音为媒介实施的，至少在瓦罗看来，"了₁"和"了₂"都读作 [*liau3]，在布道时是可以接受的。而在现代汉语中，不论是书面语还是口语，"了"读作 [liau3] 是很难以接受的。

据刘勋宁（1985），唐五代句尾"了"即"了₂"曾经出现过"了也"的形式。① 如今"了也"以合音的形式存在于一些方言中。刘勋宁（1985）据此认为，现代汉语的"了₂"来自"了

---

① 唐五代的"了₂"并非都使用"了也"的形式，见孙锡信（1997：65~70，1999：77~84）。

也"。刘勋宁(2001)发现元代的《老乞大》使用"了也",而后代的《翻译老乞大》的相应地方都该成了"了"。刘勋宁(2001)对此的解释是:因为"了也"合音,所以书写的时候只写其中的主要部分即"了",次要的部分没有得到体现。我们认为这个解释是很勉强的。这是因为现代汉语的"了$_2$"看不出"也"的语音痕迹,北京话也同样看不出"也"的语音痕迹(马希文,1992/1982;周一民,1998)。南方方言中"了$_2$"看不出"也"的语音痕迹的,还有闽语福州话的 [lau3] 和泉州话的 [lɔ0][①]。瓦罗《语法》所描述的十七世纪南京话的"了$_2$"读作"leào",同样看不出"也"的语音痕迹。进而言之,"了$_1$"和"了$_2$"使用同一个语音形式,也说明"了$_2$"不可能是"了也"的合音。瓦罗《语法》的"leào"不存在文字书写时的取舍问题,因此本书不支持刘勋宁(1985,2001)所说的现代汉语"了$_2$"的合音说。

我们认为,比较合理的解释是在"了$_2$"是否后续"也"的问题上存在不同类型的方言:Ⅰ类方言,只使用"了"而不使用"也",如北京话、福州话、泉州话;Ⅱ类方言,使用"了也",如刘勋宁(1985)报告的陕西清涧话、山西文水话;Ⅲ类方言,不使用"了"只使用"也",如厦门话、台湾闽南话。十七世纪的南京话中"了"读作 [leào],因此属于Ⅰ类方言。

3. 否定词"没"的读音,是学界关注的问题之一。据刘丹青编纂(1995:75),现代南京话的"没"读作 [me^{24}],阳平。而在十七世纪,南京话的"没"读作 [ˀmɔʔ^{35}],入声。

瓦罗《语法》对"没"的用法描写得很细致。第一,南京话中有两种情形:①通常必须跟"有"同现,如"没有人来";②一般单独用"没",不跟"有"同现,如"没趣""没处"。第

[①] 福州话见陈泽平(1998),林璋・佐々木勲人・徐萍飛(2002);泉州话见李如龙(1995),汉字写作"唠",读轻声。

二，北方省份单独用"没"，不用"有"，如"没饭""没来"。

覃远雄（2003）对许多方言中的"没"的共时读音作了分类和解释。其中，南京话的"没"依据的是刘丹青编纂（1995）的[me²⁴]阳平①，归入第四类。这一类"声母韵母与明秘切相合，但声调不合"。这一类中，读阳平的还有北京话和哈尔滨话的"没"（[mei]）。覃远雄（2003）对读阳平这一小类的解释是："哈尔滨、北京声母韵母都与明秘切相合；南京声母与明秘切相合，但韵母按常例应读[ei]，却今读[e]，与假摄开口三等相同。可能是韵尾脱落剩下[e]，而南京话语音系统里没有元音韵母[ə]，所以就变成了相近的[e]了。古次浊声母去声哈尔滨、北京、南京应读去声，今读阳平，与明秘切不合。"

覃远雄（2003）的基本假设是：现在各方言中的否定词"没"的读音是中古"没"的各个读音合规律的演变结果。南京话的"没"之所以归入明秘切，是因为现在读作[me²⁴]。但是，从瓦罗《语法》的记音"mŏ"看，现代南京话的"没"的读音显然不是从明秘切演变而来的。

4. 瓦罗《语法》中列举的表示"离格"的介词有：与、同、合、共。其中，"合"的瓦罗拼音记作"hŏ"，入声。瓦罗《语法》中使用"合"的例句只有两个，见例（11）。

（11）a. 我合他讲了。

b. 你详细合他说天主圣教要理。

瓦罗《语法》中，"和"字记作"hô"（阳平），出现在"和睦"这个单词中，"和"没有表示"离格"的用法。

据吴福祥（2003），汉语历史上出现的"和"类虚词有"与"

---

① 在覃远雄（2003）中，该文献标注的时间是1996。

"及""将""共""和""同""跟"七个，这些虚词都以"伴随动词>伴随介词>并列连词"的路径语法化。这里没有"合"。另据马贝加（2002：207），"现代汉语中，'和、合'音近，在《儿女英雄传》中，引进交与者时，大多用'合'"。这里的"交与者"，就是语言学上说的接受者（recipient）。《儿女英雄传》中，"合"不仅可以引进接受者，如（12）a，还可以用作伴随介词，如（12）b 和并列连词，如（12）c。

（12）a. 合他说明白了
　　　b. 合姑娘同行
　　　c. 还有新出的《施公案》合《于公案》

以上例句引自龚千炎主编（1994）的《儿女英雄传虚词例汇》。该书收"合"字介词和并列连词共 171 例，没有收"和"字介词或并列连词。虽然同是北京话作品，但是一个世纪前的《红楼梦》中则主要使用"和"字。由此可见，官话中的"合"来源不明。

南方方言中也使用"合"。闽南的厦门话中"合"有两个读音，[kap7] 和 [hap8]。用作介词和并列连词的"合"读作 [kap7]，在介词和连词的位置上弱化为 [kaʔ7]（周长楫、欧阳忆耘，1998；林璋、佐々木勋人、徐萍飞，2002）。这里看不出厦门话的 [kaʔ7] 和瓦罗《语法》记录的十七世纪南京话中的介词"hŏ"之间的渊源关系。

作为一种可能的解释，就是十七世纪南京话中用作介词的 [hŏ]（合）是"和"（[hô]）的弱化形式。"和"跟"合"，声母韵母相同，不同的是声调，前者为阳平，后者为入声。根据潘悟云（2002）的理论，声调弱化的形式之一是"促化"："实词在虚化的过程中往往会变作轻声，轻声的最重要特点是音长缩短，而入

声的特点也是短促，所以虚词很容易混到入声里去。"这样，我们就比较容易解释为什么官话文献更多地使用"和"字。因为使用汉字的时候，我们更注重的是意义的继承性。在些许的声调弱化和意义的继承性中，大多数文献的作者选择了后者，而《儿女英雄传》的作者选择了前者，因此《儿女英雄传》多使用"合"字。而瓦罗《语法》是写给把汉语当作外语的人看的，因此瓦罗《语法》注重词的语音形式。

五 有关例句转写的一些问题

瓦罗《语法》中的所有例句都是用拉丁字母记录的，没有使用汉字。汉语译本中用汉字书写的例词和例句沿用英语译本的转写结果。英语译本的转写结果有个别地方值得商榷。

瓦罗《语法》第四章第三节谈论的是用于比较级的副词，如"愈、越"，同时还提到一个相关的例子，见（13）a，中文译本在中译注中给的西班牙语解释见（13）b，例句的英语译文见（13）c，英语译本的汉字转写为（13）d。

(13) a. gò çhù tā iĕ fă lâi[①]。

b. 我越禁止他来，他越是来。

c. The more I forbid him, the more he comes.

d. 我嘱他一发来。

可以看出，(13)b 和（13）c 的意思是一样的，但是跟（13）d 的译文不一致。（13）d 可以看作使动句，即表示"叫他来"。而这个解释跟（13）b 和（13）c 的解释正好相反。

（13）d 中把"çhù"转写为"嘱"是不对的。问题在于声

---

① 瓦罗《语法》中在"iĕ"的"ĕ"上面还添加有实心的黑点，受条件所限，这里无法标出。下同。

母。"英译出版前言"中给"çh"的拟音是 [ts]，是齿音。以这个"çh"为声母的字有"子、字、走、祖、进"等，而舌音则是"ch"，如"针、知、珠、竹、桌"等，"英译出版前言"的拟音为 [tʂ]。从读音和句子的意思看，这个"çhù"应该转写为"阻"。

把"iĕ fã"转写为"一发"也不是太好。"iĕ"可以转写为"一"，但是"一发"有"越发"的意思，还有"一同"的意思。（13）d 的"一发"更容易解释为"一同"的意思，而不容易解释为"越发"。因此，从意思上看应该转写为"益"。英语译本的字表中没有收入"益"字，不过第十章第三节的 D 中有"无益（vû iĕ）"这个词。因此，把"iĕ fã"转写为"益发"，跟"愈、越"是一致的，而且不产生歧义。这样，（13）a 可以转写为（14），意思跟（13）b 和（13）c 的解释一致。

（14）我阻他益发来。

瓦罗《语法》第十六章第三节的一个例句，见（15）。

（15）前日奉拜大 [or 台 ?] 驾公出不遇。

其中的"大 [or 台 ?] 驾"，原文为"tái kiá"。这里的"tái"为不送气、去声。现代汉语中"大"有两个读音：① [ta4]，如"大学、很大"；② [tai4]，如"大夫、山大王"。而"台"字，一读 [tʻai1]，一读 [tʻai2]，均为送气、平声。因此，（15）中的"tái kiá"应转写为"大驾"。①

---

① 闽语福州话中，"大"字也有两个读音，白读为 [tuai6]，文读为 [tai6]。"大驾"为文读，读作 [tai6ka3]。

六　小结

本节通过瓦罗《语法》所记录的语音，讨论了十七世纪南京话的一些问题，并且以此作为语料讨论了语言史研究中的一些问题。主要结论如下。

1. 瓦罗拼音中记作"v-"的微母字读作零声母，"vu-"中的"v-"是羡余的。

2. 十七世纪南京话的调值可以拟作：阴平 33，阳平 42，上声 21，去声 35，入声 35。

3. 十七世纪南京话中有"了$_1$"和"了$_2$"。据瓦罗《语法》描述，"了$_1$"和"了$_2$"都读作"leào"（上声）。这说明：①十七世纪南京话的"了$_1$"没有因为语法化而发生弱读；②"leào"的读音中没有"也"的语音痕迹。

4. 瓦罗《语法》中"了$_1$"和"了$_2$"使用同一个语音形式来表示，说明十七世纪南京话的"了$_2$"不可能是合音形式。现代汉语的"了$_2$"也使用跟"了$_1$"相同的语音形式，因此刘勋宁（1985，2001）所说的现代汉语"了$_2$"的"合音说"是不成立的。汉语方言中起"了$_2$"作用的虚词可以分为三个类型：Ⅰ类方言，只使用"了"而不使用"也"；Ⅱ类方言，使用"了也"；Ⅲ类方言，不使用"了"只使用"也"。现代汉语与Ⅰ类方言相同。

5. 据瓦罗《语法》，十七世纪南京话中"没"读作"mǒ"（入声）。这一事实不支持覃远雄（2003）关于南京话的"没"由明秘切演变而来的说法。

6. 瓦罗《语法》中用作介词和并列连词的"hǒ"（入声），是"hô"（和，阳平）的声调弱化形式。

第三节　语法研究和语言政策[*]

朱德熙（1987）（以下简称"朱文"）向汉语学界提出了"现代汉语语法研究的对象是什么？"的问题，"强调现代汉语语法研究应该以北京口语语法的研究为基础，同时又强调选择语料取舍要严"。这种严谨的治学态度值得我们学习，同时笔者觉得该文的有些问题还有继续讨论的必要。

一　普通话与北京口语

朱文"强调研究北京口语语法"，是基于三个方面的原因，其中第一个原因是：

（1）北京话是现代标准汉语的基础方言。

（朱德熙，1987）

众所周知，如何界定标准语体现着一个国家的语言政策[②]。现代标准汉语是"普通话"，国务院《关于推广普通话的指示》对此有着明确的界定：

（2）汉语统一的基础已经存在了，这就是以北京语音为标准音、以北方话为基础方言、以典范的现代白话文著作为语法规范的普通话。

（《人民日报》1956 年 2 月 12 日）

---

[*] 原名《语法研究和语言政策》，载胡振平主编《当代日本语学研究——北原保雄博士业绩纪念论文集》，高等教育出版社，2003。本节承张伯江提出许多宝贵的意见，特此致谢。

[②] 参见本节第四部分。

北京话是北方话的一个部分[①]，加强对北京话的研究无疑会促进汉语研究的发展。但是，笔者认为，"北京话是现代标准汉语的基础方言"这一说法过度强调了北京话的重要性；在谈论什么是现代（标准）汉语时，似乎不宜超出国家的语言政策所界定的范围。当然，如果是讨论以什么作为现代（标准）汉语更合适，则是另外一个话题了。下面我们就来讨论这个话题。

朱文"强调研究北京口语语法"的第二个方面的原因是：

（3）北京话是几百万人口里说的活生生的"具体"的语言，不像普通话那样只是理论上存在的抽象的东西。它基本上是稳定的、均匀的。一个语法格式北京话说还是不说，大都可以找到确定的答案，因此比较容易总结出规律来。

（朱德熙，1987）

这里涉及语法研究的最根本的方法论问题。正如朱文所说："如果根据的语料靠不住，那就不可能得出可靠的语法规律来。"换言之，如果使用的语料不被认为是标准语的语料，那么研究的结果就不适用于标准语。因此，我们有必要对这个问题进行充分的探讨。朱文认为普通话"只是理论上存在的抽象的东西"，而北京话"是几百万人口里说的活生生的'具体'的语言"，"它基本上是稳定的、均匀的"。朱文认为：

（4）我们很难给"典范的白话文著作"规定明确的标准与范围。

（朱德熙，1987）

[①] 关于北京话在汉语中的分类位置，参见刘勋宁（1995）。

（5）我们把这些著作视为典范，并不意味着这些著作的语言完全一致，也不表示每一部著作里的语言全都能作为现代标准汉语的规范。

（朱德熙，1987）

的确，朱文列举的源自"典范的白话文著作"的、不能视为"现代标准汉语的规范"的大多数实例中有关部分的说法，在笔者本人看来也是不自然的。① 但是，我们无法因此否认这些"典范的白话文著作"可以成为语法规范，因为语言有个人差异。语言有个人差异，这在语言学上已经成为共识。（迈克尔·葛里高利、苏珊·卡洛尔，1988/1978；伍铁平，1993）索绪尔曾经说过：

（6）如果我们能够全部掌握储存在每个人脑子里的词语形象，也许会接触到构成语言的社会纽带。这是通过言语实践存放在某一社会集团全体成员中的宝库，一个潜存在每一个人的脑子里，或者说得更确切些，潜存在一群人的脑子里的语法体系；因为在任何人的脑子里，语言都是不完备的，它只有在集体中才能完全存在。

（索绪尔，1980：35）

（7）语言和言语是相互依存的；语言既是言语的工具，又是言语的产物。

（索绪尔，1980：41）

引文（7）的"语言（既）是言语的工具"这一说法，表明言语是语言的产物；语言"又是言语的产物"则说明个人的言语

---

① 朱文认为"大树底下走着一个人～一个人在大树底下走着""草地上跑着一匹马～草地上有一匹马跑着""这四个句子里没有一句是真正能说的"。但是，宋玉柱（1995：211）列举了11个"进行体动态存在句"的实例。

表现如果被社会集团接受，它便成为语言的一部分。如果我们再结合引文（6）来看，那么我们可以说，某一个人以其不完备的语言为工具生产出的言语完全可能不被社会集团认可。这并非仅仅是思维游戏。柴谷方良在谈到"母语话者的直觉及内省判断"时说：

> （8）凡是在美国听过句法的课或者出席过语言学会议的人都有这样的切身经历，那就是话者对语法性的判断离均质相去甚远。在学会上经常可以看到这样的情形：若不禁止有关语法性的发言，讨论就无法展开；或者只有在"假设这个句子是合语法的"的前提下才能展开讨论。
>
> 　　这种情形说明，母语话者对语法性的判断并非是均质的，这不仅对乔姆斯基的语法能力的均质性这一假说提出疑问，还对以母语话者的直觉或内省判断为手段的研究方法提出了疑问。
>
> （柴谷方良，1986/1982）

言语有个人差异，不仅仅表现在以文字形式表现的"典范的白话文著作"中，同样表现在以声音形式表现的"口语"中。朱文也承认口语中有不稳定因素。

> （9）口语的不稳定性主要表现在知识分子说的话上头。知识分子大都说所谓"普通话"。不过不同方言区的人说的普通话可以有很大的差别。（这是就语法说的，语音差别当然更明显。）此外，知识分子的语言受书面的影响大。所以书面语的不稳定性自然也反映在知识分子的口语里。
>
> （朱德熙，1987）

引文（9）跟引文（3）显然是有矛盾的。从引文（9），我们只能得出"北京地区的知识分子的口语也是不稳定的"这一结论。既然北京地区的知识分子的口语是不稳定的，那么我们就没有理由断言北京口语是"稳定的、均匀的"，因为当我们说"北京口语"的时候，我们无法把"北京地区知识分子的口语"排除在外。如果以不稳定就不能成为规范为标准来制定"现代标准汉语语法"体系，那么这个体系只能命名为"北京非知识分子口语语法"。但是，即便如此，我们还是无法保证这种语法体系的"均匀"，赫德森（1989/1980：14）说："我们可以肯定，两个说话人没有同样的语言，因为两个说话人没有同样的语言经验。"

二　口头言语与书面言语

朱文"强调研究北京口语语法"的第三个方面的原因见引文（10）。

（10）研究北京口语语法，有利于我们去发现现代汉语里最根本的语法事实。例如基本句型的确认，最重要的语法成分（某些虚词和后缀）的功能，语音节律（轻重音、语调、变调）跟语法的关系，等等。这些都是语法研究中最根本最重要的方面。即使研究书面语，也不能不以这些基本事实作为基础或起点。

(朱德熙，1987)

在分析朱文的第三个原因之前，我们有必要首先来看看"书面语"和"口语"这一对概念。朱文对此没有作出界定，因此我们只能从行文来推测朱文对"书面语"和"口语"的看法。

（11）不过我们很难给"典范的白话文著作"规定明确的

标准与范围。不少语法著作从鲁迅、毛泽东、老舍、赵树理、曹禺、巴金、叶圣陶等人的著作里援引例句。可是这些著作的语言远远不是均匀、一致的。甚至同一部著作内部也不一定都一致（例如老舍、曹禺的作品里对话部分和叙述部分就不一致）。

（朱德熙，1987）

（12）由于现代书面汉语跟日常口语之间有相当大的差别，这就使一般人要学会用书面语写作成为一件相当吃力的事。结果是报纸书刊上大量出现"病句"。

（朱德熙，1987）

（13）有的语法著作认为存现句句首的处所词语前边可以加上介词"在"，举的例子如：

（例句从略——引用者注。）

事实上这类句式只见于书面语，口语里是不说的。

（朱德熙，1987）

（14）单音节动词造成的"V在了＋处所词"的句式，例如："吃完饭，他躺在了炕上｜她本人可是埋在了城外"（老舍《骆驼祥子》），书面语里可以见到，口语里不说。

（朱德熙，1987：注⑨）

以上引文在区别"书面语"和"口语"上可以分为两类：相对明确的和不明确的。前者如（12），后者如（11）、（13）和（14）。我们先来看看不明确的。关于（11）的"对话部分"和"叙述部分"的不一致，朱文未说明是在什么意义上不一致；从（13）（14），我们看不出书面语—口语的对立是否以文字—语音的对立为依据，所谓的"直接引语"属于书面语还是属于口语。我们再来看看相对明确的。（12）说的是"现代书面汉语"和"日常

口语"的对立，其中的差异在于"用书面语写作"和日常说话的不同。我们说（12）只是相对明确，是因为其中依然存在不明确的因素，那就是"用书面语写作"。因为只有当"用非书面语写作"存在时，"用书面语写作"的说法才能成立。在一般情况下，"书面语"是跟"口语"对立的，因此我们只能认为"用书面语写作"跟"用口语写作"对立。这个问题可以分解如下。

（15）a. 写出来的东西是否都是"书面语"？
　　　b. 是否存在"用口语写作"的可能性？
　　　c. 如果 b 的可能性存在，那么"用口语写作"得到的结果是"口语"还是"书面语"？

如果对（15）a 作"是"的回答，那么以文字形式出现的"言语"都是书面语，都不是口语；因此，对（15）b 的回答必然是"否"；于是，（15）c 的问题就不复存在，也就没有必要回答。如果对（15）a 作"否"的回答，那么以文字形式出现的"言语"中，既有书面语，也有口语；因此对（15）b 的回答只能是"是"；于是，对（15）c 的回答只能是"用口语写作得到的结果是口语而不是书面语"。由此我们可以看到，对（15）a 的不同回答，实际上涉及两种不同层面的对"书面语"的区分。其中的关系见（16）。

（16）a. 对（15）a 作肯定回答时，"书面语"和"口语"在媒体上对立。
　　　b. 对（15）a 作否定回答时，"书面语"和"口语"在方式上对立。

王德春（1987）对此也有明确的论述。

(17)这里所指的"语体"是言语的功能变体,它同言语形式是不同的概念。凭借语音进行交际的是"口语",运用文字进行交际的是"书面语",这两者是依语言的物质载体的区别而划分的,它们是言语形式。而"语体"则是根据言语环境而划分的言语功能变体,与言语形式截然不同。

(王德春,1987:23)

虽然各家对语体所作的分类不尽相同,所用的术语也不完全一致,但是有一点是相同的,那就是首先以语音—文字为标准进行切分,如 Gregory(1967)的"讲话"—"写作",侯维瑞(1988)的"口语"—"书面语"[①]。我们这里引用王德春(1987)的分类(见表6-4)[②]。

(18)

表6-4 语体分类(王德春)

类别	口语	书面语
谈话语体	口头谈话语体	书面谈话语体
书卷语体	口头书卷语体	书面书卷语体

陶红印(1999)借用了英国应用语言学家 McCarthy 和 Carter 的"传媒与方式"的语体分类,他认为:"传统上所说的口语指典型的口语,也就是传媒和方式都是口语的口语,而传统上的书面语也是传媒和方式都是书面语的书面语。这两种极端或纯粹的情形无疑是大量存在的,但我们也应该认识到中间状态的存在,也

[①] "口语借助声音语调表达意思,书面语借助于文字符号……"(侯维瑞,1988:27)

[②] 详细分类参见王德春(1987:25)。

就是说，必须结合传媒和方式这两个因素来刻画不同的次范畴语体，区分典型与非典型语体。"

如果我们按照索绪尔的语言和言语的划分，那么我们可以说基于媒体区分的作为语音表达结果的口语和作为文字表达结果的书面语都属于言语。虽然索绪尔认为对中国人来说"文字就是第二语言"[①]，但是从以下引文可以看出，在索绪尔的理论体系中，"文字"是"音响形象"的符号，即符号之符号。索绪尔没有说用"文字"写出的东西是与言语对立的语言，同样没有说用语音表达出来的东西是与言语对立的语言。

（19）语言既然是音响形象的堆栈，文字就是这些形象的可以捉摸的形式。

（索绪尔，1980：37）

（20）语言是一种表达观念的符号系统，因此，可以比之于文字、聋哑人的字母、象征仪式、礼节形式、军用信号，等等。

（索绪尔，1980：37）

（21）语言和文字是两种不同的符号系统，后者唯一的存在理由是用于表现前者。语言学的对象不是书写的词和口说的词的结合，而是由后者单独构成的。

（索绪尔，1980：47~8）

最后还有一个问题需要确认，即生成口头言语的语言和生成书面言语的语言是一种语言还是两种语言？我们就以北京人用语音表达和北京人用文字表达为例，北京人说的话（言语）

[①] "对汉人来说，表意字和口说的词都是观念的符号；在他们看来，文字就是第二语言。"（索绪尔，1980：51）

和写的文章（言语）是由一种语言还是两种语言生成的？如果我们以索绪尔对语言和言语所作的划分为依据，那么口头言语和书面言语是由一种语言生成的。于是，口语和书面语的对立不是两种语言的对立，而是两种言语形态的对立，即语体的对立。即便我们把言语后面的语言变异问题纳入考虑的范围[①]，我们也没有理由认为不同的语体（媒体与方式的各种组合）是由不同的语言体系生成的。我们只能认为语体是话者对同一语言体系的不同部分的选择倾向造成的。因此，口语—书面语是言语的概念而不是语言的概念。

（22）语言＝变异$_1$＋变异$_2$＋变异$_3$＋……＋变异$_n$

既然以媒体区分的口语—书面语和以方式区分的口语—书面语都属于语体[②]，那么我们有必要在媒体和方式这两个不同的层面上使用不同的下位分类术语，以免造成不必要的混乱。我们认为可以参照王德春（1987）的术语，对（18）进行部分调整，结果如下。

（23）

表 6-5　本书的语体分类

方式 \ 媒体	口语（语音形式）	书面语（书面形式）
对话	语音对话语体	书面对话语体
自叙	语音自叙语体	书面自叙语体

---

① 变异是相对而言的，所谓的中性也应该看作变异的一种。
② 王德春（1987）所说的"语体"属于"方式"，参见引文（17）。陶红印（1999）在"方式"的内部也以口语—书面语区分。

至此，我们可以回过头来讨论"强调研究北京口语语法"的第三个方面原因的引文（10）了。引文（10）中说的口语包含"语音节律（轻重音、语调、变调）跟语法的关系"，即包含语音的要素，因此属于我们这里说的以媒体划分的口语。诚如朱文所说："汉语语法著作里，像赵元任《中国话的文法》那样声明专门研究口语的不多，大多数语法著作不指明是专门研究口语的，可是也不说是专门研究书面语的。意思大概是兼顾两方面。这一类语法书里的例句，往往是引用的书面语资料，特别是文学作品，即所谓'典范的白话文著作'。"① 的确，专门研究媒体意义上的口语的论文不多，即便是声明专门研究口语的赵元任的《中国话的文法》，也只是在论及跟语音有关的部分时使用了可以让人联想到语音因素的符号，如（24）；而在讨论语法问题的时候，所使用的例句依然令人无法确认那是"口语"还是"书面语"，如（25）。

（24）↑说起浮水来啊，↓我忘了带浮水衣了。

（赵元任，1980/1968：24）

（25）他手拿着一把佛盘剑。

（赵元任，1980/1968：53）

朱文正确指出："为了使现代汉语语法研究深入下去，恐怕应该对口语语法和书面语语法分别进行细致的研究。"但是，如何分别进行口语语法和书面语语法的研究？换言之，如何才能确保研究对象是口语的语法或书面语的语法？前面说过，口语—书面语属于言语，如果我们要研究的只是口语背后的语言（比如语法），那么我们就有必要限定在口头言语的范围内来研究，也就是说必须通过口头言语来研究"口语语法"。不通过有形的口头

---

① 后面紧接着就是引文（11），但是朱文未明言对话—叙述的不一致是否是媒体意义上的口语—书面语的区别。

言语而只通过语法学家个人的内省判断来研究口语语法,我们无法判断那些结果的适用范围。朱文盛赞赵元任治学严谨,但是以赵元任之严谨,《中国话的文法》里"也还是有个别的例子看得出是受了吴语的干扰"(参见朱德熙,1987:注②)。这一现象提醒我们,仅仅依靠学者个人的严谨是不够的,还必须有严格的操作程序作为保障。只有通过合理的程序得出的结果才可能是合理的。如果《中国话的文法》所使用的例句都是北京人实际说出的北京话,即作为口头言语的北京话,那么绝不可能出现受到吴语干扰的例句。

三 口语和书面语的交叉

以口头言语来研究"口语语法",可以向我们展示语法与语音的关系。但是,如果只是想知道某个说法是否可能出现于口头言语中以及那个说法的语法结构,似乎并不一定非使用口头言语不可。只要不涉及语法与语音的关系,那么(23)的"书面对话语体"就可以当作"准口语"(即"说出来的话")来研究"口语语法"。① 实际上,张伯江、方梅(1996)所使用的材料就是"书面对话语体"。

> (26)本书例句大多取自北京口语。材料来源有两种:一是书面材料,主要是北京作家的文学作品;二是录音材料,其中又分为两类,一类是电视剧录音,一类是自然口语录音。书面材料较多使用的是老舍和王朔的作品,我们侧重考察作品中对话的部分,避开叙述描写语句,以期降低书面语体的影响。
>
> (张伯江、方梅,1996:17)

---

① "可以当作"并不等于"就是"。

虽然原材料中有口头言语即录音材料，但是在实际使用语料时，那些录音材料的语音特征未得到利用，实际使用的是把口头言语转写成书面言语的语料，即"书面对话语体"。

如果我们可以把"书面对话语体"看作"语音对话语体"的转写，那么我们就可以把"书面对话语体"的语料看作可以"口说"的语料，即口语语料。只要不体现语料的语音特征，那么我们没有理由说语言学家用文字记录下来的"口语"和文学家用文字记录下来的"口语"在语法上有本质的区别[①]。在这个意义上，我们不能赞同引文（14）的说法，因为作为直接引语的对话中有这种"V在了+处所词"的句式。

（27）"傻子，你说病在了海甸？为什么不由黄村大道一直回来？"　　　　　　　　　　　　（老舍《骆驼祥子》）

（28）刘四爷的手颤着走下来。"埋在了哪儿？我问你！"

　　　　　　　　　　　　　　　　　（老舍《骆驼祥子》）

（29）她摇了摇头，而眼中含着点歉意地说："那天我就关在了北海一夜，不敢再冒险了！"

　　　　　　　　　　　　　　　　　（老舍《四世同堂》）

（30）"祁天佑死在了这里！"　　　（老舍《四世同堂》）

当然，我们还应该看到口语和书面语之间有差别。至于口语和书面语之间都有哪些差别，我们现在还不清楚，但是有一点我们可以确认，那就是书面语中的"点号"[②]跟口语中的停顿不完全对应。譬如"逗号"，雷文治（1980：16）认为："逗号是表示句

[①] 如果有区别的话，那就是某个现实的人说的话和某个虚构的人说的话的区别。但是，至少在作家看来，那句话是可以"说"的。

[②] "表示停顿和语调（句子里声音的高低、快慢和轻重）的符号叫点号。点号有七种：句号、逗号、顿号、分号、冒号、问号和感叹号。"（雷文治，1980：3）

中停顿的——当然,并非句中的所有停顿都用逗号。在一个句子里,念起来需要停顿,而意义上、结构上又可以断开的地方,才能用逗号隔开。"作为引文(5)的证据,朱文在注③里引用了鲁迅《中俄文字之交》的例子,见(31)。的确,这个例子在口语和书面语中都不成立。

(31)因为从那里面,看见了被压迫者的善良的灵魂,的辛酸,的挣扎……

即便我们把(31)中的后两个逗号去掉,改成(32),同样在口语和书面语中都不成立。

(32)*因为从那里面,看见了被压迫者的善良的灵魂的辛酸的挣扎……

同样,即便我们把(31)改成(33),在书面语上还是不成立的,只有改成(34)或(35)才能成立。

(33)a.*因为从那里面,看见了被压迫者的善良的灵魂,的辛酸……

b.*因为从那里面,看见了被压迫者的善良的灵魂,的挣扎……

(34)a.因为从那里面,看见了被压迫者的善良的灵魂的辛酸……

b.因为从那里面,看见了被压迫者的善良的灵魂的挣扎……

(35)因为从那里面,看见了被压迫者的善良的灵魂的辛酸和挣扎……

有趣的是（33）和（34）之间的关系。（33）之所以不成立，是因为用了"逗号"，所以被看作在结构上断开的说法。但是，如果那是口语（如朗诵），我们完全可以允许第二个逗号处有一个停顿，而并不认为其在结构上被断开。但是，目前我们没有数据证明口语中多长的停顿可以被"弥合"。同样，目前我们没有数据证明，（33）如果以口语的形式出现，第二个逗号处不允许有任何停顿。

这样，我们可以来理一理"语言"和"口语"（口头言语）、"书面语"（书面言语）的关系。我们认为这里存在两种关系："运用"和"转写"。

$$(36)\ 语言\ ——\ 运用\begin{cases}口头言语\ ——\ 转写\ \longrightarrow\ 书面言语\\ 书面言语\ ——\ 转写\ \longrightarrow\ 口头言语\end{cases}$$

（36）说明，以语音为媒体运用语言时，得到的是口头言语；以文字为媒体运用语言时，得到的是书面言语。我们实际接收到的可能是直接运用语言得到的话语（如交谈）或文本（如小说），也可能是经过转写后得到的文本（如对话录、采访录）或话语（如影视对话、书面发言）。

虽然索绪尔（1980：47）说"语言和文字是两种不同的符号系统，后者唯一的存在理由是用于表现前者"，但这并不意味着书面言语一定是口头言语的转写结果。至少在汉语方面，口头言语的停顿跟书面言语的结构感有时并不一致。胡明扬、劲松（1989）的以下例子颇能说明问题。[①]

[①] "以下我们用'＃'代表所有较短的停顿，但主要用来代表句段和句段之间的停顿，用'＃＃'代表句子和句子之间较长的停顿。"（胡明扬、劲松，1989）但是，作者没有说明作为书面言语的"句段"和"句子"是根据什么区分的：是根据朗读前的文本，还是根据胡明扬、劲松记录后对结构所作的判断。因此我们无法了解下文的口头言语和书面言语的差异是如何产生的。

（37）眼下，她们正准备办个家庭托儿所呢↓↓（1250ms）北屋东边这家儿，住的是张大娘→#（660ms）她跟闺女一块住↘#（700ms）女婿在前线保卫边疆↘##（1200ms）北屋两间正房住的是何明一家子↘#（750ms）他在一家商店当会计↘#（700ms）他的为人怎么样，往后您就知道了↘##（1670ms）西厢房住的这位叫李力↘#（530ms）他的职业是体育教员↘##（340ms）我们这个大院儿干什么的都有↘##

作者认为："最后一个句间停顿[他的职业是体育教员↘##（340ms）]明显地短于这一个流水句内部句段和句段之间的停顿[西厢房住的这位叫李力↘#（530ms）]。不过这一例外比较容易解释，因为接下来这一句'我们这个大院儿干什么的都有'是一个总结性的句子，在画外音中紧接上一句还是可以理解的。"但是，"中央戏剧学院表演系研究生徐平（男，33岁）"朗读这段书面言语得到的口头言语的结果，例外之处却不例外。①徐平的另外一段朗读结果，同样出现了与原先的电视剧不同的停顿。胡明扬、劲松（1989）认为，"徐平在不那么自然的条件下，明显有两处不合常规的误读"，一处是开头的"您哪"后面的停顿，另一处是"那些老的、次的，都收购进来"的"次的"后面的停顿。

---

① 胡明扬、劲松（1989）未说明请人朗读的书面言语文本的形式。"眼下→（750ms）她们正准备办个家庭托儿所呢↓↓（1000ms）北屋东边这家儿→#（320ms）住的是张大娘↘#（560ms）她跟闺女一块住↘#（830ms）女婿在前线保卫边疆↘##（950ms）北屋两间正房住的是何明一家子↘#（630ms）他在一家商店当会计↘#（630ms）他的为人怎么样↘#（530ms）往后您就知道了↘##（1625ms）西厢房住的这位叫李力↘#（500ms）他的职业是体育教员↘##（1500ms）我们这个大院儿干什么的都有↘##"

(38) 您哪→(500ms) 会养花儿→(150ms) 有技术↘#(370ms) 我呢→(190ms) 有路子↘##(500ms) 咱爷儿俩来个合伙经营↘(440ms) 咱们先到各大饭店→#(310ms) 把他们那些处理的花儿→(140ms) 那些老的→(120ms) 次的→#(630ms) 都收购进来↘##(600ms) 买这些花儿用不了多少钱↘##(500ms) 买来以后呢→#(280ms) 您给分分盆儿，打打权儿↘##(530ms) 经您这么一搞嗤→#(190ms) 准保跟正品一样↘##(750ms) 咱们把它们拉到市场上去→#(280ms) 准能卖大价钱↓↓##

从这为数不多的语音语法研究就可以看出，人们对口头言语和书面言语有着不同的接受方式。换言之，口头言语和书面言语分别受到不同规则的约束。因此，我们没有理由用其中一种去替代另外一种。

四 标准汉语与方言

我们在前文讨论过，语言不是均质的。即便我们不考虑语言的个人差异，语言还有各种"方言"变异或变体。[①] 伍铁平（1993：150）认为："语言的变异可以分为三类，即地域变异、社会变异和功能变异。语言的地域变异形成地域方言，即属于某一地域的群体使用的语言；语言的社会变异，是指不同社会地位、职业、行帮以及种族、性别的区别在语言使用上存在的差异；语言的功能变异是指说话人为了某一目的使受话人受到影响、产生反应的言语行为。""功能变异"的结果就是形成我们前面说的不

---

① 参见迈克尔·葛里高利、苏珊·卡洛尔（1988/1978），赫德森（1989/1980），祝畹瑾（1992）。

同"语体"。(伍铁平,1993:167~173)

在上述各种变异中,汉语主要以地域变异(北京语音、北方方言)和功能变异(现代白话文著作)作为标准语即普通话的指标。对此,朱文认为:

> (39)就普通话而论,其稳定的程度显然不如英语。这大概有以下三方面的原因。一是现代书面汉语形成的历史比较短,从"五四"文学革命开始写白话文到现在不过半个多世纪。很难设想在这么短的时间内,能在我国这样幅员广大、人口众多的国家里形成一种稳定程度很高的标准语。二是由于汉语的方言多而复杂。要消除或减弱方言对标准语的干扰,主要得靠教育的力量。可是,三,我国目前教育不够普及,教学水平也不高。中小学在推广和纯化标准语方面起不到应有的作用。
>
> (朱德熙,1987)

我们注意到朱文所说的第一个原因,"很难设想在这么短的时间内,能在我国这样幅员广大、人口众多的国家里形成一种稳定程度很高的标准语"。从行文看,似乎让人觉得标准语是自然形成的。赫德森(1989/1980:38)指出:"如果说,人们把正常的语言发展视为以颇为偶然的方式发生,并且很大程度上,位于说话人的意识阈限之下的话,那么标准语则是社会直接或故意干涉导致的结果。"这种社会"直接或故意"的干涉,是以"语言政策"、"语言建设"或"语言规划"的形式进行的。

什维策尔(1987/1977)认为有必要区分"语言政策"、"语言建设"和"语言规划"这三个概念,认为:"如果从语言政策是总的政策的一部分这种观点出发,而所谓总的政策通常指的并不是任何活动,而是来自一定主体(国家政权,某个社会集团、政党和阶级

等）的活动，那么，语言政策这一概念也应局限于来自一定主体的活动。"（什维策尔，1987/1977：208）什维策尔进而明确指出：

（40）语言政策是国家、社会集团、政党、阶级的总政策的
　　　一部分，也就是它们为自身的利益，为自己既定的政
　　　治目的而进行的活动。

（什维策尔，1987/1977：208）

由此可见，把语言的哪些部分定为标准语，是语言政策的问题。汉语标准语，即普通话，正是以国务院令的方式颁布的，它体现了中国的语言政策。

朱文认为英语的稳定程度高于汉语（普通话），但是文章没有给出证据。迈克尔·葛里高利、苏珊·卡洛尔（1988/1978：13）则以下表对英语的"方言变种"进行了分类。如果以朱文的知识分子的口语不稳定为标准来衡量，那么这个表充分说明，英语内部远不是同质的、稳定的。

（41）

表 6-6　方言变种的参考分类法

	环境类别	语境类别	英语中的例子（描写性语境类别）	
语言使用者的	个人特征	个人方言	X 先生的英语 Y 小姐的英语	方言变种：在语言环境中语言使用者相当稳定的特征在语言上的反映
	时间根源	时间方言	古英语 现代英语	
	地域根源	地域方言	英国英语 美国英语	
	社会根源	社会方言	上层社会英语 中产阶级英语	
	理解范围	标准方言 非标准方言	标准英语 非标准英语	

Milroy, J and Milroy, L.（1985：22~23）指出："标准化首先来自社会、政治、经济的各种需要，并通过各种方式得到促进，包括使用相对容易标准化的书面语体系，但是口语的绝对标准化从未实现过（完全标准化的语言只有死的语言）。因此，将标准化视为某种思想形态，将一种标准语视为某种头脑中的想法而不是现实——即现实用法多多少少可以遵循的一套抽象规范，在更抽象的层面来谈论，似乎更妥当。"[1] 如果说普通话是抽象的，不能成为标准语，那么北京话同样是非同质的，至少朱文承认知识分子的口语是不稳定的。所谓知识分子的口语，划分的标准是"社会方言"。如果承认社会方言之间有差异，那么社会方言绝不仅仅只能分出"知识分子口语""非知识分子口语"两类[2]。因此，"北京话"同样是抽象的。进而言之，只要我们承认语言有个人差异，那么就不可能存在具体的语言，同样不存在以非具体语言为基础的具体的标准语。问题的关键在于如何提取"平均值"，而提取平均值的行为正是制定标准语的行为，是实施语言政策的行为。

朱文强调研究北京口语，对此我们是赞同的。但是，朱文有把北京话看作标准语的倾向，对此我们不能赞同。

（42）这些著作（指"鲁迅、毛泽东、老舍、赵树理、曹禺、巴金、叶圣陶等人的著作"——引用者注）的语言跟基础方言北京话的关系或远或近，在不同程度上受到作者本人的方言的影响和干扰。

（朱德熙，1987）

---

[1] 该文献的汉语表述为笔者所译，林大津教授提出一些修改建议，谨此鸣谢！
[2] 伍铁平（1993）在"社会变异"中区分出：阶层变异和行业变异、性别变异和年龄变异、种族变异和民族变异。

(43) 可是他举的这些例子都是方言，北京话里没有这样的说法。

（朱德熙，1987）

我们前面说过，国家的语言政策界定的基础方言是"北方方言"而不是"北京话"，因此方言理应是相对于标准语即普通话而言的。引文（42）和（43）把方言跟北京话对立起来，我们认为这是不妥当的。

现代汉语的标准语是普通话，不是北京话。笔者认为，在普通话的定义及作用没有发生变化的情况下，应当把北京话当作方言来研究，而不是当作标准语来研究。这并不意味着对北京话的研究不重要。把北京话当作一个方言来研究，从方言类型学的角度看，是非常有价值的。

下 篇
汉日对比研究

第七章　汉日对比的方法论研究

第一节　语法对比研究中的语料问题 *

语法对比研究需要分析、处理语料。通俗地说，语料就是例子。在语法对比研究中，可供使用的语料有哪些类型？各种类型的语料都有哪些长处和短处？如何合理、有效地使用语料？这是本节所要讨论的问题。①

一　观察的视角和语料

1. 观察视角的变化

对比语言学（contrastive linguistics）这个名称是美国学者沃尔夫（B.Whorf）于 1941 年在《语言与逻辑》（Language and Logic）这篇文章中首次使用的（钱军，1990；潘文国、谭慧敏，2005）。早期的对比研究，主要在外语教学和翻译这种应用领域中进行。随着研究进展，后来出现了以研究语言本身为目的的语言对比研究。按照许余龙（1992）的学科定位，对比语言学处理的是（1）中的象限Ⅳ，即语言之间的共时研究。

---

*　原名《语法对比研究中的语料问题》，载汉日对比语言研究（协作）会、北京大学外国语学院日本语言文化系合编《汉日语言对比研究论丛》（第 1 辑），北京大学出版社，2010。

(1)

```
                语言内部
              Ⅱ  │  Ⅰ
     历时 ─────┼─────  共时
              Ⅲ  │  Ⅳ
                语言之间
```

(许余龙，1992）

许余龙（1992）认为象限Ⅲ属于历史比较语言学的领域，但是从实际研究情况看，这个说法并不完全准确。历时研究可以有两个方向："既有随着时间进展的前瞻的展望，又有往上追溯的回顾的展望。"（索绪尔，1980：296）历史比较语言学的目的在于重建原始语，因此在对象语言为亲属语的前提下，主要采用"往上追溯的回顾的展望"。而对比语言学则不设亲属语这一前提，在历时研究中采用"随着时间进展的前瞻的展望"，如《英汉指示代词"的"与"that"的语法化对比》（邓兆红、何世潮，2005）。因此，语言之间的共时对比和历时对比都可以成为对比语言学的研究领域。

许余龙（1992）还对对比语言学做了分类：对比语言学首先分为理论对比语言学和应用对比语言学；前者又分为一般理论对比语言学和具体理论对比语言学，后者又分为一般应用对比语言学和具体应用对比语言学。在此基础上，许余龙（1992）认为具体理论对比语言学的研究是双向的，而具体应用对比语言学的研究是单向的。

(2) a. 理论对比的出发点是语言中某种普遍存在的属性、概念或范畴等现象，或者至少可以认为是对比中的两种语言所共有的某种现象，这一现象我们暂且用

X 来表示。对比的任务是要比较这个 X 在语言 A 和语言 B 中分别是如何体现和运用的。

b. 具体应用对比分析所关心的是某一语言现象 X 在语言 A 中的体现（Xa）在语言 B 中是如何体现的。我们需要在语言 B 中找出与 Xa 相对应的 Xb。（如果语言 B 中没有与 Xa 相对应的成分或结构时，那么 Xb 则表现为零形式。）

（许余龙，1992）

通过分类来规定对比语言学应该做什么，有时会束缚研究者的思维。从效果上看，单向性研究肯定不如双向性研究好。其实，许余龙（1992）已经意识到这个问题，以下的（3）是紧接在（2）b 之后的一段话。

（3）具体应用对比的单向性表明，这类对比所比较的主要是两种语言的表面结构。应用对比研究的这种单向性是由其性质决定的，因为像外语教学和翻译之类的语言对比的实际应用都是从一种语言出发到另一种语言的活动，我们所关心的主要也是一种语言结构形式所表达的内容在另一种语言里是如何用相应的形式表达出来的。因而，单向性的对比也就可以使语言对比能够较为容易地运用到有关的应用领域中去。

（许余龙，1992）

从（3）不难看出，许余龙（1992）没有严格地区分应用研究和作为实践的应用本身。（2）b 和（3）中的单向性问题，更适合于说明作为实践的应用。而应用研究其实并不排斥双向性研究，不如说双向性研究的结果要远远好于单向性研究。这一点我

们在后文中分析。

如果我们只看单向性和双向性这种观察方式，而不把它们跟"理论研究"和"应用研究"捆绑在一起，那么我们可以看到在汉日对比研究的发展历程中，应该属于"理论研究"的一些较早的文献也采用的是单向性的观察方式。就是说，在语法对比研究中，观察方法从单向性向双向性变化。

2. 单向性的语料处理和双向性的语料处理

对比语言学的早期研究主要有两个目的：外语教学和翻译研究（钱军，1990）。这两个领域的对比研究近来仍在进行。以下的（4）是用语言对比的方法研究外语教学的例子。观察的方式是单向性的，在语料的运用上也是单向性的。

（4）首先，就母语是汉语的学习者来说，由于语言的结构差异，这种干扰——尤其是汉语主题句对目的语（target language）的干扰——现象就十分明显。主题是谈论的中心，位于句首，以引起人们的注意。这种差别主要反映在注重主语的英语里，它几乎每个句子都要出现主语。而在注重主题的汉语里，主语常可省略。特别是英语中不起语义作用的功能词（it），汉语没有这种主语。

　　3）现在两点钟了。
　　3a）It is two o'clock now.
　　3b）*Now is two o'clock.

在汉语里，"现在"是主题，"两点钟"是述题，表示时间的主语被省去，但在生成英语句子时要加上功能词"it"作主语。如果受 L_1 的结构影响，就会产生 3b 不规范句子。

（郭熙煌，1996）

这种单向性的教学研究在 21 世纪还能见到，如（5）。

（5）2.3「動詞 1＋"着"＋動詞 2」の形
　　　日本語では「〜して〜する。〜ために〜する。〜しながら〜する。〜しているうちに〜する。〜たり〜たりする。」と訳す。
　2.3.1　様子・方式を表す
　　　「動詞 1＋"着"」は、動詞 2 の表す動作が、どのような方式・状態・様子でなされるかを表す。
（30）坐着讲。（中）/ 座って説明する。
（31）走着去。（中）/ 歩いて行く。

（楊紅、柏崎雅世，2006）

该文中 2.3.1 的后续内容均为例句，以同样的方式列举至（41）。

以上两例都是对以汉语为母语的人实施外语教学的语法研究。研究的方法也一样，就是以学习者的母语为参照，分析母语的某个语法项目在目标语中可以有什么样的说法。就是说，是通过母语看外语，是一种单向性的研究。所用的语料也是与母语说法对应的译文。

翻译研究中常见的语料使用方式也是单向性的。（6）是说明日译汉时语序处理的例子；（7）a 是说明直译的例子，（7）b 是说明意译的例子。

（6）あなたは / なにを / 食べますか。
　　　　1　　　　2　　　　3
　　○你 / 吃 / 什么？
　　　1　 3　　2

（陈岩，1990）

(7) a. 先生は学生に実習のレポートを書かせた。/ 老师叫学生写了实习报告。

b. 他想去，就让他去吧。/ 彼が行きたいのなら、彼を行かせましょう。→彼に行ってもらいましょう。

（顾伟，2006）

语法对比研究中早些时候也采用单向的语料处理方式，如（8）。这种方法如今仍然有人使用，如（9）。

(8) a. 我没有他<u>跑得快</u> / 僕は彼<u>ほど</u> <u>走れない</u>①。

b. <u>死得好惨</u> / <u>悲惨な</u> <u>死に方</u>。

（顾盘明，1995）

顾盘明（1995）在对符号所做的注释中说："例句中用＿＿表示动能结构和动程结构的中心语以及日语中相当于动能结构和动程结构的中心语部分；用＿＿表示可能补语和程度补语以及日语中相当于可能补语和程度补语的部分；用＿＿表示中心语部分和补语部分日译后融合为一体的部分；用……表示中心语部分和补语部分在日译时需要用的补助语。"这里，我们注意到作者在对比时考虑到"翻译"的要素。实际上，（8）b 就是用来说明翻译的："要采用变译或成分转译的方法，才能译出规范的日语。"（顾盘明，1995）

王黎今（2008）虽然没有言及翻译问题，但使用的语料同样以译文的形式出现，如（9）。

(9) a. 彼は殺された。/ 他被杀害了。

---

① 原文中，「ほど」的着重点在下方。

b. 彼は足を傷つけられた。/ 他被砸伤了一条腿。

（王黎今，2008）

在语法对比研究中还能见到两个单向对比的例子，如（10）和（11）。其中，（10）以日语为描写对象，（11）则以汉语为描写对象，对比的对象为斜线后的译文。

（10）a. 運命が許した最もよき人を選んだ。/ 选择了一个命运所许可的最好的人。

b. それがそばにいて看護をした母に伝染した。/ 接着便传染给在身旁看护的母亲。

（11）a. 春天了。/ 春になった。

b. 我明天不去颐和园了。/ 私は明日頤和園に行かないことにした。

（以上：张麟声，1993）

另外，于日平（2007）提出了两种对比模式，如（12）。

（12）

模式1：

普通语言学中的某个理论范畴 ⟨ a语言的表达形式 ↑ 对比研究 ↓ b语言的表达形式

模式2：

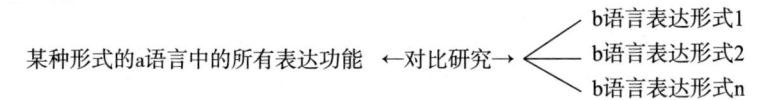

某种形式的a语言中的所有表达功能 ←对比研究→ ⟨ b语言表达形式1 b语言表达形式2 b语言表达形式n

于日平（2007）认为，"第一种对比模式是建立在上位共性概念下的对比研究"，"第二种对比模式是以某个语言中的某个形式为基础，对比另一个语言中与此相对应的表达形式。……比如：汉语的'应该'，在不同的句子中应当译成不同的日语"。由此可以看出，模式1是双向对比的，模式2是单向对比的。以下（13）是模式1的例句，（14）是模式2的例句。

（13）a. 車で迎えに行きます。＝开车去接。
　　　b. 自転車で学校に通っています。＝骑自行车去学校。
（14）a. 学生应该听老师的话。＝学生は先生の言うことを聞くべきです。
　　　b. 他现在应该在公司。＝彼はいま会社にいるはずです。
　　　c. 已经12点了，我应该回去了。＝もう12時です。帰らなくちゃ。
　　　d. 从此应该可以安泰、幸福了。＝これからは安らかに幸せになれるに違いない。

（以上：于日平，2007）

但是，（13）和（14）一样，都是单向语料。于日平（2007）"设定'移动时要使用工具'的概念，然后对比汉日语表示移动工具的语言形式。这样，通过汉日语对比分析，我们可以指出，日语主要用'名词＋格助词'来表示，汉语则用'介词化的动词＋名词'来表示"①。虽然汉语的介词都是由动词语法化而来的，但是（13）中的"开"和"骑"依然是动词，并未介词化。因为汉

---

① "介词化的动词"这个说法在给词语定性时会面临一些困难：如果说那个词已经"介词化"，那么它就不再适合称作动词；如果将那个词看作动词，那么它就还没有介词化，就不是介词。

语中不说"开自行车"或"骑汽车"。"开"和"骑"与后续名词的这种语义选择限制说明这两个词是动词。于是,(13)中汉日两种语言的例句之间的等号,只能理解为对译关系。因此,(13)和(14)一样都是对译语料,都是单向语料。

双向性的语料处理,则是将对比的双方都作为描写的对象。相应地,讨论的对象容易是或大或小的某种语义现象或某种句法格式。

王健(2001)就是将汉语的"把OV在L"和"在LVO"与日语的相应格式进行对比,虽然在列举日语例句时也附有汉语译文,但他并不是对例句的原文和译文进行对比,而是先对两种语言的现象分别进行描写,然后再进行对比,如(15)和(16)。

(15) a. 把邮票贴在信封上。
　　 b.? 把饺子吃在食堂里。(因为O最后没留存在L中,所以句子不成立。)
(16) a. 客間に花を活ける。/把鲜花摆在客厅里。
　　 b. 客間で花を活ける。/在客厅里插鲜花。

（以上:王健,2001）

以下的(17)和(18)讨论的是体的语义解释,同样是相同的条件下对对比的双方进行描写。

(17) a. 张三吃力地抱着字典。
　　　　　　　(a.*动作的持续;b.结果的持续)
　　 b. 张三吃力地坐着。(a.*动作的持续;b.结果的持续)
(18) a. 大輔がつらそうに辞書を抱えている。
　　　　　　　(a.*动作的持续;b.结果的持续)

b. 大輔がつらそうに座っている。

（a.*动作的持续；b. 结果的持续）

（以上：林璋，2004）

二 语料的类型及用法

1. 语料的类型

语法对比研究中使用的语料可以分为两大类：内省语料和实例语料。

内省语料是研究者根据研究的需要自己造的例子。根据需要，造出的例子可以是自然的、不自然的或完全不成立的。这就涉及用例合格性的问题。对用例合格性的判断主要有两种：合语法性判断和可接受性判断。

(19) a. Colorless green ideas sleep furiously. / 无色的绿色的念头狂怒地睡觉。

b.*Furiously sleep ideas green colorless. / 狂怒地睡觉念头绿色的无色的。

（乔姆斯基，1979/1957）

乔姆斯基认为，不能把合语法跟有意义等同起来，尽管(19)a 和(19)b 都是无意义的，"但随便哪一个会说英语的人都会承认只有（1）是符合语法的[①]"。（乔姆斯基，1979/1957：8）

在实际的汉日对比研究中，这种意义上的合语法性判断的语用几乎见不到。我们更常见的是可接受性判断。可接受性判断"是母语说话人的综合性语感判断"，但是"各个人的语感判断存在'可接受性差异'"（林璋，2008），如(20)和(21)。

---

① (1) 即 (19) a。

(20)是朱德熙先生的判断,在朱德熙先生的语感中,"V 在了＋处所词"在口语中是不说的。但是,我们从(21)可以看到,在直接引语的对话中有这样的实例,而直接引语则是可以口说的。

(20)单音节动词造成的"V 在了＋处所词"的句式,例如:"吃完饭,他躺在了炕上|她本人可是埋在了城外"(老舍《骆驼祥子》),书面语里可以见到,口语里不说。

(朱德熙,1987:注⑨)

(21)a."傻子,你说病在了海甸?为什么不由黄村大道一直回来?"

(老舍《骆驼祥子》)

b. 刘四爷的手颤着走下来。"埋在了哪儿?我问你!"

(老舍《骆驼祥子》)

c. 她摇了摇头,而眼中含着点歉意的说:"那天我就关在了北海一夜,不敢再冒险了!"

(老舍《四世同堂》)

d."祁天佑死在了这里!" (老舍《四世同堂》)

另外,汪大昌(2003)的调查也同样显示了可接受性的差异:调查者认为可接受的说法,出现了不可接受的调查结果;而调查者认为不可接受的说法,却出现了可接受的调查结果。

实例语料照理说应该都是可以接受的,但是正如朱德熙(1987)所说,"我们把这些著作视为典范,并不意味着这些著作的语言完全一致,也不表示每一部著作里的语言全都能作为现代标准汉语的规范",如(22)。(22)是鲁迅《中俄文字之交》的例子。

（22）因为从那里面，看见了被压迫者的善良的灵魂，的辛酸，的挣扎……　　　（朱德熙，1987：注③）

如今，除了纸质的实例语料，还有网络上的实例语料。网络上的实例语料，可接受性的问题更加突出。"例如，与日语中的「叱られる」相应的说法，汉语中可以说'被骂'或'挨骂'。而'被挨骂'这个说法，我及我周围的人都觉得无法接受。但是，如果到网络上搜索，可以查到足够多的'实例'。尽管如此，我们还是很难认为汉语中'被挨V'这种格式是合语法的。"（林璋，2005：148注①）

因此，在使用实例语料时，"首先需要验证实例语料本身是否合格"。（林璋，2005：148~149注①）

2. 语料的收集与使用

语法对比研究需要使用语料，这并不需要特别说明。问题在于对比研究需要两种语言的语料。如果是内省语料，那么语料的收集途径就跟研究者的语言背景有很大的关系。一个人所掌握的语言可以分为两种：母语和非母语。如果研究者是个双母语者，而研究的对象又恰好是其母语，那么研究者就可以根据自己的内省来收集语料。如果研究对象包括非母语，那么原则上说研究者不可以通过自己的内省来收集非母语的语料，尤其是跟运用有关的说法。本书将此称作内省语料的非母语限制。

要规避内省语料的非母语限制有两个途径：使用实例或向母语说话人调查。实例语料的获取主要有两个途径：阅读文献和语料库（或网络）检索。如果使用语料库（或网络）检索，那么在检索日语的表达式时，需要注意文字形式问题，如（23）。（23）是2009年4月26日通过网络检索得到的结果。

（23）a. ごあいさつ：1,630,000

b. ご挨拶：3,920,000

c. 御挨拶：1,380,000

d. 御あいさつ：1,280

向母语说话人调查主要有两种方法：问卷调查和田野调查。这两种调查得到的语料都属于内省语料，只不过不是基于研究者本人的内省。

内省语料和实例语料各有长处和短处。内省语料不仅可以证明"有"，还可以证明"无"。譬如可以说"被逼说谎"，但是不说"逼被说谎"。通过"无"，我们可以了解规则的使用界限。但是，在许多情况下，内省会受到语用因素的影响。就是说，往往会因为想不到合适的使用情景而影响到对正误的判断，如（24）。因此，实例语料——尤其是通过语料库检索得到的实例语料可以弥补语感的局限性。

（24）动词不表示变化，因而无所谓完成时，不能加"了$_1$"。
如"是、姓、好像、属于、觉得、认为、希望、需要、作为……"
＊他已经属于～老一辈｜＊我曾经希望～你去的
（吕叔湘主编，1980：315）

但是，至少其中的"是、姓、属于"是可以后续"了$_1$"的，如（25）。以我个人的语感来判断，（25）中各种说法都是很自然的。

（25）a. 只要女人可以做太太，管她什么美国人、俄国人。
难道是<u>了</u>美国人，她女人的成分就加了倍？
（崔山佳，1991）

b. 就说我们姓王的，东汉时代皇后，成捆皇上全是我们生的，末了江山也姓了王，我们说什么了我说什么了还不是忍着，有没有身份不在那个。

(王朔《玩儿的就是心跳》)

c. 它一旦形成就属于了每一个人，属于时间，属于某一个地域，比如属于整个华北或华南，属于欧洲或亚洲。

(张炜《伟大而自由的民间文学》)

d. 经过这么一段漫长的时间，期待、挣扎、奋斗……这个男人才属于了她，永不会再离开她了。

(琼瑶《船》)

就是说，实例语料可以用来证明"有"。但是，实例语料也有其局限性，那就是无法证明"无"，即无法证明规则的界限在哪里。因此，语料都是有缺陷的。如何使用语料，就看要证明什么。

内省语料的收集还有一种方法，可以最大限度地消除使用情景这个语用因素，那就是先获取相关的实例语料，然后进行改说，并通过母语说话人的语感对改说的结果进行可接受性判断，如（26）和（27）。

(26) a. 前面阅兵的仪式已快完毕了，人民解放军各兵种的整齐威武的队伍，已经浩浩荡荡走过天安门，向着庄严的西山走去。

(《冰心作品集》)

b. 前面阅兵的仪式已快完毕了，人民解放军各兵种的队伍，已经整齐威武地浩浩荡荡走过天安门，向着庄严的西山走去。

(郑丹青，2008)

(27) a. まっ赤な鳥が二羽草原の中から何かに怯えたよう

にとびあがって雑木林の方に飛んでいくのを見か
けただけだった。

（『ノルウェイの森』）
b.＊鳥が二羽草原の中から何かに怯えたようにまっ
赤にとびあがって雑木林の方に飛んでいくのを見
かけただけだった。

（郑丹青，2008）

（26）a 和（27）a 是实例语料，（26）b 和（27）b 是基于实例改说后得到的语料。

3. 语料平行的原则

在语法对比研究中，有必要使语料保持平行。这样有利于说明对比双方的异同。最容易取得的平行的语料是内省语料，而最不容易取得的是译文语料。

（28）与日语中表示结果的持续相对应的汉语表达，可以是名词或名词短语，因为汉语中名词或名词短语本身就有表示状态的功能，如以下几例：

18）民子はいつでも、すくすく泣いている声がしていたというので、今度は母が非常に立腹して、……/ 总听见民子抽搭搭的哭泣声，这下可把母亲惹怒了。(《高》226 页）

（张岩红，2000）

张岩红（2000）用的是现成的对译材料来做语法对比研究的语料。但是，这里忽略了一点，即译文并不总是跟原文对应的。就是说，翻译上所能容许的对应，和语法对比研究中所需要的对应是有差距的。从语法对比的角度看，这里的形式不对应。原文

是一个语法结构，而译文是一个词。如果要对应起来的话，应该如（29）。汉语中，"哭泣的声音"是可以说的，如（30）。

（29）a. 泣いている声—哭泣的声音　　　　　（语法结构）
　　　b. 泣き声—哭（泣）声　　　　　　　　　（词）
（30）大家商议定了，正准备搬动桌椅，忽然听见一阵阵<u>哭泣的声音</u>，从楼上隐隐约约地传下来。
　　　　　　　　　　（北京大学汉语语言学研究中心语料库）

语料的平行还可以是类型上的平行，如前面的（26）和（27）。（26）和（27）是谈论非作格动词句中修饰主语的形容词是否可以移动时所使用的例句。作为非作格动词这一类的语料，可以看作平行的。

三　小结

语料是根据研究目的和研究方法来选用的。语法对比研究中所使用的语料可以是内省语料，也可以是实例语料。这两种语料各有自己的长处和短处：内省语料可以用于证明"无"，而实例语料更适合于证明"有"。内省语料的收集，容易受到语用因素的制约，而且还存在非母语限制。在语法对比研究中，有必要尽可能地使用平行的语料。

第二节　汉日自指和转指的形式[*]

自指和转指的概念是朱德熙（1983）提出的，说的是"X的

---

[*] 原名《汉日自指和转指的形式》，载『日中言語対照研究論集』第20号，2018。本节是在提交给"第七届国际汉日对比语言学研讨会论文"（2005）的论文基础上修订而成的。其中的一些观点已经被黄毅燕《汉日指称化对比研究》（高等教育出版社，2014）等文献引用。

NP"中的"X 的"的两种不同指称功能。另外,单独使用的"X 的"也表示转指。自指和转指是名词性成分的指称功能,因此本节首先考察汉语"X 的 NP"中的"X 的"的性质,然后跟日语的同类格式进行对比。

从汉日对比的角度看,"X 的 NP"和"X 的"格式可以拆分为以下这样的对应关系。

汉语	日语
NP+ 的 +NP	NP+ の +NP
NP+ 的	NP+ の
VP+ 的 +NP	VP+ 连体形 +NP
VP+ 的	VP+ 连体形 + 形式名词

由此不难看出,两种语言在标记使用上有相同之处也有不同之处。本节将以统一的原则对汉日两种语言的自指和转指的形式进行描写。

一　汉语中的自指和转指

1. 前提

汉语中自指、转指的问题跟"的"有关。朱德熙(1980/1961)把"的"分为三个不同的语素,跟自指、转指有关的"的"为"的$_3$"。朱德熙(1980/1961)认为,由"的$_3$"构成的"X 的"和"X 的 NP"中的"X 的"都是名词性成分。

(1) a. 不要白的
　　b. 懂的少,不懂的多
　　c. 这张报昨天的

（朱德熙,1980/1961）

(2) a. 白的纸
　　b. 懂的人多，不懂的人少
　　c. 昨天的报

（朱德熙，1980/1961）

其中，"X 的"和其后的 NP 构成同位关系。（朱德熙，1980/1956，1982）

2. 自指的"的"和转指的"的"

由"的₃"构成的"X 的"并非都能够跟后续的名词构成同位语的关系。朱德熙（1983）把"谓词+的"（以下称作"VP 的"）①的语义功能分为自指和转指。"VP 的"格式只表示转指，"VP 的 NP"格式则分为两种："甲类的 VP 里都各有一个缺位，'VP 的'跟后头的中心语同格。离开中心语独立时，'VP 的'可以指代中心语。乙类的 VP 里没有缺位。修饰语'VP 的'和中心语之间没有同格的关系，'VP 的'不能指代中心语。"（朱德熙，1983）如例（3）。其中，甲类中的"VP 的"表转指，乙类中的"VP 的"表自指。

(3) a. 开车的（人）[甲类]
　　b. 他开车的技术 [乙类]

（朱德熙，1983）

上文区分了"VP 的 NP"格式中"VP 的"的不同语义，同时也凸显出"D 的 =M 的 =A 的"（朱德熙，1980/1961）这个等式的不协调之处。朱德熙（1983）认为："表转指的'的'有两

---

① 为方便行文，本书把有谓词参与构成的句法结构称作"VP"，并且不区分动词性谓词和形容词性谓词。

方面的功能，一是语法功能的转化，就是名词化，二是语义功能的转化。……'木头｜外国｜我哥哥'本来就是名词性成分，加上'的'以后，从一个名词性成分变为另一个名词性成分，语法功能没有变，可是语义功能变了。"但是，在这种状态下说"NP的"中的"的"和"VP的"中的"的"具有同样的"名词化"语法功能感觉不是太自然。而且，说法有些矛盾：前面说"语法功能的转化"，后面说"语法功能没有变"。

袁毓林（1995）借助谓词隐含的观念来解释"NP的"中"的"的名词化问题，解决了朱德熙（1983）的矛盾。进而，通过（4）说明"所谓自指的'VP+的$_s$'也有潜在的称代中心语的功能"（袁毓林，1995），并据此得出结论："'的'是一个表示转指的名词化标记。"

（4）a. 你在技校都学会了哪些技术？——开车的，修车的，多着呢。
  b. 小孩子爱听故事，特别是抓特务的。

（袁毓林，1995）

但是，这里依然存在两个问题。第一，"NP_1的NP_2"中，有的说法很难"找出"隐含的谓词，如（5）。而且，"NP_1的"和"NP_2"很难形成同位语的关系。

（5）明天的下午 房子的前面

（袁毓林，1995）

第二，"VP的NP"中的"VP的"有的无法构成转指，哪怕给它提供最强有力的语境支持，如（6）a；这种情况还出现在谓词为形容词的时候，如（6）b。

（6）a. "你是什么时候发现电脑染上病毒的？"

"开机的*（时候）"。

b. 这是从大的方面来说的，从小的*（方面）来说……

如果接受朱德熙（1980/1961）的分析方法，那么（5）和（6）中的"的"都属于"的$_3$"，即"X 的"为名词性成分。如果沿着这个路子分析下去，只能得出"X 的"有转指（构成同位语）和自指两种语义功能这样的结论。

二 同位语

1. 朱德熙认定的同位语

朱德熙（1980/1956，1980/1961，1980/1966，1982，1983）在对"VP 的 NP"进行的一系列研究中，首先发现"形容词＋的"可以指代后面的名词，如"白的纸"中，"白的"可以指代"纸"。因此朱德熙（1980/1956）认为"白的"是名词性成分，构成同位语，继而认为"名词＋的"和"动词＋的"跟"形容词＋的"一样构成名词性成分，跟后面的名词构成同位结构（朱德熙，1980/1961，1980/1966，1982）。到了朱德熙（1983），才把"的$_3$"分为表转指的"的"（构成同位语）和表自指的"的"（不构成同位语）。从这一系列论证可以看出，证明"形容词/动词/名词＋的"构成名词性成分的主要证据，是这种名词性成分可以跟后面的名词同格，表示转指；而表示自指的"的"构成名词性成分只不过是类推得出的结论。因此，"形容词/动词/名词＋的"的性质主要取决于是否跟后面的名词构成同位关系。如果不构成同位关系，那么"形容词/动词/名词＋的＋名词"的性质就跟单独使用的"形容词/动词/名词＋的"不一样。

同位关系是偏正关系中的一种，要求同位语在句法上必须是名词（或名词性成分），在语义上必须跟中心语同指。按照朱

德熙的分析方法,同位结构的基本规则是在隐去中心语的情况下,同位语可以指代中心语,而且同位语必须是名词性的。基于这种理解,朱德熙(1982)认为汉语的同位性偏正结构有以下四种类型:

(7) a. "人"字　　　　广东省　　　　老王同志
　　 b. 我李逵　　　　咱们中文系　　　人家小王
　　 c. 这本书　　　　两块钱　　　　五斤米
　　 d. 我的眼镜　　　新来的老师　　　他写的诗

（朱德熙,1982:144）

朱德熙(1982)指出,(7)a 和(7)d 两种格式中,可以插入"这/那+量词"(以下称作"指量短语")①,"插入这类成分之后仍旧是同位性偏正结构"(朱德熙,1982:145),其他两种格式不可以。但是,朱德熙(1982)没说明(7)b 和(7)c 为什么不能插入指量短语。我们认为这里存在以下两个问题。

第一,根据朱德熙(1982:151),"如果几个定语都不带'的',一般的词序是:(1)领属性定语,(2)数量词,(3)形容词,(4)名词",如(8)。

(8) 他₁那件₂新₃羊皮₄大衣　　（朱德熙,1982:151）

但是,朱德熙(1982)认为(7)a 中可插入指量短语,而(7)b 不行。根据以上(8)的规则,我们认为(7)b 中没有理由不能插入指量短语,而实际上插入指量短语的(9)b 是可接受

---

① 对指量短语的界定参照刘丹青(2005),即指量短语=指示词(+数词)+量词。

的。如果（7）a插入指量短语之后的（9）a能够分析为同位语，那么（9）b同样可以分析为同位语。

(9) a. "人"这个字　　广东这个省　　老王这个同志
　　 b. 我这个李逵　　咱们这个中文系　　人家那个小王

第二，朱德熙（1982）认为，像（9）a那样，"插入这类成分之后仍旧是同位性偏正结构"。但是，如果按照"同位性偏正结构的特点是定语可以指代整个偏正结构"（朱德熙，1982：144）这个规则来套的话，（9）a和（9）b一样都不是朱德熙（1982）意义上的同位性偏正结构，因为其中的中心语不能隐去，如（10）。

(10) a. "人"这个#（字）　　广东这个#（省）
　　　　老王这个#（同志）
　　　b. 我这个#（李逵）　　咱们这个#（中文系）
　　　　人家那个#（小王）

2. "X的"不构成同位语

朱德熙（1982）所列举的四种类型同位结构中，除了（7）c已经使用了指量短语而不能再次插入指量短语之外，其他三种都可以插入指量短语，如（11）。

(11) a. "人"这个#（字）　　广东这个#（省）
　　　　老王这个#（同志）
　　　b. 我这个#（李逵）　　咱们这个#（中文系）
　　　　人家那个#（小王）
　　　c. 我的这个（眼镜）　　新来的那个（老师）
　　　　他写的那首（诗）

如果按照朱德熙（1982）的规则，以中心语是否可以被隐去作为一个辨别的标准，那么只有（11）c 是同位结构，其他两种都不是。如果说同位语的必要条件是名词或名词性成分，那么真正的名词不能构成同位语而名词性成分才可以构成同位语，这是很不自然的。

我们可以这样来看中心语隐去前后的状况，如（12）。

（12）a. 广东$_i$这个省$_i$①　　我$_i$这个李逵$_i$
　　　b. 广东$_i$这个Ø$^*_{i/j}$②　　我$_i$这个Ø$^*_{i/j}$

如果"同位性偏正结构的特点是定语可以指代整个偏正结构"（朱德熙，1982：144），那么我们无法解释（12）b。因为隐去中心语之后，定语无法指代整个偏正结构"广东这个省"或"我这个李逵"。即，中心语隐去之后，指量短语前的名词无法跟被隐去的中心语同指。如果要使（12）b 成立，被隐去的部分应该是"广东这个（球队）"或"我这个（电脑）"。即，（12）b 中，"广东"和"我"只能解释为领属性成分。

朱德熙（1982：145）认为（7）a 格式中，插入指量短语后"仍旧是同位性偏正结构"。但是，插入指量短语后的（12）a 无法隐去中心语，即（12）b 中的定语无法指代整个偏正结构。我们认为，之所以出现这种差异，是因为"名词+指量短语+中心语"是个有歧义的结构。

（13）a. [广东][（省）]
　　　　[我][（李逵）]

---

① 这个例子的意思是："广东"与"这个省"同指。
② 这个例子的意思是："广东"与"这个Ø"同指时不成立；"广东"不与"这个Ø"同指时成立。

b. [广东][[这个][#(省)]]
　[我][[这个][#(李逵)]]
c. [广东][这个][(球队)]
　[我][这个][(电脑)]

（13）a 中，"广东"和"省"、"我"和"李逵"构成同位关系；在语义上，"广东"和"省"、"我"和"李逵"同指。（13）b 中，由于中心语"省"和"李逵"无法隐去，所以"广东"是跟"这个省"构成同位关系，而不是单单跟"省"构成同位关系。在语义上，"广东"和"这个省"同指。在（13）c 中，中心语"球队"和"电脑"可以隐去，但是在语义上"广东"和"球队"、"我"和"电脑"都不构成同指。如此看来，中心语是否可以隐去并不是鉴别同位结构的充分条件。因此，（13）a 和（13）b 是不同性质的同位关系；（13）c 则很难分析为同位关系，只能分析为非同位关系的多项定语。从语义上看，（13）b 的"这个"是描写性定语，而（13）c 的"这个"则是限定性定语。就是说，（13）b 和（13）c 是两种不同的结构，其同位关系可以分析如下。

（14）a. [广东]=[(省)]
　　　b. [广东]=[[这个][#(省)]]
　　　c. [广东][这个]=[(球队)]

（14）a 中，"广东"与"省"构成同位关系；（14）b 中，"广东"与"这个省"构成同位关系，因此"省"不能删除；（14）c 中，"广东"不与"球队"构成同位关系，与"球队"构成同位关系的是"这个"。朱德熙（1982：145）说："值得注意的是插入'这/那＋量词'以后，'的'字可以省去，例如：'我那副眼镜''新来那位老师'。"按照这个说法，"的"的有无是等值的。

这里的"我那副眼镜"和（13）c的"[我][这个][（电脑）]"一样，"我"不是"眼镜"或"电脑"，因此"我"无法与"眼镜"构成同位关系。

最典型的同位关系是"中国的首都北京"和"科研处处长张三"，同位语可以接受定语的修饰。但是，在"学院办公室的电脑"中，"学院"只能修饰"办公室"，而无法修饰"办公室的"。

（15）a. [[中国的][首都]] 北京
　　　　[[科研处][处长]] 张三
　　　b. [[学院][办公室] 的] 电脑
　　　　*[[学院][办公室的]] 电脑

因此，对"X 的"的性质，本书接受郭锐（2000）的观点，即把"X 的 NP"中的"X 的"看作修饰性成分，把用在主宾语位置上的"X 的"看作句法层面上的零标记词性转化的结果。因此，汉语中，只有不后续名词的"X 的"可以表示转指。我们认为"X 的 NP"格式中的"X 的"不是名词性成分，因此"X 的 NP"格式中的"X 的"既不表示转指，也不表示自指。至于"X 的 NP"格式中什么情况下 NP 可以脱落，本书总体上赞成袁毓林（1995）的分析。

三　日语的自指和转指

1. 名词的修饰成分

汉语中，名词、形容词作定语修饰名词时可以带"的"也可以不带"的"，如"木头的房子"和"木头房子"，"新的房子"和"新房子"（朱德熙，1982：145）。日语中，定语一般使用有标记的形式，如（16）。

(16) a. 私の本
　　 b. 三冊の本
　　 c. 新しい本
　　 d. これから行くところ

　　名词作定语修饰名词时，一般要后续格助词「の」，即使用「NP+ の +NP」的格式。日语的形容词和动词有形态特征。日语的形容词有不同的两套形态系统，使用其中一套形态系统的形容词叫"イ形容词"（传统语法中称作"形容词"），使用另外一套形态系统的形容词叫"ナ形容词"（传统语法中称作"形容动词"）。形容词和动词在用作定语时，总是使用自身携带的某个特定的形态（连体形），因此不再使用附加的形态标记。形容词和动词作定语的格式可以写作"形容词/动词＋连体形+NP"。也就是说，在日语中，当中心语名词接受定语的修饰时，定语成分必须使用某种句法上的连接手段①。名词使用附加的句法手段，即格助词「の」；而形容词和动词则使用自身携带的句法手段，即"连体形"。可以说，二者处于互补的状态。

　　汉语的定语，有使用句法标记"的"的，也有不使用"的"的。陆丙甫（2003）指出："指别词定语是典型的纯区别性定语，它们从来不带'的'。而复杂形式的形容词，即朱德熙所说的'状态形容词'，一般认为是纯描写性的，它们几乎永远带'的'。"因此，定语是否使用"的"成了区别描写性定语和指别性定语的标准。基于同样的认识，陆丙甫（2000）对汉语的"的"和日语的「の」做了对比，认为汉语的"的"是描写性的，日语的「の」是指别性的。

---

① 程度副词修饰方位名词、时间名词时不使用特定的句法连接手段，如：すぐそこ、少し上。

（17）指别词 数量词 名词 小句 简单形容词 复杂形容词
<u>　　　　　　　　　的　　　　　　　　　</u>
　　　　<u>　　　　の　　　　</u>

（陆丙甫，2000）

我们赞成把使用"的"的定语看作描写性定语，把不使用"的"的定语看作指别性定语；但是我们不赞成把日语的「の」看作指别性定语的标记。原因前面说过，即日语的定语总是使用有标记的形式，格助词「の」只不过是名词作定语的标记而已。陆丙甫（2000）认为日语的「の」具有指别性的一个重要依据是指别词用「の」做定语，如「この／その／あの本」。但是，现代日语中，「この／その／あの／どの」已经词汇化，不再是语法组合。因为现代日语中名词性的指示词是「これ／それ／あれ／どれ」，没有「こ／そ／あ／ど」这样的名词性的指示词[①]。

汉语中，名词可以用无标记的形式直接修饰名词作定语，因此（18）a 一般被看作句法结构，即偏正短语；而日语的定语一般采用有标记的形式，因此（18）b 是一个复合词。

（18）a. 电子词典 [定语＋中心语]
　　　b. 電子辞書 [复合词]

（18）b 是词而不是句法结构的证据是声调。现代日语中，一个词总有相对固定的声调。日语单词声调的规则有两条：①第一音拍和第二音拍必须有高低的变化，如（19）a，（19）b 是不成立

---

① 「この」系列的词，叫作连体词，是专门用来做定语的。另外，陆丙甫（2000）认为「の」不具有描写性的另外一个依据是「こんな／そんな／」做定语的时候不带「の」。「こんな」系列是"ナ形容词"（形容动词），只是活用体系不完整而已，在做定语的时候，以词干的形式直接修饰名词。

的；②一个单词只能有一个可连续的高音区，如（20）a,（20）b 是不成立的。

（19）a. LH, HL
　　　b. *LL, *HH
（20）a. LHH, LHL, HLL
　　　b. *HLH

「電子」和「辞書」都是①调的，即调型为 HLL 型和 HL 型。但是，(18) b 必须读作 (21) a, 读作 (21) b 是不成立的。由此可知，(18) b 是词而不是句法结构。

（21）a. LHHHL
　　　b. *HLLHL

2. 日语中修饰性成分的零标记转换

跟汉语一样，日语的定语也可以用作主宾语成分，只是现代日语中跟汉语一样以零标记（即不再附加名词化标记）的形式转换成名词性成分的只限于名词作定语的时候，如（22）。(22) a 是在句法层面上转化为名词性成分，表示转指。

（22）a. 私のはこれです。
　　　b. *新しいはこれです。
　　　c. *これから行くは博物館です。

不过，在日语的文言中，形容词和动词的连体形可以以零标记的形式转化为名词性成分。橋本進吉（1948：31）、時枝誠記（1954：24~29）观察到了这个现象，時枝誠記（1954：330~332）

认为这是连体形本身相当于名词性成分，例句如（23）。（23）a 和（23）b 为自指，（21）c 为转指。

（23）a. 言ふは易く、行ふは難し。（橋本進吉，1948：31）
　　　b. 春雨の降るは涙かさくらばな散るを惜しまぬ人し
　　　　 なければ……　　　　　　　　　　（『古今集』）
　　　c. 故きを温ねて新しきを知る。[『広辞苑』(第五版)]

　　汉语的指别词"这/那"可以在主语位置上转化为名词性成分。但是，日语的指别词「この/その/あの/どの」则无法进行这样的转换，因为现代日语中有现成的名词性指示词「これ/それ/あれ/どれ」。即，不必放弃现成词语而去进行句法上的转化操作。
　　从以上观察可以看出，现代日语中可以把修饰性成分以零标记的形式转化为名词性成分的只有"名词+の"一种形式，跟汉语的"X 的"转化为名词性成分一样，表示转指。
　　3. 日语中谓词性成分的有标记转换
　　日语的传统语法中，一些具有名词的语法特征而不具有名词的实质性意义的词称作形式名词，如「の、もの、こと、ところ」等。这种形式名词，在句法上的必要条件是必须接受定语的修饰。因此，不接受定语修饰的名词都不是形式名词，如（24）。

（24）a. ことの推移を見守る。
　　　b. 窓からものが落ちて来た。
　　　　　　　　　　　　　　　[『大辞林』(第二版)]

　　所谓形式名词，在词性上必须表现为名词，即必须具备名词的基本句法特征。因此在句法上，跟名词一样，除了可以接受定

语的修饰，还可以后续格助词。

（25）a. 大輔が公園へ行った。
　　　b. 教室に行ってみたところが、学生は一人も来ていなかった。
　　　c. 本を読んでいるところへ彼がやってくる。

（25）a中，「が」是主格助词，标记动作者；「へ」是补格助词，标记方向。但是，（25）b的「が」无法分析为主格助词，（25）c的「へ」也无法分析为标记方向的补格助词。因此，（25）b和（25）c的「ところ」都无法分析为形式名词，（25）b和（25）c的「ところが、ところへ」只能看作一个词（接续助词）。（26）中的「が、へ、を」可以分析为格助词，因此（26）中的「の、もの、こと、ところ」可以分析为形式名词。

（26）a. 新しいのが欲しい。
　　　b. 愛するものへ。
　　　c. この子は親の言うことを聞かない。
　　　d. ロボットが洗濯をしたり、お皿を洗っているところを想像してみてください。

4. 日语中有标记的自指和转指形式

日语的形式名词，从来源上看可以分为两类：①来自格助词「の」；②来自名词（包括动词的名词化形式）。

来自格助词的「の」可以表示自指和转指。形式名词「の」可以转指的语义角色有施事（不含被动句中的施事）、受事、结果、工具、与事、时间、场所；表转指的「の」可以构成的句子成分受到一定的限制，如指称施事的「の」不构成呼语，"形容

词+の"则可以构成呼语（黄毅燕，2005a，2005b）。表转指的「の」在句子中所承担的语义角色也受到一定的限制，如（27）。指代动作者的「の」，一般情况下不表示动作者，如（27）a；除非得到语境的强力支持，如（27）b；而指代感受者的「の」则可以表示动作者，如（27）c。看来，表转指的「の」是否可以表示动作者跟是否可以构成呼语之间有一定的关系。

（27）a. ?? バスを待っていたのが道を教えてくれた。
　　　b. 店員の棚を片付けていたのが教えてくれた。
　　　c. 背の高いのが道を教えてくれた。

形式名词「の」表自指的用法如（28）。

（28）a. 僕は大輔が公園で散歩しているのを見た。
　　　b. 月が出るのを待っていた。

与此对应的汉语说法如（29）。

（29）a. 我看到大辅在公园散步。
　　　b. 等待月亮出来。

日语中的自指有形式标记，汉语中没有。（29）中的划线部分是名词性的，是谓词的名物化（石定栩，2003）。如果从指称的角度来看，那么石定栩（2003）意义上的谓词名物化表自指。跟表转指的"X 的"在句法层面上零标记转换词性一样，表自指的名物化同样是句法层面上的零标记词性转化。

来自名词的形式名词多少带有原来名词的意义，因此那个形式名词是表自指（指事件本身）还是表转指（指事件的参与

者）相对比较明确。比如，「こと」来自表示事情的「事」，因此其本义应该可以表示自指，如（26）c。「もの」来自表示物品的「物」，也可用于表示人，因此其本义应该是表示转指的，如（30）a。「ところ」来自表示场所的「所」，因此其本义应该是表示转指的，如（30）b，但也有自指的用法，如（26）d。

（30）a. 私は大学で工学を勉強している<u>もの</u>です。
　　　b. 自分のいい<u>ところ</u>を見つけてみよう。

四　小结

本节首先对朱德熙（1983）的自指和转指的概念以及与之相关的研究做了分析，然后证明"X 的 NP"中的"X 的"不是名词性成分，因此"X 的"和后面的 NP 不构成同位关系。本书赞同陆丙甫（2000，2003）和郭锐（2000）的观点，认为"X 的 NP"中的"X 的"是修饰性成分；赞同郭锐（2000）把单独使用的"X 的"看作句法层面上的零标记词性转化。从平行的角度看：①日语中构成主宾语成分的"NP の"是句法层面上零标记名词化的结果，表示转指；②日语中 VP 在句法层面上的名词化是有标记的（形式名词），那些标记可以自指和转指；③汉语中 VP 的自指同样是句法层面上的零标记名词化的结果。

第三节　汉日传闻表达的平行分析法[*]

一　日语「そうだ」的语法分布

日语中有一个专门用来表示传闻的助动词「そうだ」，如：

---

[*] 原名《有关传闻表现的汉日对比》（合著），载《日语学与日语教学研究》编辑委员会编《日语学与日语教学研究——纪念顾明耀教授从教 40 周年》，西安交通大学出版社，2003。

（1）a. 天気予報によると、明日は雨が降るそうだ。
　　 b. 先生が出張したそうだ。

「そうだ」后续于用言或助动词的终止形。吉川武时（1989）、益冈隆志、田窪行则（1992）、砂川有里子等（1998）指出「そうだ」没有过去时的说法。

（2）a. *雨が降ったそうでした。

（吉川武时，1989）

　　 b. *去年の冬は寒いそうだった。

（砂川有里子代表，1998）

在"时"方面，日语只能区分过去和非过去，非过去包括现在和将来。由于传闻表达用于转述他人说过的话，因此（1）的「そうだ」不可能是将来时，而只能是现在时。

砂川有里子等（1998）还指出，「そうだ」没有否定的说法「そうではない」。

（3）*今年の冬は寒いそうではない。

（砂川有里子代表，1998）

此外，「そうだ」不用于表示假定的从句。

（4）*彼が行かないそうなら、教えてください。

以上看到的是「そうだ」本身的语法限制。「そうだ」是用来表示传闻的，即用来引用他人的说法，因此「そうだ」所后续的内容就是所谓的"引语"。从下面的例句可以看出，「そうだ」

的前面只能出现简体的说法，而不能出现敬体「です/ます」。这说明「そうだ」所引入的引语是间接引语，而不是直接引语。

（5）a. 田中さんが出張したそうです。
　　　b.*田中さんが出張しましたそうです。

二　汉语"据说"的语法分布

汉语中，跟日语的「そうだ」对应的形式是"据说"，如：

（6）a. 据说他昨天没来。
　　　b. 据说他明天不来。

汉语的"据说"同样没有过去时的用法，如（7）。

（7）a.*昨天据说他没来。
　　　b. 据说昨天他没来。

一般认为汉语没有"时"的语法范畴，我们这里不探讨这个问题。从（7）a可以看出，时间词"昨天"不能出现在"据说"之前，即不能出现在修饰"据说"的句法位置上。其实，不仅表示过去的时间词不能出现在"据说"的前面，表示将来和现在的时间词同样不能出现在"据说"的前面，如（8）。

（8）a.*明天据说他不来。
　　　b.*现在据说他不来。

有趣的是，日语的「そうだ」也不能与表示现在的时间词同现。

(9)*今，彼は昨日来なかったそうだ。

"据说"没有否定的说法，如（10）。

(10) a.*没据说他昨天没来。
　　 b.*不据说他昨天没来。

"据说"不能用于表示假定的从句，如（11）。

(11) a.*如果据说他不来，请马上告诉我。
　　 b.*假如据说他没来，请马上告诉我。

汉语的"据说"同样用于引入间接引语，而不适合于引入直接引语。

(12) a. 据说张老师出差了。
　　 b.*据说"张老师出差了"。

三　日语的「聞く」和汉语的"听说"

日语中，除了可以使用助动词「そうだ」来表示传闻，还可以使用动词「聞く」。从以下例句可以看出，动词「聞く」在构成传闻表达的时候，没有上述「そうだ」那样的语法限制，即可以使用过去时，如（13）a；可以被否定，如（13）b；可以用于表示假定的从句，如（13）c。

(13) a. 昨日、先生が出張したと聞いた。
　　 b. 先生が出張したとは聞いていない。
　　 c. どこかでパソコンの安売りをすると聞いたら、教

えてください。

但是，在传闻内容的方面，「聞く」跟「そうだ」一样受到限制，即不适合于引入敬体的说法，即不适合于转述直接引语。

（14）*田中さんが出張しましたと聞いています。

同样，汉语除了"据说"之外还可以用"听说"来构成传闻表达。由"听说"构成的传闻表达，可以接受表示过去的时间词"昨天"的修饰，如（15）a；可以被否定，如（15）b；可以用于表示假定的从句，如（15）c。

（15）a. 昨天听说他没来。
    b. 没听说他不来。
    c. 如果听说哪里电脑贱卖，请告诉我。

"听说"是动作动词，动作动词在否定的时候有"时"的限制。对过去的动作进行否定使用"没（有）"，对将来的动作进行否定使用"不"。由于传闻表达只用于转述他人已经说过的话，因此"听说"没有将来未然的说法。故而，在否定的时候，不使用"不"，只能使用"没（有）"，如（16）。

（16）a. *不听说他不来。
    b. 没听说他不来。　　　　　　　　　　（=15b）

这一限制同样适用于假定的说法，如（17）。

（17）a. 如果没听说他不来，就不要告诉我。

b.*如果不听说他不来，就不要告诉我。

跟日语的「聞く」一样，"听说"也不适合于引入直接引语。

(18)*听说"你们快点来！"

四 消息来源与传闻内容

传闻表达可以附带指出消息的来源。日语的「そうだ」可以跟「～によると/～によれば」或「～の話では」同现，如(19)。

(19)a.天気予報によると，明日は雨が降るそうです。
　　b.田中さんの話では，先生が出張したそうだ。

使用动词「聞く」的时候，则以「～から/に」表示消息来源，如(20)。

(20)a.先生が出張したと田中さんから聞いた。
　　b.先生が出張したと田中さんに聞いた。

汉语传闻表达的消息来源，则是以"据~说"或"听~说"的形式来表现的。

(21)a.据小王说，张老师出差了。
　　b.听小王说，张老师出差了。

在指出消息来源的时候，汉语还可以继续扩展，甚至可以改

变动词，如（22）。①

(22) a. 据小王私下里说，张老师出差了。
     b. 据新华社报道，……

另外，在指出消息来源的时候，作为消息来源的说话人跟传闻内容中的第一人称"我"不能指同一个人。

(23) a. *{据/听}小王$_i$说，我$_i$不用出差了。②
     b. {据/听}小王$_i$说，我$_j$不用出差了。③

传闻内容中的第一人称"我"只能解释为转述传闻内容的说话人。这说明，传闻内容只能是间接引语，而不能是直接引语。

日语的传闻表达也一样，传闻内容中的第一人称和作为消息来源的说话人不能指同一个人，「私」只能解释为转述传闻内容的说话人。这说明日语的传闻内容跟汉语一样，只能是间接引语，而不能是直接引语。

(24) a. 田中さん$_i$の話では、私 *$_{i/j}$は出張しなくていいそうだ。
     b. 私$_i$は出張しなくていいと田中さん*$_{i/j}$から聞いた。
     c. 私$_i$は出張しなくていいと田中さん*$_{i/j}$に聞いた。

---

① 据侯学超（1998），"据"是介词，可以构成"据+兼类词[名词/动词]"。
② 这个例子的意思是："小王"与"我"同指。
③ 这个例子的意思是："小王"不与"我"同指。

五 小结

从以上的对比可以看出,在传闻表达上,日语跟汉语基本上是平行的。其对应关系如表7-1。

表7-1 汉日传闻表达的句法分布

	过去	否定	假定	间接引语	直接引语
そうだ	×	×	×	○	×
据说	×	×	×	○	×
聞く	○	○	○	○	×
听说	○	○	○	○	×

从表7-1可以得出以下两个结论。

第一,汉日传闻表达有一个共同的特征,即在传闻内容方面,只引入间接引语而不引入直接引语。

第二,日语的「そうだ」和汉语的"据说"是一类;日语的「聞く」和汉语的"听说"属于另外一类。

汉语的"据说"类传闻表达,还有"据传、据称、据了解、据反映,据报告"等说法。

第八章　汉日语言体的对比研究

第一节　作为状态完成的结果维持 *

本节的研究对象是汉日两种语言中的体（aspect）的问题。对于体的理解，主要参照 Comrie（1976）、奥田靖雄（1978/1977，1978）和工藤真由美（1995）的理论，并在这些理论的框架下分析中日两种语言的持续体的问题。

本节考察下列例（1）中的体标记「ている」和例（2）中的体标记"着"的语义解释。

(1) a. 大輔が本を抱えている。
　　b. 大輔が座っている。
(2) a. 张三抱着书。
　　b. 张三坐着。

日语中，与「座る」同类的动词有「かがむ、こしかける、しゃがむ、たつ」等，以下称作「座る」类动词；与「抱える」同类的动词有「おぶう、かつぐ、くわえる、もつ」等，以下称作「抱える」类动词。汉语中，与"坐"同类的动词有"蹲、

---

* 原名《论作为状态完成的结果维持问题——汉日两种语言体的对比研究》，载《日语学习与研究》2004年第1期。

跪、趴、躺、站"等，以下称作"坐"类动词；与"抱"同类的动词有"背、叼、端、扛、提"等，以下称作"抱"类动词。

「ている」/"着"是多义的，可以表示动作的持续（进行体），也可以表示结果的持续，而实现为哪一个语义，首先与动词的语义特征有关。本节主要考察「ている」/"着"与上述动词结合时的语义解释。

一　动词的类与持续体的下位分类

在日语的体研究中，最早系统地探讨持续体标记「ている」跟动词语义特征的相关关系的是金田一春彦（1976/1950）。金田一春彦（1976/1950）的目的是给日语的动词分类，持续体标记「ている」被用作测试的手段。金田一春彦（1976/1950）的动词分类如图 8-1 所示。

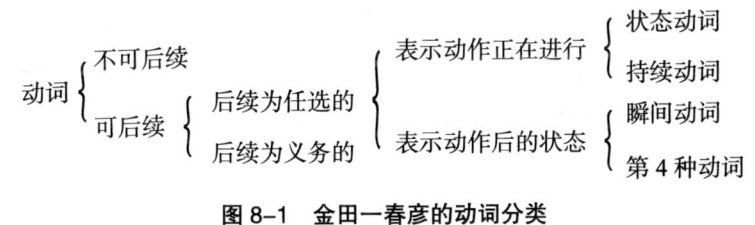

图 8-1　金田一春彦的动词分类

状态动词表示超越时间的观念，不能后续「ている」；其他三类可以后续「ている」。第 4 种动词不包含时间的观念，用于主句谓语的时候总是后续「ている」，因此后续「ている」是义务的。而持续动词和瞬间动词后续「ている」则是任选的。持续动词后续「ている」表示动作正在进行；瞬间动词后续「ている」表示结果的残存。

奥田靖雄（1978/1977，1978）对金田一春彦（1976/1950）的观点做了深入的剖析，认为体的研究首先应该考虑"完整体"和"持续体"的对立，对动词在体方面的语义特征的描写必须考

虑"完整体"和"持续体"两个方面。[± 持续性] 不是持续动词本身的语义特征，因此"持续动词"应该称作"表示动作的动词"，"瞬间动词"应该称作"表示变化的动词"。持续体标记「ている」①的基本语义是"持续"，它有时可以表示"动作的持续"，有时可以表示"变化结果的持续"。因此，持续体标记「ている」是多义的。

工藤真由美（1995）继承了奥田靖雄（1977，1978）的观点，把在"完整体"和"持续体"上具有体的对立的动作动词分为内在有界动词（主体动作・客体变化动词、主体变化动词）和非内在有界动词（主体动作动词），例（1）中的动词均为主体变化动词，其中「抱える」类动词归"主体变化・主体动作动词 [反身动词]"小类，「座る」类动词归"人的有意的（位置・姿势）变化动词 [不及物动词]"小类。

在汉语方面，马庆株（1981）把不能加"着"的动词叫作非持续性动词，把能够加"着"的动词叫作持续性动词。持续性动词又分为强持续性动词和弱持续性动词，"坐"和"抱"归入强持续性动词。

郭锐（1993，1997）认为"坐"不属于状态动词，而属于动作动词。

戴耀晶（1997）把"坐"称作姿势动词，把"抱"称作位置动词。在他的《现代汉语动词分类简表》中，第一步区分"静态"和"动态"，姿势动词和位置动词因为兼有静态和动态的特征，所以既不归于静态，也不归于动态，而是被处理为中间状态。

王学群（1999）根据工藤真由美（1995）的理论分析"着"，认为"坐"是变化动词，"坐着"表示结果的持续。

---

① 奥田靖雄（1978/1977，1978）用的是 shite-iru 的说法，本书统一使用「ている」这个说法。

方梅（2000）认为汉语的"坐"属于"动态＋持续性"的动词，"坐着"构成不完整体。①

彭广陆（2000）认为："日语的姿态动词具有变化义，而汉语的姿态动词则具有状态义，因此造成日语姿态动词的完成体表示姿态的变化，而在汉语中光杆姿态动词通常不能表示姿态的变化这一不对应现象。"②

从以上文献看，日语界一般认为日语中的「座る」和「抱える」是瞬间动词或有界动词，而汉语界则倾向于认为汉语中的"坐"和"抱"是持续动词。这个差别是非常大的。因此，下面我们首先来分析这两类动词的语义特征，然后再来看相应地具有这种特征的动词可以表示什么样的"体"的意义。

二 "坐"类动词和"抱"类动词

对日语的「座る」和「抱える」，工藤真由美（1995）认为它们属于内在有界动词，有界动词后续「ている」表示"结果的持续"。在这一点上，金田一春彦（1976/1950）和工藤真由美（1995）的看法是一致的。工藤真由美（1995）进而认为结果持续不属于不完整体，而是表示"状态的完成"。

对汉语的"坐"和"抱"，此前的研究多认为是无界动词③，主要依据是其可以后续"着"。彭广陆（2000）则明确指出日语的「座る」类姿势动词是有界动词，汉语的"坐"类姿势动词是无界动词。如果是这样的话，那么按照金田一春彦（1976/1950）和工藤真由美（1995）的理论来分析，汉语的"坐着"和"抱着"应该表示动作的持续，即动作正在进行，属于不完整体。但

---

① 方梅（2000）使用"完全体"（perfective）和"不完全体"（imperfective）的说法。
② 该文献的汉语表述为笔者所译。
③ 本节中，以下使用"无界atelic（动作）动词"和"有界telic（变化）动词"，而不使用"持续动词"和"瞬间动词"。

是，实际情况并非如此。接下来我们就来考察汉日两种语言的这两类动词。

彭広陸（2000）认为日语的姿势动词是有界的，具有"变化"的语义特征；汉语的姿势动词是无界的，具有状态性的语义特征。得出这一结论的主要依据是：日语的姿势动词可以用完整体的形式表示姿势的变化，而汉语的姿势动词无法以完整体的形式表示变化，汉语的姿势动词要表示变化，必须借助"起来/下去"之类的补语，如"坐下、站起来"。我们认为，汉语的姿势动词需要借助"起来/下去"之类的词汇手段来表示姿势的变化，并不说明汉语的姿势动词是具有 [+ 状态性] 语义特征的无界动词。

日语的移动动词「入る、出る」属于 [− 状态性，+ 有界] 动词，其完整体形式可以表示主体①的位置变化。汉语中相应的移动动词"进、出"，在不带宾语的情况下，要表示主体的位置移动，就必须伴随表示位置变化的词语，如"他进*（来）了""他出*（去）了"。而典型的 [+ 状态性，− 有界] 动词"有、在"则不能与具有 [+ 变化] 这一语义特征的"起来/下去"或"来/去"同现，即不说"有起来""有下"，也不说"在起来""在下去"。由此可见，在动词之后起补语作用的"起来/下去"或"来/去"等具有 [+ 变化] 这一语义特征的词语，只跟具有 [+ 动作性] 特征的动词同现，而不跟 [+ 状态性] 动词同现。因此，汉语的"坐"类动词不是状态动词。

这里根据 Comrie（1976）的定义来分析，Comrie 认为"体是情状的内部时间构成的不同观察方式"。对情状内部时间的观察方式有两种：一是从外部观察；二是从内部观察。从外部

---

① 为方便行文，本节使用"主体"的说法，而不区分"动作者（agent）"和"感受者（experiencer）"。

观察的时候，不区分情状的开始、中途或结束，因此得到的是一个完整的情状，用于表示这种情状的语法形式就叫作完整体（perfective）。从内部观察看到的是情状的各个侧面（phase），即开始、中途或结束，表示这种情状的语法形式就叫作不完整体（imperfective）。

典型的无界动词如"看、吃"，可以将动作的开始和结束分离开来，因此可以构成不完整体，如（3）和（4）。

（3）a. 大輔がそのりんごを食べはじめた。
　　　b. 大輔がそのりんごを食べおわった。
（4）a. 张三开始吃那个苹果了。
　　　b. 张三把那个苹果吃完了。

但是，典型的有界动词则不具有这个特征，即有界动词无法把动作的开始和结束分离开来，如（5）和（6）。

（5）a. *その犬が死にはじめた。
　　　b. *その犬が死におわった。
（6）a. *那只狗开始死。
　　　b. *那只狗死完了。

那么，汉语的"坐"和"抱"是什么动词呢？我们可以通过是否能够分离开始和结束来测试。

（7）a. *张三开始坐。
　　　b. *张三坐完了。
（8）a. *张三开始抱那本字典。
　　　b. *张三抱完那本字典了。

测试显示,汉语的"坐"和"抱"不能用于构成开始的侧面和终了的侧面。这一情形与日语的"座る"和"抱える"相同。

（9）a. *太郎が座りはじめた。
　　 b. *太郎が座りおわった。
（10）a. *太郎がその辞書を抱えはじめた。
　　　b. *太郎がその辞書を抱えおわった。

从以上测试可以看出,"坐""抱"的开始和结束无法分离,因此它们不是无界动词。它们跟日语的「座る」和「抱える」一样,都是有界动词。

如果以上测试是正确的,那么汉语的"坐着"和"抱着"就不表示动作的持续,也就不应该分析为不完整体,而应该分析为结果的持续。由此可见,对于汉语来说,动词是否可以后续"着"并不是用来区分有界动词和无界动词的可靠的测试手段。

在日语中,动作的持续和结果的持续,在形式上没有区别,都使用「ている」。

（11）a. 大輔がりんごを食べている。　　（动作的持续）
　　　b. 大輔が座っている。　　　　　（结果的持续）

但是,在汉语中,动作的持续和结果的持续在形式上可以区分:动作的持续使用"在",如（12）a；结果的持续使用"着",如（13）a。①

（12）a. 张三在吃苹果。　　　　　　　（动作的持续）

---

① "着"要表示动作的持续是有条件的,见本节第四部分。

b.*张三吃着苹果。
(13) a. 张三坐着。　　　　　　　　　　（结果的持续）
b.*张三在坐。
(14) a. 张三抱着 3 本字典。　　　　　　（结果的持续）
b.*张三在抱 3 本字典。

奥田靖雄（1994：36）指出，日语的「座る」既是动作动词又是变化动词，在持续体中表现为结果的持续，在完整体中表现为姿势的变化。汉语的"坐"类动词，在持续体中同样表现为结果的持续，在完整体中则表示动作而不表示姿势的变化，如例（15）。除了"坐"以外，其他姿势动词需要借助趋向补语才能表示姿势的变化。这说明，汉语的"坐"类动词既是动作动词又是变化动词。

(15) a. 请坐（下）!
b. 请站*（起来）!
c. 请躺*（下）!

汉语的"抱"类动词在完整体中同样需要借助趋向补语才能表示客体的位置变化，而日语的「抱える」类动词在完整体中可以表示客体的位置变化。

(16) a. 张三抱*（起）了那本字典。
b. 张三扛*（起）了那根原木。
(17) a. 大輔がその辞書を抱えた。
b. 大輔がその丸太を担いだ。

通过以上观察可以看出，汉语的"坐"类动词既是动作动词

又是变化动词。动作动词或变化动词的实现跟体有关，即在完整体中实现为动作动词，在持续体中实现为变化动词。日语的「座る」类动词在实现为动作动词的时候，包含主体的姿势变化；「抱える」类动词在实现为动作动词的时候，包含客体的位置变化，而客体的位置变化，最终又导致了主体的状态的变化。汉语的"坐"类动词和"抱"类动词在实现为动作动词的时候，不包含变化，即汉语的这两类动词本身只表示变化的结果，而变化的过程则需要通过趋向补语来表示。

三　结果的维持

金田一春彦（1976/1950）认为瞬间动词后续「ている」表示"结果的持续"，工藤真由美（1995）进而认为"结果的持续"就是"状态的完成"。不论如何分析，有一点是共同的，那就是动作已经结束，不再做那个动作了。

"穿"/「着る」类反身动词在持续体中可以实现为结果的持续，也可以实现为动作的持续。

(18) a. 大輔がセーターを着ている。　　　　（结果的持续）
　　　 b. 大輔が部屋でセーターを着ている。（动作的持续）
(19) a. 张三穿着毛衣。　　　　　　　　　　（结果的持续）
　　　 b. 张三在房间穿毛衣。　　　　　　　（动作的持续）

(18) a 和 (19) a 表示"穿"/「着る」这个动作已经完结，毛衣存在于那个人的身上，因此表示结果的持续，不表示动作的持续，即不构成不完整体。而 (18) b 和 (19) b 则表示动作正在进行，因此构成不完整体。

林璋（2002）根据句法功能把汉语的数量词分为达成量、同时量和属性量三类，并证明了各种数量词跟体的关系。其中，达

成量可以跟表示动作已经完结的完整体同现,如例(20)。达成量的句法特征是可以跟后续名词分离,如例(21)。跟不完整体同现的数量词是同时量,同时量不能跟后续名词分离,如例(22)。

(20) a. 他听了1个小时音乐。
　　　b. 他买了5本字典。
(21) a. 他音乐听了1个小时。
　　　b. 他字典买了5本。
(22) a. 他在穿2件毛衣。
　　　b. *他毛衣在穿2件。

表示结果持续的(19)a同样可以跟达成量同现,因此可以证明结果的持续蕴含着动作的完结,如例(23)。

(23) a. 张三穿着2件毛衣。
　　　b. 张三毛衣穿着2件。

"坐着"和"抱着"同样可以跟达成量同现,因此都是蕴含动作完结的格式。这同时说明"坐着"和"抱着"不构成不完整体。

(24) a. 张三抱着3本字典。
　　　b. 张三字典抱着3本。
(25) a. 门口坐着2个老人。
　　　b. 门口老人坐着2个。

尽管"穿着"、"抱着"和"坐着"都表示动作完结后的结果,但是从(26)和(27)的对比可以看出,其在主体是否干预结果方面显示出了差异。

（26）a. 张三吃力地穿着毛衣。

（a. 动作的持续；b.* 结果的持续）

b. 张三吃力地系着领带。

（a. 动作的持续；b.* 结果的持续）

（27）a. 张三吃力地抱着字典。

（a.* 动作的持续；b. 结果的持续）

b. 张三吃力地坐着。

（a.* 动作的持续；b. 结果的持续）

（27）的"穿"类动词因为用上了副词"吃力地"，所以整个句子解释为动作的持续，即"穿"类动词在表现为结果持续的时候不受主体的干预。而"抱着"和"坐着"则可以在表现为结果持续的时候受到主体的干预。这里，我们把（27）这种对动作完结后的结果的干预，叫作"结果的维持"。

工藤真由美（1995）在"主体变化・主体动作动词 [反身动词]"下分出两类：「着る」类动词和「抱える」类动词。但是，她没有说明划分的理由。从笔者的角度看，是否能够表示结果的维持同样适合于说明日语中的「着る」类动词和「抱える」类动词的区别。「座る」跟"坐"一样也可以在持续体中表示结果的维持。

（28）大輔がつらそうにセーターを着ている。

（a. 动作的持续；b.* 结果的持续）

（29）a. 大輔がつらそうに辞書を抱えている。

（a.* 动作的持续；b. 结果的持续）

b. 大輔がつらそうに座っている。

（a.* 动作的持续；b. 结果的持续）

以上分析表明，结果的维持属于结果的持续下面的一个小类。因为蕴含着动作的完结，所以不表示动作的持续，即不属于不完整体。

本节所说的结果的维持，指的是主体积极地干预动作的结果。换言之，主体需要通过消耗一定的体力来维持那个结果。

森山卓郎（1988）认为「し続ける」有两个意思：动作的持续和结果的维持。「窓を開け続ける」相应地可以解释为"开的结果的维持"和"开的动作的持续"。「座る」和「着る」后续「続ける」只表示结果的持续。但是，从以下的测试可以看出，在持续体中主体无法干预「着る」和「開ける」的结果。

（30）a. 大輔がつらそうにセーターを着ている。

（a. 动作的持续；b.* 结果的持续）

b. 大輔がつらそうに窓を開けている。

（a. 动作的持续；b.* 结果的持续）

由此可见，「着る」和「開ける」在持续体中无法接受主体的干预。因此，如果说「着る」和「開ける」可以表示结果的维持，那么这种维持是主体不作为的维持，即放任的维持、消极的维持。

四　小结

本节考察了汉语的"坐"类动词、"抱"类动词和日语的「座る」类动词、「抱える」类动词的语义特征及它们跟体的关系，并得出以下结论。

（一）汉语的"坐"类动词和"抱"类动词，既是动作动词，又是变化动词。在完整体中实现为动作动词，在持续体中实现为变化动词。日语的「座る」类动词和「抱える」类动词在完整体

中实现为动作动词的时候，具有变化的过程和变化的结果两个语义；而汉语的"坐"类动词和"抱"类动词在实现为动作动词的时候，只有变化的结果一个语义。

（二）"坐着""抱着"蕴含动作的完结，因此表示结果的持续，而不表示动作的持续，即不构成不完整体。

（三）结果的维持是结果持续下面的一个小类，说的是在结果持续的状态下，主体可以干预该结果。汉语的"坐"类动词、"抱"类动词以及日语的「座る」类动词、「抱える」类动词在持续体中都表示结果的维持。

第二节 "V上"和「V上げる/V上がる」构成的体*

汉语的"上"以"V上"的格式做补语时，可以构成起始体，表示状态的变化，如（1）。

（1）a. 住上别墅
　　b. 用上自来水

用作句子主动词的"上"，可以表示施事的位置变化（本书称之为"上$_1$"），如（2）a，还可以表示受事的位置变化（本书称之为"上$_2$"），如（2）b。

（2）a. 上车、上楼、上山、上街、上你们家
　　b. 上菜、上药、上油漆

---

* 原名《"V上"和「V上げる/V上がる」构成的体》，载张威主编《日本语言文化研究——日本学框架与国际化视角》，清华大学出版社，2008。

日语中，跟"上₁"意义相近的动词是「上がる」，跟"上₂"意义相近的动词是「上げる」，如（3）。

（3）a. 舞台に上がる｜教室内には土足で上がるな
　　　b. 本を棚の上に上げる｜客を座敷に上げる

（『明鏡国語辞典』）

「上がる／上げる」接在动词的连用形之后构成的合成词，可以构成终结体，表示动作的终了，如（4）。

（4）a. ほぼ削り上がったところで糸を通す穴をあける。
　　　b. 井戸を掘り上げた。

本节要探讨的问题是：汉语的"上"和日语的「上がる／上げる」意义相近，为什么一个构成起始体，而另一个却构成终结体？

一　"上"和「上がる／上げる」的语义特征

1. 动词"上"的语义特征

汉语"上₁"的基本句式是"上＋场所"，其基本义可以描写为：施事向更高的场所移动，到达并停留那里。"上₁"不仅可以表示空间上的向上移动，如上车、上楼；在（2）a中我们还可以看到"上街"这种水平移动的用法。"上₁"在发生这种移动方向变化的同时发生了停留义的消退。即"上街"与"上车"、"上楼"相比，"停留"的意思要模糊得多。

这种水平移动的极端可以说是"上厕所"，从语用的角度看，厕所是用于处理特定事情的地方，问题处理完了就会立即离开。因此，"上厕所"这个说法便带上了短暂停留之后离开的意思。

这种意思可以在句法上得到确认。

(5) a. 我上个厕所。
    b. ? 我上个车／楼／街。

"上厕所"有较明显的"短暂"义，因此可以跟表示短暂行为的动量词"个"同现，而"上车""上楼"等则很难跟动量词"个"同现。

"上₁"的用法中，比较特殊的说法是"上坡"。"上坡"的意思是先到达坡上，然后再向上移动。在具有"到达"义这一点上，其跟"上₁"的其他用法是一致的。

以上观察显示，"上₁"中较稳定的语义特征是 [到达]，[向上移动] 和 [停留] 的语义特征都不稳定。

汉语"上₂"的基本句式是"上＋受事"，其基本义可以描写为：使受事移动至某个场所并存在。这里不需要 [向上移动] 的语义特征。(2) b 的例子显示，"上₂"主要是使受事附着于物体的表面。较之"上₁"，[停留] 的语义特征加强为 [存在] 的语义特征，方向性则消退了。跟"上₁"一致的是 [到达] 的语义特征。

2. 动词「上がる／上げる」的语义特征

跟汉语的"上₁"较接近的日语动词是不及物动词「上がる」，跟汉语的"上₂"较接近的日语动词是及物动词「上げる」。

日语的「上がる」，辞典中列举出许多的义项，从大的方面看，有非作格动词的用法和非宾格动词的用法，分别见(6)和(7)。

(6) a. 舞台 [土俵・リング] に上がる
    b. 教室内には土足で上がるな

c. 今すぐお宅にお届けに上がります
(7) a. 今日はマダイが五匹上がった
b. 幕［軍配・遮断機］が上がる

（『明鏡国語辞典』）

跟汉语的"上₁"较接近的是非作格动词的用法，表示施事向更高的场所移动，到达并停留那里。(6)b 表示进入室内的意思，没有明显的[向上]的语义特征，可以解释为水平移动。另外，「上がる」还有心理上向上移动的用法，如(6)c。非宾格动词「上がる」是受事做主语，表示作为结果受事向上移动，但是不带有[到达]的语义特征。

日语的「上げる」是及物动词，《明镜国语辞典》中同样列举了许多义项，从大的方面看，作为 3 价动词使用时，其基本义是使受事向上移动，并存在于「に」格所标记的场所，如(8)。这里，受事可以是无生命体，如(8)a；也可以是有生命体，如(8)b。当受事是有生命体时，有使动的意思。

(8) a. 本を棚の上に上げる
b. 客を座敷に上げる

（『明鏡国語辞典』）

「上げる」作为 2 价动词使用时，只表示使受事向上移动，而不需要到达某个场所，如(9)a；甚至只要使受事的程度提高即可，如(9)b。

(9) a. 畳を上げて大掃除をする
b. テレビの音量を上げる

（『明鏡国語辞典』）

以上观察显示,「上がる/上げる」较稳定的语义特征是 [向上移动], [到达] 不是必备的语义特征。

二 "V 上"和「V 上がる/V 上げる」

1. "V 上"

"V 上"中的"上"在句法上构成补语。范晓(1995：326)认为,"V 上"可以构成"动补式"和"动态式"两大类句式;"动补式"又可以分为"动趋式"、"准动趋式"和"动结式"三小类句式,见例(10)。

(10) a. 跳上汽车　　　　　　　　　　（动趋式）
　　　b. 贴上邮票　　　　　　　　　　（准动趋式）
　　　c. 吃上好菜　　　　　　　　　　（动结式）
　　　d. 飘上雪花　　　　　　　　　　（动态式）
　　　　　　　　　　　　　　　（范晓,1995：326）

刘月华主编（1998）把"V 上"中的"上"分为趋向意义、结果意义、状态意义、特殊用法和熟语,如例（11）。

(11) a. 跑上山／追上了他　　　　　　（趋向意义）
　　　b. 点上灯／浇上水／答不上　　　（结果意义）
　　　c. 哆嗦上了　　　　　　　　　　（状态意义）
　　　d. 喝上两杯／取上钥匙　　　　　（特殊用法）
　　　e. 没顾上／谈不上／犯不上／舍上命　（熟语）
　　　　　　　　　　　　　（刘月华主编,1998：81~116）

于康（2006）认为"V 上"中的"上"可以分为物理性上方移动、心理性上方移动、附着与结果、状态变化与持续,以及达

到某种量，如例（12）。

(12) a. 爬上树 / 走上山岗　　　　　（物理性上方移动）
　　 b. 走上前线 / 寄上信　　　　　（心理性上方移动）
　　 c. 关上门 / 爱上他　　　　　　（附着与结果）
　　 d. 折腾上了 / 哆嗦上了　　　　（状态变化与持续）
　　 e. 看上几眼 / 干上一阵子　　　（达到某种量）
　　　　　　　　　　　　　　　　　（于康，2006：31）

我们认为，"V 上"中"上"的语义可以分为两大类：①施事或受事的移动＋到达，如例（13）；②到达事件发生的状态，如例（14）。

(13) a. 坐上公交车　　　　（空间的向上移动＋到达）
　　 b. 寄上相片　　　　　（心理的向上移动＋到达）
　　 c. 找上门　　　　　　（空间的水平移动＋到达）
　　 d. 赖上他　　　　　　（心理的水平移动＋到达）
(14) a. 哆嗦上了　　　　　（到达事件发生的状态）
　　 b. 睡上两个小时　　　（到达某个数量）

"V 上"中的"上"都具有 [到达] 的语义特征，而是否具备 [移动] 的语义特征是区分两种类型的关键。"V 上"中"上"的语义扩展，不仅经历了施事或受事的向上移动→水平移动的过程，还经历了 [移动] 这一语义特征脱落的过程。[移动] 这一语义特征的脱落，为"上"用于表示"到达事件发生的状态"，即"上"指向事件铺平了道路。

"到达事件发生的状态"内部，其实还可以分出一些小类，如例（15）。

(15) a. 用上新学的招式 / 说上话
   b. 关上门 / 闭上眼睛 / 合上书本
   c. 点上蜡烛

（15）a 的"招式"和"话"分别是"用"和"说"的结果，虽然"招式"和"话"最终都会传递到特定的对象那里，但是这里并不表示"招式"或"话"的移动。（15）b 虽然都表示受事的状态变化，但是依然很难解释为受事的移动。同样，（15）c 也不宜解释为施事或受事的移动。我们认为，"到达事件发生的状态"可以对例（15）的各个用法做统一的解释。"用上新学的招式"就是"用新学的招式"这个事件的实施，"关上门"就是"关门"这个事件的实施，等等。当然，我们还应该看到，例（15）中，受事的"到达"以某种方式得到保留，因为"开上门"、"睁上眼睛"和"灭上蜡烛"的说法不成立。

2.「V上がる/V上げる」

「V上がる/V上げる」是合成词，其中「上がる/上げる」的语义可以分为两大类：①施事或受事向上移动，如例（16）；②到达动作的较高程度或结果状态，如例（17）。

(16) a. 一人ひとりに声をかける小林さんの背中に、男の子が乗り上がった。
   b. 彼女はすっと立ち上がり、踊りながら舞台の上に駆け上がった。
   c. 湯が沸き上がる / 泥が跳ね上がる
   d. 高い位置に持ち上げた水を落下させて発電する。
   e. 鯛を釣り上げる / 自動車が泥水を撥ね上げる

(17) a. 入賞者の名前を読み上げる / 歌い上げる

（到达较高程度）

b. 震え上がる / のぼせ上がる / 徹底的に調べ上げる /
ぴかぴかに磨き上げる / でき上がる / 晴れ上がる
（到达极点状态）

c. 編みあがる / 作り上げる / 焼きあがる
（到达动作的终结状态）

在①类中，「V上がる/V上げる」中的V可以表示施事或受事的移动，「上がる」可以是非作格动词，也可以是非宾格动词，相应地表示施事或受事向上移动，「上げる」表示使受事向上移动。在②类中，「V上がる/V上げる」中的V不表示施事或受事的移动，「上がる」和「上げる」都不表示施事或受事的移动，而表示V的动作或作用达到较高的程度，或达到该动作或作用的结果状态。由此可见，对「V上がる/V上げる」而言，施事或受事的向上移动或程度的提高是其基本意思，[达到]的语义特征则不是必需的。

三　差异分析

1. "上"构成的起始体和「上がる/上げる」构成的终结体

本节在 Comrie（1976）、奥田靖雄（1978/1977，1978）、工藤真由美（1995）的基本框架内解释体的问题，即体分为完整体（perfective）和不完整体（imperfective）。不完整体依动作的进程分为起始体、进行体和终结体。

汉语的"上"以"V上"的形式表示事件的开始，因此构成起始体，如例（18）。

（18）a. 住上别墅
　　　b. 用上自来水
　　　c. 吃上好菜

d. 飘上雪花
　　e. 哆嗦上了

　　例（18）中，"上"用于无界（unbounded）的动作性事件[①]，即删除"上"之后，"住别墅"等事件是无界的动作性事件，其中的宾语为无界名词。用上"上"之后，表示到达该事件发生的状态。作为语用解释，这个无界的动作性事件开始之后将进入持续的阶段。我们应该注意，[持续]仅仅是语用解释而不是"上"的基本语义特征。因为"V上"可以跟"突然"同现，而"突然"是无法跟典型的进行体或持续体同现的。

（19）a. 突然飘上雪花
　　　b. 突然哆嗦上了

　　日语的「上がる/上げる」以「V上がる/V上げる」的形式表示到达动作的终结状态，因此构成的是终结体，如例（20）。

（20）a. それから七日目の早暁、釈迦如来は見事に彫り上がった。
　　　b. 炊き上がった米が黄色になった。
　　　c. 井戸を掘り上げた。
　　　d. 厳選した国産素材を使用し、丹念に作り上げました。

　　虽然「V上がる/V上げる」可以表示到达较高的程度或极点状态，但是按照上述体的基本框架，只有到达动作的终结状态的用法才能够认定为体的用法。如例（20）所示，「V上がる/V

[①] 参见沈家煊(1995)。

上げる」中的 V 主要是创造义动词。创造这个行为的最高阶段就是行为的终结。

「V 上がる /V 上げる」构成终结体而不是完整体，可以通过例（21）得到验证。

（21）a. 1 時間＊（で）ご飯が炊き上がった。
　　　b. 3 日間＊（で）井戸を掘り上げた。

创造义动词「炊く」和「掘る」都是无界（atelic）动词（林璋，2004），如果「上がる / 上げる」不影响动词有界 / 无界的属性，那么由无界动词构成的无界情状应该可以跟「1 時間」或「3 日間」这样的时段名词同现。「V 上がる /V 上げる」无法跟「1 時間」或「3 日間」同现，而只能跟「1 時間で」或「3 日間で」同现，说明「V 上がる /V 上げる」构成的是有界的情状。

2. 差异的原因

虽然汉语的"上"和日语的「上がる / 上げる」的基本义都是施事或受事向上移动，但是汉语的"上"最稳定的语义特征是 [到达]，而日语的「上がる / 上げる」最稳定的语义特征是 [向上移动]。

"上"所表示的 [到达]，是从非 A 场所移动至 A 场所之后的到达。因此，在"上"用于事件时，同样表示从非 A 事件向 A 事件的到达。到达 A 事件，意味着 A 事件得以实施，因此"上"表示起始体。

当「上がる / 上げる」从施事或受事的向上移动扩展为动作的向上移动时，这种向上移动则用于表示该动作的不断进展，或者说动作程度的不断提高。这里，用于表示受事的状态变化的动作比较容易带有变化的终极状态，其中创造物的终极状态就是创造物的形成，而创造物的形成就是创造这个行为的终结。因此，

「上がる/上げる」最容易跟创造义动词一起构成终结体。

四 小结

同样表示施事或受事位置变化的汉语的"上"和日语的「上がる/上げる」，在构成体的时候却出现了较大的差异，"V上"构成起始体，「V上がる/V上げる」构成终结体。我们认为，这种差异应该来自二者的基本语义特征。

汉语的"上"可以表示施事的移动也可以表示受事的移动，而日语中表示施事移动的是非作格动词「上がる」，表示受事移动的是非宾格动词「上がる」和及物动词「上げる」。本节对上述动词做了粗略的考察，其结果证实了我们的想法。"上"的基本语义特征是[到达]，而「上がる/上げる」的基本语义特征是[向上移动]。这种基本语义特征的差异，最终导致它们各自在构成体的时候的差异。

第九章　汉日语态、情态对比研究

第一节　汉日两种语言中的施事主语被动句[*]

《"被"字被中国网民票选为"2009汉语第一字"》——这是"中国新闻网"2010年2月6日一篇报道的标题，这里的"被"是被动标记。

说起被动句，施事不作主语是原则，但是近年来，像例（1）这样的施事作主语的被动句突然在中国流行起来，成为热门话题。

（1）a. 白岩松"<u>被自杀</u>"再敲网络监管警钟

（新华网江西频道，2009年10月30日）

b. 郭晶晶霍启刚十次"<u>被结婚</u>"

（人民网，2010年1月9日）

c. 然而，足协官员在大战前夕发出如此感慨，是否会再次让人感觉北京国安"<u>被夺冠</u>"呢？

（人民网重庆视窗，2009年10月31日）

上述例子引自中国主流媒体的官方网站。从形式上看，VP

---

* 原名「中日両言語における動作主主語受動文」，载『日中言語研究と日本語教育』第3号，2010。蔡妍译。

的施事是"被 VP"的主语。

日语被动句有多种句式，如直接被动句、间接被动句、所有者被动句等，但施事主语被动句似乎未见有人讨论。比如以下这样的例句。

（2）a. その1週間後の10月3日、住民が避難生活を続ける現地をさらに台風17号が襲い、新たに17万人が避難を余儀なく<u>された</u>。

（asahi.com，2009年10月16日）

b. 日本の長期的なデフレ傾向のために、日本銀行は95年以来短期市場金利を0.5％以下という超低水準に維持することを余儀なく<u>されてきた</u>。

（NIKKEI NET ビジネスコラム，2010年1月8日）

例（2）的两个句子都是被动句，但（2）a 的主语「17万人」是「避難」的施事，（2）b 的主语是执行「維持すること」动作的「日本銀行」。也就是说，日语中也存在施事主语被动句。

本节将从对比语言学的角度来描写这种施事主语被动句。

一　施事主语被动句的语用特征

1. 汉语的施事主语被动句

汉语的施事主语被动句，最早的用法是"被自杀"。"被自杀"之所以成立，是因为有以下三方的参与。首先，A 这个人死了。其次，B 断言 A 的死亡是自杀。然后，C 说 A "被自杀"。也就是说，C 通过使用被动句来否定 B 的判断。并且还显示 B 的判断导致 A "受害"。其中的"否定性"和"受害"是汉语施事主语被动句的特征，且贯穿之后出现的相同模式的说法中。

（1）a 中，施事"白岩松"没有自杀，但部分媒体却报道说

他自杀了，这件事情在"被指自杀"的意义上使用了"被自杀"。(1) b 的"被结婚"也一样，当事人明明没有结婚，部分媒体却报道说已经结婚了，所以是被传结婚。但是，从形式上看，表示"被传"之意的内容并未形式化，其结果是以"被 VP"的形式出现，这里的 VP 是施事的动作。(1) c 的"被夺冠"，指的是中国足球联赛中作为施事的"北京国安"队的夺冠已被"内定"。也就是说，"被 VP"可以解释为人们认为施事实施了该动作。本书将施事主语被动句的这种用法称为"被传闻"。

汉语施事主语被动句的"被传闻"用法，除了（1）之外，还有"被增长、被就业、被失踪、被当爸、被当妈"等例子。

(3) a. 为何多数人感觉工资"被增长"？

（新华网，2010 年 1 月 25 日）

b. 教育部："被就业"只是极个别现象

（人民网，2009 年 7 月 28 日）

c. 许晴"被当妈"：神秘女儿竟是外甥女

（新浪网，2010 年 1 月 7 日）

此外，汉语的施事主语被动句还有"被慈善（被强迫做慈善）、被捐款（被强迫捐款）、被协查（被强迫协助调查）、被学习外语（被强迫学习外语）"等被致使的用法。

"被"字之后除了 VP 之外还能出现形容词，如（4），和名词，如（5）。

(4) a. "工资够高存着不用"，中国老百姓又"被富裕"了！

（新华网，2009 年 11 月 13 日）

b. 让群众从"被幸福"走向"真幸福"

（新华网江西频道，2009 年 8 月 3 日）

c. 河南荥阳全民慈善行动引议论 企业担心"被慈善"

（人民网，2009年10月20日）

（5）a. 王敏：皮革大王"被精神病"

（《竞争力》，2009年第9期）

b. 笔者想知道的是，这其中有多少是被网瘾的？

（新华网，2009年8月27日）

c. 刘翔"被绯闻"

（《西江都市报》，2009年12月11日）

此外，还有"被小康、被开心、被繁荣"等实例。就像这样，在使用过程中，主语的位置上出现了经历者和受事。为了与以往所说的"一般的被动句"相区别，本书将其统称为施事主语被动句。

2. 日语的施事主语被动句

下面是日本语能力测试一级的试题，正确答案都是被动句。

（6）前政権が崩壊してからというもの、この国では中小
　　企業の倒産、大手の企業の合併が続き、多くの人が
　　職場を離れることを_____。
　　A. 余儀なくしている　　B. 余儀なくされている
　　C. 余儀なくさせている　D. 余儀なくしてもらっている

（1995年）

（7）夏祭りの計画は、予算不足のため、変更を____。
　　A. 余儀なくした　　　　B. 余儀なくできた
　　C. 余儀なくさせた　　　D. 余儀なくされた

（2001年）

有趣的是，选项中出现了「余儀なくした」和「余儀なくし

ている」両個主動句，但均為錯誤答案。但是，筆者調査了近代以来的日語語料，発現「余儀なくする」的例子并不少。

(8) a. 物質的の欠乏が源因になったのか、または御常の再縁が現状の変化を<u>余儀なくした</u>のか、年歯の行かない彼にはまるで解らなかった。

（夏目漱石，「道草」）

b. ここで注目をひくことは、プロレタリア文学運動の退潮を<u>余儀なくした</u>社会事情は、同時に所謂純文学の作家たちの成長してゆく条件をも貧弱化せしめたことである。

（宮本百合子，「今日の文学の展望」）

c. <u>堕落の淵に落ち込むべく余儀なくして</u>しまった、と云っても過言でない。

（夢野久作，「東京人の堕落時代」）

不仅如此，「余儀なく」還能夠与「する」之外的動詞共現，而且「余儀なく」与動詞之間可以插入其他句子成分。

(9) a. 十年許り前に親父が未だ達者な時分、隣村の親戚から頼まれて余儀なく<u>買った</u>のだそうで、畑が八反と山林が二町ほどここにあるのである。

（伊藤左千夫，「野菊の墓」）

b. 僕は自分が自分に逆らって余儀なくこう心を<u>働かす</u>のか。

（夏目漱石，「彼岸過迄」）

c. 岸本は出したくない顔を余儀なく窓の外へ<u>出した</u>。

（島崎藤村，「新生」）

d. 他に頭を下げる事の嫌な健三は窮迫の結果、余儀なく自分の前に出て来た彼を見た時、すぐ同じ眼で同じ境遇に置かれた自分を想像しない訳に行かなかった。

(夏目漱石,「道草」)

也就是说，无论行为本身是多么不得已，都可以用施事作主语的主动句来表达。现在大家只能接受「余儀なくされる」这个被动的说法，也许只能说是现代人的语感发生了变化。

二　施事主语被动句的语法特征

1. 日语的施事主语被动句

日语的施事主语被动句，除了上文提及的「余儀なくされる」之外，还有「～させられる」。

(10) a. 県警は、円山さんは6日に自宅を出た後、何者かに睡眠導入剤を飲まされ、摩尼川で殺害されたとみて、川の周辺で目撃者を探している。

(asahi.com, 2009年11月10日)

b. 教室は食育推進計画に盛り込まれ、初めて開かれた。「おばあちゃんの所に子どもを預けたら、お菓子をたくさん食べさせられた」などと、食に関する世代間ギャップに悩む母親から相談を受けたことがきっかけ。

(asahi.com, 2010年1月5日)

c. 判決後、男性4人、女性2人の会社員らが記者会見に応じ、「審理は長かった」「家族のきずなを考えさせられた」などと3日間の裁判を振り返った。

(asahi.com, 2010年2月5日)

上述表达形式先前是以"致使被动"(使役受動)(前田直子,1989)或"致使被动"(使役受身)(庵功雄等,2000,2001)的名目讨论的,但这个术语说的是SOV型语序的日语中"致使"和"被动"之间的位置关系,而在SVO型语序的汉语中,"致使"和"被动"的顺序是相反的。① 在对比研究时"致使被动"这种按照某个语言的语序命名的术语很难用。因此,本书将使用基于这一表达的语义命名的"被致使"这个术语。从本书的角度来看,例(10)这样的"被致使"的句子也可以看作施事主语被动句。例如,(10)a 中的「飲まされ」是"动词+致使+被动"的形式,但整体看来是被动句。「円山さん」是「飲む」的施事,也是被动句的经历者。②

这种施事主语被动句要成立必须有"他者"的介入。其句子结构可分析如下。

(11)动词 [施事] + 致使 [施事③] + 被动 [经历者]

这里,动词的施事和被动的经历者是同一个参与者。其间夹着一个作为致使施事的他者。关于施事主语被动句,庵功雄等(2001)是这样描写的:

(12) a. 意志动词的致使被动式一般用于依据他人的意愿——而非施事的自主意愿——实施的动作。
    b. 如果该事件对施事而言是好事,且该事件是在他人的许可下实现的,则使用「～させてくれる」或

---

① 汉语中,语法层面的致使标记和被动标记不能共现。被动标记与表示强制意的"逼"共现,采用"被逼VP"的语序。(参见林璋,2005)
② 石绵敏雄(1999:127)将被动句的主语看作"经历者"。
③ 石绵敏雄(1999:127)将使动句的主语看作"施事"。

「～させてもらう」。

c. 如果由于Y的缘故而引发「XがVする」这个事件，则使用致使被动句。此时，V是「悩む、驚く、びっくりする、落胆する、がっかりする」等表示情感的部分无意志动词以及「考える、反省する、思案する」等表示思考的动词。

（庵功雄等，2001：133）[①]

总而言之，施事主语被动句看起来似乎用于表达对施事而言不好的事情，但在（10）b这样施事为第三人称的例句中，其本人的判断无从知晓，认为不好的只能是说话人。所以，施事主语被动句也可用于说话人判断为不好的事情上。

日语施事主语被动句的另一种句式是（2）（6）（7）中的「余儀なくされる」，而在近代，「余儀なく」不仅可以用于（8）和（9）这样的主动句中，也可以用于（13）这样的被动句中。

(13) a.「それは、甲州の豪族の娘で、俗にお銀様といって、なかなかの代物だ、その人に我々が余儀なく頼まれてな。」

（中里介山，「大菩薩峠37　恐山の巻」）

b. その日は家へ帰っても、気分が中止の姿勢に余儀なく据えつけられたまま、どの方角へも進行できないのが苦痛になった。

（夏目漱石，「彼岸過迄」）

c. それは親となることを避けているのではないが、余儀なく男は父性から、女は母性から遠ざけられ

[①] 该文献的汉语表述为蔡妍所译。

ているのである。

（与謝野晶子，「母性偏重を排す」）

d. ……と云って出る所もないのだから出来ぬ辛抱を余儀なく強いられるのだ。

（黒岩涙香，「幽霊塔」）

不仅如此，以「余儀なくされる」的形式使用的例子中，既有普通的被动句也有本书所说的施事主语被动句。

（14）a. これは外国公使らの脅迫がましい態度に余儀なくせられたとのみ言えるだろうか。

（島崎藤村，「夜明け前第一部下」）

b. お前の個性が生長して今までのお前を打ち破って、更に新しいお前を造り出すまで、お前は外界の圧迫に余儀なくされて、無理算段をしてまでもお前が動く必然を見なくなる。

（有島武郎，「惜みなく愛は奪う」）

c. 文学に於ても、人物の性格風貌を描き出さんがためには、その人物に関する事実に一種の歪曲が余儀なくされる。

（豊島与志雄，「性格批判の問題」）

（15）a. この圧迫によって吾人はやむをえず不自然な発展を余儀なくされるのであるから、今の日本の開化は地道にのそりのそりと歩くのでなくって、やッと気合を懸けてはぴょいぴょいと飛んで行くのである。

（夏目漱石，「現代日本の開化」）

b. そのために一人の教師は、二倍の働きを余儀なく

されている。

（宮本百合子，「今日の日本の文化問題」）

c. おりからの悪病流行で、あの大名ですら途中の諏訪に三日も逗留を余儀なくせられたくらいのころだ。

（島崎藤村，「夜明け前第一部下」）

由上可见，近代日语中的「余儀なく」是副词性成分。但在现代日语中，"余儀なく"则是像（6）和（7）那样，以「余儀なくされる」的形式使用。

这种变化可以解释为该用法朝着词汇化的方向发展。《大辞林》（第二版）中收录了「余儀なくされる」，这大概是基于现代人的语感。也就是说，现代人倾向于将「余儀なくされる」看作一个词。如果承认「余儀なくされる」是一个词，我们就只能认定它为及物动词，但施事作主语且以被动形式出现的及物动词，这大概算是一个特例。

此外，「余儀なく」还用于被致使句中，语义与「余儀なくされる」基本相同。

(16) a. こういう道中をあまりしたことの無い豊世は、三吉と一緒に余儀なく歩かせられた。

（島崎藤村，「家」（下巻））

b. 下等な世間に住む人間の不幸は、その下等さに煩わされて、自分もまた下等な言動を余儀なくさせられるところにある。

（芥川龍之介，「戯作三昧」）

c. 生活環境を原因とする疾患のため、環境自体を変える必要があります。多額の資金を投入して新築した住宅なのに、住み替えを余儀なくさせられる

ことにもなるのです。

（NIKKEI NET,「知る・学ぶ欠陥住宅＆トラブル対処のイロハ（2010年版）」）

d. 田中達が左足を痛めた同じ試合で、田中達とともにＦＷの中心を占める玉田もハーフタイムに交代を<u>余儀なくさせられた</u>。

（NIKKEI NET, 連載企画:「日本サッカー世界への挑戦」・大住良之）

e. この時代、昆虫の行動研究で知られるジャン・アンリ・ファーブルは大学教授となるための財産基準を満たすべく、1866年より天然アリザリン精製の工業化研究に携わり、事業化に向けて一定の成果を収めてレジオン・ドヌール勲章の受章までしているが、グラーベらの合成研究の成功によって大打撃を受け、この事業から撤退を<u>余儀なくさせられ</u>、結局大学教授となる夢を断念している。

（アリザリン－Wikipedia）

被致使句即使没有「余儀なく」也能成立，但「余儀なくされる」要成立就必须解释为被致使。也就是说，施事主语被动句需要他者的参与。这里的他者不是某个人，而是某种状况。想来这与出现「余儀なく」的致使句的主语不是施事而是原因主语有着某种关联。

（17）a. <u>環境の悪化が</u>全住民の移住を余儀なく<u>させた</u>島もあり、人々の生活も深刻な影響を受けつつあります。

（asahi.com,「地球温暖化ストップに向けて今すぐ頭の切り換えを」）

b. App Store は、一部に問題があるもののモバイル
コンピューティングにおいて大きな成功を収め、
競合他社に同様の方法の採用を余儀なくさせて
いる。

(NIKKEI NET, 2009 年 4 月 24 日)

但是，在「V させられる」这个表达形式已经定型的语言环境中，在表示他者（=原因）的要素未被形式化的情况下「余儀なくされる」这种形式的施事主语被动句能够成立，委实令人费解。不过，从该句式的语义解释需要原因这个他者来看，「余儀なくされる」可以看作一种被致使句。

2. 汉语的施事主语被动句

汉语的施事主语被动句与日语一样，句子的成立需要有他者的参与。例（1）、例（3）、例（4）和例（5）中，他者均以某种方式参与其中，或做出判断，或传播谣言。尽管施事实际上没有实施该动作，但通过他者的判断或传闻，导致周围的人认为其实施了该动作，施事则因此蒙受损害。

彭咏梅、甘于恩（2010）将这种被动句认定为由双音节动词构成的新兴句式。然而，被动句中动词的音节数并不是问题所在，如例（18）所示，在施事主语被动句出现之前，双音节动词已经被用于被动句中了。

(18) a. 猪之所以被认为笨，是因为它长相丑。

(《中国儿童百科全书》, CCL 语料库)

b. 他强调，送院的 6 人均没有被怀疑感染非典，只有
一人需要留院接受治疗，现时情况稳定。

(新华社 2004 年新闻稿_001, CCL 语料库)

c. 这是河北省最大的一起汽车盗窃案，现在被移送检

察机关起诉的犯罪嫌疑人已经超过40名。

（新华社2004年新闻稿_001，CCL语料库）

汉语的施事主语被动句中虽然也能看出他者的参与，但与日语的「余儀なくされる」一样，他者的行为并未形式化。汉语中不存在与「Vさせられる」相当的语法形式。虽然施事主语被动句的成立是从语用解释开始的，但形容词和名词也同样能够成为施事主语被动句的谓语，由此可见，汉语的施事主语被动句具有很浓厚的构式色彩。

有趣的是，汉语的施事主语被动句在使用过程中，出现了被致使的用法。与日语的「Vさせられる」一样，汉语的施事主语被动句也表示施事受到他者的干预，实施了非本意的行为。也就是说，他者直接作用于施事。

(19) a.《威县大学生就业"被捐款"》

（中央电视台《焦点访谈》，2009年10月27日）

b. 2010寡妇年，今年你"被结婚"了吗？

（人民网，2009年12月8日）

c. 韦迪证实吕锋被协查

（中国新闻网，2010年2月2日）

d. "被学习外语"，本能要求还是效能捆绑？

（千龙网，2009年8月5日）

e. 幼儿园助学费高达数万　家长"被自愿"捐资助学

（新华网，2010年1月25日）

例（19）a的"被捐款"指的不是主语"大学生"接受捐款，而是被迫捐款。在他者直接作用于施事这一点上，该句与之前的例句不同，可以说这是被致使句。（19）b是被迫结婚的意思，

这个说法有以下这样的背景。中国民间至今仍然十分重视农历。2010年的农历没有立春，因此民间认为对准备结婚的人来说是不吉利的年份。为了避免在该年结婚，父母会催促他们在前一年结婚，这是常有的事。所以，这里的"被结婚"可以解释为被迫结婚。(19)c 的"被协查"也一样。"协查"是协助调查的意思，但该句中并非施事主动协助调查，而是多少带有调侃地表达被警方带走接受调查。

在这样的被致使句中，他者是致使者。日语的被致使句中可以出现致使者，如(10)a，但汉语的如(19)这样的被致使句尚未见到出现致使者的实例。

被传闻句中的他者虽然没有出现，但发挥着"信息提供者"的角色。在被致使句中，未出现的他者（＝致使者）的角色，可以解释为"指示者"。施事是接受他的指示而采取行动的。指示也可以看作一种信息，故而他者的角色由信息提供者变成了指示者。以指示者为他者的这种被致使句中的致使是强制致使。

3. 汉日施事主语被动句的异同

被动句的成立需要主语以外的他者参与。如上所述，汉日两种语言的施事主语被动句在语义上的共同点是都需要他者的参与。不同的是，他者本身是否形式化。汉语的施事主语被动句和日语以「余儀なくされる」为谓语的句子中，他者都没有形式化。在以「Vさせられる」为谓语的被致使句中，则可以出现他者。这一情况可以归纳如表9-1。

表9-1　汉日施事主语被动句中的他者

	他者参与的解释	他者的形式化
汉语施事主语被动句	○	×
日语「余儀なくされる」句	○	×
日语「Vさせられる」句	○	○

由表 9-1 我们可以看出有趣的关联性。他者未形式化的汉语施事主语被动句和日语「余儀なくされる」句，其谓语部分也不存在用于对应他者的形式。但是，在他者得以形式化的被致使句中则有用于表示他者（＝致使者）行为的形式。

(20) a. 県警は、円山さんは 6 日に自宅を出た後、何者かに睡眠導入剤を<u>飲まされ</u>、摩尼川で殺害されたとみて、川の周辺で目撃者を探している。

(＝10a)

b. 飲まされる：(円山さんが) 飲む + (何者かが) せる + (円山さんが) される

(21) a. その 1 週間後の 10 月 3 日、住民が避難生活を続ける現地をさらに台風 17 号が襲い、新たに 17 万人が避難を余儀なく<u>され</u>た。

(＝2a)

b. 余儀なくされる：(17 万人が) 余儀なくする + (∅ が) ∅ + (17 万人が) される

另外，汉语的"他被传自杀"和"他被逼做伪证"这样的句子中，表示传闻的要素"传"和表示致使的要素"逼"位于被动标记"被"与动词之间。因此，对汉语施事主语被动句可作如下分析。

(22) a. 白岩松"<u>被自杀</u>"再敲网络监管警钟　　(＝1a)

b. 被自杀：(白岩松) 被 + (∅) ∅ + (白岩松) 自杀

(23) a. 2010 寡妇年，今年你"<u>被结婚</u>"了吗？

(＝19b)

b. 被结婚：(你) 被 + (∅) ∅ + (你) 结婚

日语的动词和被动标记之间可以插入致使标记，但汉语却不行。作为结果，如（23）a 所示，汉语用被动标记表示被动和致使两种语义，构成被致使句式。如果想要表示被传闻和被致使的意思，也可以使用"被传 VP"和"被逼 VP"这样的说法，但这种说法不具有流行句式的新奇和冲击力。

三　小结

以上观察到的情况，可归纳如下。

（一）汉语中，以施事为主语的新型被动句通过被传闻的用法而成立。之后，还出现了被致使的用法。被动标记"被"字除了动词之外，还能与形容词和名词共现。因此，汉语施事主语被动句可以理解为一种构式。

（二）日语的「余儀なくされる」句也一样，尽管采用被动句的形式，但是其主语却是施事。近代日语中「余儀なく」可用于主动句，但在现代日语中「余儀なくされる」呈现词汇化倾向。日语中以施事作主语的被动句有被致使的「V させられる」。

（三）施事出现在主语位置上的被动句，在原理上需要他者的存在。表示他者行为的形式位于被动标记和 VP 之间。汉语的施事主语被动句和日语的「余儀なくされる」句中没有与他者相关的形式，他者的功能只能从语用角度进行解释。汉语中，这个他者从信息提供者变为指示者之后，被致使句便成立了。

（四）汉语的"被 VP"被致使句表强制致使，日语的「余儀なくされる」句表原因致使。

第二节　汉语"了"和日语「タ」的情态用法对比[*]

1. 汉语的"了"

汉语的"了",通常依其出现的句法位置分为"了$_1$"和"了$_2$"。

(1) a. 张三吃了2个苹果。
　　b. 张三吃(了)2个苹果了。

(1) a 的"了"出现在句中,是"了$_1$";(1) b 的"了"出现在句末,是"了$_2$"。而且"了$_1$"和"了$_2$"可以同现,如(1) b。"了$_1$"又叫作体助词、动态助词;"了$_2$"又被称作语气助词。但是,(1) b 中的"了$_2$"与其说是语气助词,不如解释为完成体(perfect)标记更合适。而"了$_1$"的主要用法,是在非状态谓语句中标记完整体(perfective)[①],在状态谓语句中标记起始体。其中,标记完整体的"了$_1$"同时还是过去时标记。(林璋,2004)

"了$_2$"的情态用法,在形态上除了"了",还有其语素变体"啦(la)、喽(lou)、嘞(lei)",如(2)。

(2) a. 下雨啦!
　　b. 开饭喽!
　　c. 下车嘞!

---

[*] 原名《汉语"了"和日语「タ」的情态用法对比——"发生"与"发现"》,载《外语研究》2010年第4期。
① 关于完整体(perfective)和完成体(perfect)的概念,参照Comrie(1976)、戴耀晶(1997)和林璋(2004)。

关于这些"啦、喽、嘞"的形成,有"了₂+X"的合音说(赵元任,1979/1968;朱德熙,1982)和音韵交替说(郭小武,2000)。不论它们是以哪一种方式形成的,其中都有"了₂"的参与,这一点是没有疑问的。

"啦、喽、嘞"除了以上"了₂+X"的用法之外,还有像(3)这样应该认定为单纯的语气助词的用法,不属于"了₂",因为这些"啦、喽、嘞"即便不用也不影响句子的成立。换言之,(3)中的"啦、喽、嘞"不是"了₂"的语素变体。

(3) a. 行了啦!
    b. 开业了喽!
    c. 天气好像好了嘞!

本节不讨论(3)这样的问题。本节主要讨论"了₂"中有关"发生"的问题,因此(2)中也只探讨用于已然事件的"啦"。

2. 日语的「タ」

日语的「タ」,除了标记"过去"和"完成",还有表示"发现"、"回想"、"知识修正"(井上優,2001;定延利之,2004)和"命令"之类的情态用法,如(4)。本节只探讨其中表示"发现"的「タ」。

(4) a. あ、あった。
    b. 君の発表は明日でしたっけ?
    c. 残念!正解はCでした。
    d. どいた、どいた。

关于"发现"的「タ」,有各种意见:有作为特殊的"时制"(tense)形式来处理的(寺村秀夫,1984),有主张与过去关联的

(井上優,2001),还有强调其过去性的(定延利之,2004)。这些研究都是从"时制"的角度来解释「夕」的"发现"问题。本节拟从完成体(perfect)的角度来探讨这个问题。

一 "了"的情态用法

1. "啦"的情态用法

"啦"是"了₂"在口语中的强调说法,即可以看作"了₂+强调"。

"了₂"基本上是用于标记完成体的(赵元任,1979/1968;林璋,2004;陈前瑞,2005)。所谓完成体,一般指在参照时之前发生的动作、作用在参照时依然有效。在现代汉语中,如果不对参照时做条件设定,那么默认的参照时就是说话时,这种完成体为现在完成。由于有说话时的参与,因此说话人就可能强调说话时的状态,如(5)B-b。

(5)A:他睡了吗?
　　B:a.(他)睡了。
　　　 b.(他)睡啦!

但是,如果对方用"了"的形式来询问过去的事情,就很难用"啦"来回答。当然,"啦"也并非绝对不能用于过去。以下的(6)B-b可以解释为说话人以不耐烦的口气回答。也就是说,加强语气的"啦"容易用于完成的事件,而不容易用于过去的事件。

(6)A:你昨天干啥了?
　　B:a.(我昨天)上街了。
　　　 b.?? (我昨天)上街啦!

可见，汉语的"了₂"可以用"啦"的形式来言说现在的状态。而且，"啦"还可以在非动词谓语句中言说现在的状态，如（7）。

（7）a."你怎么啦，阮琳？" （王朔《痴人》）
　　 b."不好，比那俩仲马俩托尔斯泰差远啦。"
　　　　　　　　　　　　　　（王朔《你不是一个俗人》）
　　 c."行啦，儿子。"马林生怪笑，"别这么大惊小怪的。跟你端着架子讲道理你嫌我假，真跟你说点实在的你又被吓着了。"
　　　　　　　　　　　　　　　（王朔《我是你爸爸》）

这里的"啦"是无法删除的，见（8）。因此我们可以认定这里的"啦"是"了₂"。"啦"有时也可以被删除，如（9），但是不能被删除的一定是"了₂"。

（8）a."你怎么*（啦），阮琳？"
　　 b."不好，比那俩仲马俩托尔斯泰差远*（啦）。"
　　 c."行*（啦），儿子。"马林生怪笑，"别这么大惊小怪的。跟你端着架子讲道理你嫌我假，真跟你说点实在的你又被吓着了。"
（9）a.谢谢（啦）！
　　 b.谢谢了！
　　 c.谢谢了（啦）！

（9）a的"啦"可以被删除，而如果不被删除，（9）a的意思和（9）b基本上是一样的。但是，（9）a的"啦"与（9）c不同。（9）c的"啦"出现在"了₂"之后，所以是单纯的语气助词，其语义与（9）a不同，表示说话人不耐烦的情绪。

2.特定构式中的"了₂"

说到"了₂"的情态用法,也许容易联系到(10)这样的感叹的用法。

(10)a.太好了/啦!
   b.太想家了/啦!

这是就眼前的状态发出的感叹,但是这个"了₂"应该是在"太+形容词短语/动词短语+了/啦"这个构式中表示感叹。

与(10)类似的说法还有(11),但是二者是不一样的。

(11)(这鞋子)太大了/啦。(我穿不了。)

(10)和(11)的差异,与"太"的意义有关。程度副词"太"有两种意思:表示程度非常高的"太₁"和表示超出某个基准的"太₂"。(吕叔湘主编,1980)(10)的"太"是"太₁",(11)的"太"是"太₂"。

这两种"太"在句法上的表现也不同。用"太₂"的(11),可以删除其中的"太"或"了"而句子的意义不变,如(12)。

(12)a.(这鞋子)太大。(我穿不了。)
   b.(这鞋子)大了/啦。(我穿不了。)

然而,用"太₁"的(10),若删除"太"则感叹的意义消失,若删除"了/啦"则句子不成立,如(13)。

(13)a.#好了/啦!
   b.*太好!

这说明，用了"太$_1$"的句子，只用于说现在的状态，以整个构式来表示感叹的意思。而用了"太$_2$"的句子则以某个基准状态为背景，以"了$_2$"来标记与之不同的现在状态。一般认为，"了$_2$"表示新状态。譬如"下雨了"，说的是先前不下雨现在下雨了，即现在的状态与先前的状态不同。（12）中言及两种状态的"了$_2$"的用法，可以认为是基于相同原理的用法，因此可以认为是标记完成体的"了$_2$"的扩展用法。

3. "发生"的情态

日语的「あ、あった」的「タ」表"发现"，汉语的"有了"中的"了$_2$"也有类似的用法。（14）、（15）和（16）是说话人突然想到好主意时说的话；（17）则是女子告诉他人自己怀上孩子时说的话。

（14）谢晋听我说了这个过程，笑眯眯地动了一会脑筋，然后兴奋地拍了一下桌子说："有了！你能送条子，那么，我可以进一步，送月饼！过几天就是中秋节，你告诉监狱长，我谢晋要为犯人讲一次课！"就这样，他为了让那个官员在监狱里过一个像样的中秋节，居然主动去向犯人讲了一次课。

（CCL 语料库）

（15）一时大家都默不作声。忽然，孙君拍了他肩膀一下，笑道："有了！有了！那舞女还对我说过那姨太太还有个弟弟在香港海关里做事，年纪同我差不多大小，我就来冒充一下吧。"

（CCL 语料库）

（16）过了一会儿，林枫头一抬，像突然想起甚高兴的事似的，冲口喊出："有了！""什么？""找咱们师叔去。"

（BCC 语料库）

（17）"祥子！"她往近凑了凑："我有啦！"

"有了什么？"他一时蒙住了。

"这个！"她指了指肚子。"你打主意吧！"

（老舍《骆驼祥子》）

以上四例中的"有了""有啦"，有一点与日语的「あ、あった」是相同的，即在说话时有对象。但是，有两点与日语不同：①汉语中用"了$_2$"的句子表示说话之前那个对象不存在，或那个对象的存在没有得到确认；②在说话时那个对象无法通过五官直接得到确认。对于上述例句中"了$_2$"的这种用法，本书称之为"发生"。

一般认为"了$_2$"表示新状态，本书基本上赞成这个观点。只不过，本书认为"了$_2$"不仅仅表示新状态的发生，在表示新状态的同时还暗示了与之不同的先前状态的存在。（7）a的"你怎么啦"说的是说话时确认的状况与先前的状况不同，（14）～（17）也一样，从"无"到"有"的状态变化已经完成，现在处于新状态。我们认为，"发生"可以解释为这种"了$_2$"的情态意义。

二 「タ」的"发现"情态

关于什么样的句子中的「タ」可以解释为表"发现"的「タ」，即对使用范围的认定，有各种各样的说法。最宽泛的认定包含动词谓语句和非动词谓语句，如「あ、笑った」以及「大きかったな～」之类。其中，最核心的是存在句。

日语的「タ」在非动词谓语句中仅限于作"过去"的解释，而在动词谓语句中可以有"过去"和"完成"两种解释（寺村秀夫，1984；工藤真由美，1995）。其中，表示"发现"的「タ」，迄今为止都是以"过去"的视角来解释的（寺村秀夫，1984；井上優，2001；定延利之，2004），本书认为，以"完成"的视角

来解释会更加简单明快。

日语的「タ」也和汉语的"了₂"一样,可以用完成体来言说现在的状况,如(18)。

(18) a. 困った。
　　　b. 見つかった。
　　　c. あ、あった。

(18) a 说的是现在处于非常麻烦的状况,(18) b 可以解释为在对象得到确认时说的话。二者都是就现在的状况进行言说的。而且跟汉语的"了₂"一样,(18) a 和(18) b 中的「タ」都是就新状态而言的。「困った」说的是现在的状态,该状态与先前的状态不同。「見つかった」也一样,其与先前无法确认的状态形成对立。(18) c 中表发现的「あった」也一样,说的是从无法确认的先前状态向可确认的现在状态的变化已经完成,重点在于可确认的现在状态。

(19)(捜査員が容疑者のアジトを捜索していて、床下に
　　　隠し金庫があるのを発見した。捜査員は金庫の中を
　　　調べながら本部に無線で連絡する。)
　　　床下に隠し金庫がありました。中に現金が入ってい
　　　ます。

（井上優,2001:142）

对于(19)的「タ」,井上優(2001:143)从过去的角度进行说明,并提到"用于暗示说话时之前有过观察行为"[①]。如果从

---

① 该文献的汉语表述为笔者所译。

完成的角度来看，由于发生了从无法确认的先前状态到可以确认的现在状态这种状态变化，因此眼前有这么一个保险柜。因为是现在完成体，所以现在这个时间发生作用，具备了后续「中に現金が入っています」这个说法的可能性。这一点与使用了动词「見つかる」的（20）a 相同。但是，如果（19）真是"过去"，就可以和表示过去的时间词同现，改为（20）b，那就非常不自然。

（20）a. 床下で隠し金庫が見つかりました。中に現金が入っています。
b. ?? 先ほど床下に隠し金庫がありました。中に現金が入っています。

定延利之（2004）举出以下的（21）和（22）来说明「代行者」。定延利之（2004）的设定是：（21）a 和（21）b 是目击者的证言，（21）c 和（21）d 是侦查人员将目击者的证言传达给上司时说的话。（22）的设定是：（22）a 和（22）b 尸检人员向上司报告时说的话，（22）c 和（22）d 是该上司在新闻发布会上发布尸检结果时说的话。

（21）a. 犯人は右手の指が一本ありません。

（目撃者→搜査員）

b. 犯人は右手の指が一本ありませんでした。

（目撃者→搜査員）

c. デカ長、新情報です。犯人は右手の指が一本ありません。

（搜査員→上司）

d. ?? デカ長、新情報です。犯人は右手の指が一本あ

りませんでした。

（捜査員→上司）

（22）a. 死体には目立った外傷はありません。

（検死官→上司）

b. 死体には目立った外傷はありませんでした。

（検死官→上司）

c. 死体には目立った外傷はありません。

（上司→公衆）

d. 死体には目立った外傷はありませんでした。

（上司→公衆）

将以上两组例句分别整理为（23）和（24），也许容易观察些。

（23）目撃者（「～る」/「～た」）→捜査員（「～る」/ ??「～た」）→上司

（24）検死官（「～る」/「～た」）→上司（「～る」/「～た」）→公衆

在这种接力报告中，处于中间阶段的侦查人员无法使用「～た」，但同样处于中间阶段的尸检人员的上司则可以使用。我们赞成定延利之（2004）的分析，即（22d）之所以能说，是因为尸检人员的上司具有部下的"代行者"的功能。即，由于是在现场看到并发现的，所以目击者、尸检人员及其上司可以使用「夕」。通过这两组例句，我们还能得到一点启示，那就是现场的发现可以不必限于在那个现场做即时报告。目击者的证言依据的是记忆，新闻发布会也不是发现的现场。在发现的现场以外的地方报告时，感叹的语气淡化，变为叙述的语气。

（21）和（22）的「タ」，从标记的性质上来看，应该是时标记，很难认定为完成体标记。但是，基于过去的视角，说其"接入点"（アクセスポイント）为过去，这种解释也有不容易说通之处。就以（21）和（22）来说，就现场得到的现在的状况，目击者、尸检人员和尸检人员的上司可以使用表示现在的「〜る」和表示过去的「〜た」两种说法。如果说因为接入点为过去所以使用「〜た」，或因为接入点是现在所以使用「〜る」，这很难成为有效的解释。问题在于，日语说话人为什么时而将接入点定于过去，时而将接入点定于现在。换言之，在表达现在状态的时候，说话人为什么要特意将接入点定在过去？寺村秀夫（1984）在解释「あ、あった」时，说那是因为"意象"（「心象」）是过去。具体说明见（25）。

（25）心中描绘某一事态——这里指教室里有伞——的那个意象，从说话时看是过去。如果单纯叙述现在那里有这个事实，就会用（95）[①]。另外，在单纯叙述过去那里有这个事实时，则说：
（96）サッキココニアッタ
（寺村秀夫，1984：105~106）[②]

但是，"心中描绘某一事态——这里指教室里有伞——的那个意象"为"过去"的解释是很难理解的。如果是"发现"了伞的存在，那么「あ、あった」则是以直觉脱口而出的感叹，应该没有过多的时间在心中描绘这个"发现"。发生于过去的"意象"，为什么可以用来表示通过"发现"而得以确认的存在于眼

---

① 这是原文例句编号，例句是：ア、アル。
② 该文献的汉语表述为笔者所译。

前的伞？我们认为，「あ、あった」这个说法不是就过去的"意象"本身而言的，而是就现在的存在状态而言的。

如果从完成体的角度来解释，那就简单多了。过去与完成的差别，简单地说在于是否与"现在"有关。所谓过去，与现在之间有着明确的界线。而完成，若是参照时为说话时的现在完成，其作用在于言及现在。如（18）所示，现在完成体言说不同于过去状态的现在状态，即可以说日语的现在完成体在表现现在状态的同时，也暗示着与之不同的过去状态的存在。而由「夕」所标记的状态则是新的状态。「夕」尽管从完成体标记经语法化而成为时标记，但是依然具有这种标记新状态的功能，只不过其意义进一步扩展，可以在言说现在状态的同时暗示存在不同于现在的过去设想的状态。（21）和（22）的「～た」就是表示这种意义的例子。可以说，这两组例子在言说眼前的新状态的同时，暗示存在过去设想的某种状态。这种解释可以得到以下语感说明的支持。

（26）在走访调查前，如果侦查员和上司事先对犯人的体貌特征有过思考或交流，如"说不定犯人右手手指不全""嗯，还真不好说啊"，那么例（9）①（删除「新情報です」这一部分的话）是自然的，否则使用不含「た」的句子（10）②来报告更自然。

（定延利之，2004：106）③

（27）譬如，假设说话人在山中漫步时发现了猴子，为其体型之大而惊讶，并对此进行表达。这时，看着硕大的猴子按例（17）这样说是自然的。

（17）大きいな～。

---

① 即本节中的（21）d。
② 即本节中的（21）c。
③ 该文献的汉语表述为笔者所译，下同。

而像例（18）这样说通常是不自然的。

(18) 大きかったな～。

至于例（18），如果说话人在看到猴子之前有过诸如"这个时期，这山里的猴子大概很大吧""不，也许很小"之类的犹豫，那么像「なんだ、大きかったな～」「やっぱり大きかったな～」这样就是自然的（暂且将此称作"犹豫效应"），如果没有犹豫效应就不自然。

（定延利之，2004：109~110）

这里说的"犹豫效应"，从本书的角度看，就是因为存在不同于眼前状态的过去设想的某种状态。

三　结语

本节探讨了汉语的"了₂"和日语的「タ」，得到以下结论。

（一）标记现在完成体的汉语的"了₂"及其强调形式"啦"可以言说现在的状态。在言说现在的新状态的同时，还暗示了与之不同的过去状态的存在。

（二）汉语的"（有）了/啦"有表示"发生"的情态用法。与日语的"发现"不同，"（有）了/啦"所表示的发生，说的是从"无"到"有"的状态变化已经完成，现在处于新的状态。其特征是，在说话的时点无法通过五官直接确认对象。

（三）日语中表"发现"的「タ」和汉语的"了₂"一样，是与现在完成体的原理相同的用法。表"发现"的「タ」，不论是体标记还是时标记，都表示在言说现在的新状态的同时，暗示存在与之不同的过去的状态，或过去设想的状态。

现在完成体表示过去发生的事情现在依然有效，现在处于那种影响之下。问题在于这里的"过去"这个时间。这里的"过去"如果离现在非常接近，那么那个过去的时点发生的事件就可

能被当作现在发生的事件。完成体原则上是就两个时点之间的关系而言的，也可以说是就两个时点的状态而言的。如果已经发生的事件被看作现在的事件，那么其结果就是，早于那个事件的状态成为不同于现在的状态。总之，需要表现两种状态。在这一点上，汉语和日语是一样的。日语中表"发现"的「タ」有时可以是时标记，但与完成体标记一样表示两种状态。时标记是完成体标记语法化而来的，在极为有限的范围内保有完成体标记的意义也不是太不可思议的事。

参考文献

《大学日语教学大纲》修订组编,1989,《大学日语教学大纲》,高等教育出版社。

曹广顺,1986,《〈祖堂集〉中的"底(地)""却(了)""著"》,《中国语文》第3期。

曹广顺,1995,《近代汉语助词》,语文出版社。

柴谷方良,1986/1982,《社会语言学和转换语法》,林璋译,《福建外语》第4期。

陈平,1988,《论现代汉语时间系统的三元结构》,《中国语文》第6期。

陈前瑞,2005,《句尾"了"将来时间用法的发展》,《语言教学与研究》第1期。

陈岩,1990,《对比·神似·汉化——试谈日译汉的三项原则》,《日语学习与研究》第1期。

陈泽平,1998,《福州方言研究》,福建人民出版社。

程雨民编著,1989,《英语语体学》,上海外语教育出版社。

崔山佳,1991,《"姓了"与"是了"》,《中国语文》第4期。

戴耀晶,1997,《现代汉语时体系统研究》,浙江教育出版社。

邓兆红、何世潮,2005,《英汉指示代词"的"与"that"的语法化对比》,《广西社会科学》第6期。

范继淹,1982,《是非问句的句法形式》,《中国语文》第6期。

范晓,1995,《"V 上"及其构成的句式》,载胡裕树、范晓主编《动词研究》,河南大学出版社。

方梅,2000,《从"V 着"看汉语不完全体的功能特征》,载中国语文杂志社编《语法研究和探索(九)》,商务印书馆。

弗朗西斯科·瓦罗,2003/2000/1703,《华语官话语法》,姚小平、马又清译,外语教学与研究出版社。

福建省地方志编纂委员会编,1998,《福建省志方言志》,方志出版社。

高名凯,1986/1948,《汉语语法论》,商务印书馆。

龚千炎,1991,《谈现代汉语的时制表示和时态表达系统》,《中国语文》第 4 期。

龚千炎,1995,《汉语的时相 时制 时态》,商务印书馆。

龚千炎主编,1994,《儿女英雄传虚词例汇》,语文出版社。

顾盘明,1995,《汉语动补结构与日语的对应关系初探》,《日语学习与研究》第 3 期。

顾伟,2006,《从翻译的角度分析日汉的使役表现》,《日语学习与研究》第 2 期。

郭锐,1993,《汉语动词的过程结构》,《中国语文》第 6 期。

郭锐,1997,《过程和非过程——汉语谓词性成分的两种外在时间类型》,《中国语文》第 3 期。

郭锐,2000,《表述功能的转化和"的"字的作用》,《当代语言学》第 1 期。

郭熙煌,1996,《试论对比语言学的理论基础与意义》,《湖北大学学报》第 2 期。

郭小武,2000,《"了、呢、的"变韵说——兼论语气助词、叹词、象声词的强弱两套发音类型》,《中国语文》第 4 期。

赫德森,1989/1980,《社会语言学》,卢德平译,华夏出版社。

侯精一主编,2002,《现代汉语方言概论》,上海教育出版社。

侯维瑞，1988，《英语语体》，上海外语教育出版社。

侯学超，1998，《现代汉语虚词词典》，北京大学出版社。

胡明扬、劲松，1989，《流水句初探》，《语言教学与研究》第4期。

黄毅燕，2005a，《日语的自指与转指初探》，载《日语研究》编委会编《日语研究》第3辑，商务印书馆。

黄毅燕，2005b，《"VP+的（+NP）"与「VP+[の/NP]」自指与转指的对比》，"第七届国际汉日对比语言学研讨会"，北京。

黄毅燕，2007，《"VP+的（+NP）"与「VP+'の/NP'」自指转指的对比》，《解放军外国语学院学报》第1期。

雷文治，1980，《例谈标点符号的用法》，天津人民出版社。

黎锦熙，1992/1924，《新著国语文法》，商务印书馆。

李如龙，1995，《泉州方言的体》，载张双庆主编《动词的体》，香港中文大学中国文化研究所吴多泰中国语文研究中心。

李如龙、梁玉璋、邹光椿、陈泽平编，1995，《福州方言词典》，福建人民出版社。

李铁根，1999，《现代汉语时制研究》，辽宁大学出版社。

林璋，1990，《论日语的句子》，载《解放军外国语学院学报》第1期。

林璋，1996，「品詞分類への試み」，载北京日本学研究中心编《日本学研究·5》，经济科学出版社。

林璋，1998，《日语授受关系试析》，《日语学习与研究》第1期。

林璋，2004，《"了$_1$"：从完整体标记到时标记》，载竟成主编《汉语时体系统国际研讨会论文集》，百家出版社。

林璋，2004，《论作为状态完成的结果维持问题——汉日两种语言体的对比研究》，《日语学习与研究》第1期。

林璋，2005，《汉日自指与转指的形式》，第七届国际汉日对比语言学研讨会论文，北京外国语大学。

林璋，2005，《日语中受益动词同现的句式》，载《日语研究》编

委会编《日语研究》第 3 辑，商务印书馆。

林璋，2008，《"V 上"和「V 上げる /V 上がる」构成的体》，载张威主编《日本语言文化研究：日本学框架与国际化视角》，清华大学出版社。

林璋，2008，《译文的质量指标——可接受性＋最大对应关系》，《日语学习与研究》第 4 期。

刘丹青，1995，《东南方言的体貌标记》，载张双庆主编《动词的体》，香港中文大学中国文化研究所吴多泰中国语文研究中心。

刘丹青，2005，《汉语关系从句标记类型初探》，《中国语文》第 1 期。

刘丹青编纂，1995，《南京方言词典》，江苏教育出版社。

刘勋宁，1985，《现代汉语句尾"了"的来源》，《方言》第 2 期。

刘勋宁，1988，《现代汉语词尾"了"的语法意义》，《中国语文》第 5 期。

刘勋宁，1995，《再论汉语北方话的分区》，《中国语文》第 6 期。

刘勋宁，1998，《秦晋方言的反复问句》，载刘勋宁《现代汉语研究》，北京语言文化大学出版社。

刘勋宁，2001，《新发现的〈老乞大〉里的句尾"了也"》，《中国语文研究》第 1 期。

刘月华主编，1998，《趋向补语通释》，北京语言文化大学出版社。

陆丙甫，2000，《汉语的"的"和日语的"の"的比较》，《现代中国语研究》第 1 期。

陆丙甫，2003，《"的"的基本功能和派生功能——从描写性到区别性再到指称性》，《世界汉语教学》第 1 期。

陆俭明，1982，《由"非疑问形式＋呢"造成的疑问句》，《中国语文》第 6 期。

陆俭明，1988，《现代汉语中数量词的作用》，载中国语文杂志社编《语法研究和探索（四）》，北京大学出版社。

吕叔湘，1999/1941，《释景德传灯录中在、著二助词》，载吕叔湘《汉语语法论文集（增订本）》，商务印书馆。

吕叔湘主编，1980，《现代汉语八百词》，商务印书馆。

马贝加，2002，《近代汉语介词》，中华书局。

马庆株，1981，《时量宾语和动词的类》，《中国语文》第 2 期。

马希文，1992/1982，《关于动词"了"的弱化形式 /·lou/》，载北京语言学院语言教学研究所选编《现代汉语补语研究资料》，北京语言学院出版社。

迈克尔·葛里高利、苏珊·卡洛尔，1988/1978，《语言和情景——语言的变体及其社会环境》，徐家祯译，语文出版社。

潘文国、谭慧敏，2005，《重建西方对比语言学史——洪堡特和沃尔夫对开创对比语言学的贡献》，《华东师范大学学报（哲学社会科学版）》第 6 期。

潘悟云，2002，《汉语否定词考源——兼论虚词考本字的基本方法》，《中国语文》第 4 期。

彭咏梅、甘于恩，2010，《"被 V 双"：一种新兴的被动格式》，《中国语文》第 1 期。

钱军，1990，《对比语言学浅说》，《外语学刊》第 1 期。

钱乃荣，2000，《体助词"着"不表示"进行"意义》，《汉语学习》第 4 期。

乔姆斯基，1979/1957，《句法结构》，邢公畹等译，中国社会科学出版社。

日语专业基础阶段教学大纲研订组编，1990，《高等院校日语专业基础阶段教学大纲》，高等教育出版社。

邵敬敏，1999，《关于疑问句的研究》，载吕叔湘等著、马庆株编《语法研究入门》，商务印书馆。

什维策尔，1987/1977，《现代社会语言学：理论·问题·方法》，卫志强译，北京大学出版社。

沈家煊，1994，《"语法化"研究综观》，《外语教学与研究》第4期。

沈家煊，1995，《"有界"与"无界"》，《中国语文》第5期。

沈家煊，1998，《语用法的语法化》，《福建外语》第2期。

石定栩，2003，《动词的名词化和名物化》，载中国语文杂志社编《语法研究和探索（十二）》，商务印书馆。

石毓智，2000，《语法的认知语义基础》，江西教育出版社。

宋玉柱，1992，《现代汉语语法基本知识》，语文出版社。

宋玉柱，1995，《论存在句系列》，载中国语文杂志社编《语法研究和探索（七）》，商务印书馆。

孙锡信，1997，《唐五代语气词的更迭》，载孙锡信《汉语历史语法丛稿》，汉语大词典出版社。

孙锡信，1999，《近代汉语语气词——汉语语气词的历史考察》，语文出版社。

索绪尔，1980，《普通语言学教程》，高名凯译，商务印书馆。

太田辰夫，2003/1958，《中国语历史文法》，蒋绍愚、徐昌华译，北京大学出版社。

覃远雄，2003，《汉语方言否定词的读音》，《方言》第2期。

汤珍珠、陈忠敏、吴新贤，1996，《〈宁波方言词典〉引论》，《方言》第1期。

汤珍珠、陈忠敏、吴新贤编纂，1997，《宁波方言词典》，江苏教育出版社。

陶红印，1999，《试论语体分类的语法学意义》，《当代语言学》第3期。

汪大昌，2003，《关于语句可接受程度的调查与分析》，《语言文字应用》第3期。

汪国胜，1999，《湖北方言的"在"和"在里"》，《方言》第2期。

王德春，1987，《语体略论》，福建教育出版社。

王健,2001,《"把OV在L"与"在LVO"的汉日对比》,《华中科技大学学报(社会科学版)》第2期。

王黎今,2008,《日语「受身文」和汉语"被"字句的语义对比研究》,《日语学习与研究》第6期。

王力,1980/1958,《汉语史稿》,中华书局。

王力,1985/1943-1944,《中国现代语法》,商务印书馆。

王学群,1999,「中国語の「V着」について」,『現代中国語研究論集』。

王曰和编,1981,《日语语法》,商务印书馆。

吴福祥,1998,《重谈"动+了+宾"格式的来源和完成体助词"了"的产生》,《中国语文》第6期。

吴福祥,2003,《汉语伴随介词语法化的类型学研究——兼论SVO型语言中伴随介词的两种演化模式》,《中国语文》第1期。

吴福祥,2005,《汉语语法化研究的当前课题》,《语言科学》第2期。

伍铁平主编,1993,《普通语言学概要》,高等教育出版社。

许余龙,1992,《对比语言学的定义与分类》,《外国语》第4期。

许余龙编著,2002,《对比语言学》,上海外语教育出版社。

杨素英,2000,《当代动貌理论与汉语》,载中国语文杂志社编《语法研究和探索(九)》,商务印书馆。

游汝杰,1993,《吴语里的反复问句》,《中国语文》第2期。

于康,2006,《"V上"中"上"的义项分类与语义扩展机制》,『言語と文化』第9号。

于日平,2007,《对比研究方法论的探讨——关于汉日语对比研究》,《日语学习与研究》第1期。

俞光中、植田均,1999,《近代汉语语法研究》,学林出版社

袁毓林,1993,《现代汉语祈使句研究》,北京大学出版社。

袁毓林,1993,《正反问句及相关的类型学参项》,《中国语文》

第 2 期。

袁毓林,1995,《谓词隐含及其句法后果——"的"字结构的称代规则和"的"的语法、语义功能》,《中国语文》第 4 期。

詹伯慧,1981,《现代汉语方言》,湖北教育出版社。

张伯江、方梅,1996,《汉语功能语法研究》,江西教育出版社。

张济卿,1996,《汉语并非没有时制语法范畴——谈时、体研究中的几个问题》,《语文研究》第 4 期。

张济卿,1998,《论现代汉语的时制与体结构(上)》,《语文研究》第 3 期。

张麟声,1993,「中日両語のアスペクト——「了」と「た」を中心に」,载《汉日语言对比研究》,北京大学出版社。

张岩红,2000,《"している+名詞"的汉日对比研究》,载北京外国语大学国际交流学院编《汉日语言研究文集(三)》,北京出版社。

赵金铭,1979,《敦煌变文中所见的"了"和"着"》,《中国语文》第 1 期。

赵世开、沈家煊,1984,《汉语"了"字跟英语相应的说法》,《语言研究》第 1 期。

赵元任,1979/1968,《汉语口语语法》,吕叔湘译,商务印书馆。

赵元任,1980/1968,《中国话的文法》,丁邦新译,中文大学出版社。

郑丹青,2008,『主語を修飾する形容詞の移動に関する中日対照研究』,硕士学位论文,福建师范大学。

周一民,1998,《北京口语语法(词法卷)》,语文出版社。

周长楫,1998,《厦门方言词典》,江苏教育出版社。

周长楫、欧阳忆耘,1998,《厦门方言研究》,福建人民出版社。

朱德熙,1980/1962,《句法结构》,载朱德熙《现代汉语语法研究》,商务印书馆。

朱德熙，1980/1956，《现代汉语形容词研究》，载朱德熙《现代汉语语法研究》，商务印书馆。

朱德熙，1980/1961，《说"的"》，载朱德熙《现代汉语语法研究》，商务印书馆。

朱德熙，1980/1966，《关于〈说"的"〉》，载朱德熙《现代汉语语法研究》，商务印书馆。

朱德熙，1982，《语法讲义》，商务印书馆。

朱德熙，1983，《自指和转指——汉语名词化标记"的、者、所、之"的语法功能和语义功能》，《方言》第1期。

朱德熙，1985，《汉语方言里的两种反复问句》，《中国语文》第1期。

朱德熙，1985，《语法答问》，商务印书馆。

朱德熙，1987，《现代汉语语法研究的对象是什么？》，《中国语文》第5期。

朱德熙，1991，《"V-neg-VO"与"VO-neg-V"两种反复问句在汉语方言里的分布》，《中国语文》第5期。

朱万清编著，1983，《新日本语语法》，外语教学与研究出版社。

朱彰年、薛恭穆、汪维辉、周志锋编著，1996，《宁波方言词典》，汉语大词典出版社。

祝畹瑾，1992，《社会语言学概论》，湖南教育出版社。

左思民，1997，《现代汉语体的再认识》，博士学位论文，上海师范大学。

左思民，1999，《现代汉语中"体"的研究——兼及体研究的类型学意义》，《语文研究》第1期。

左思民，2001，《汉语中时、体标记的合一型》，《现代中国语研究》第3期。

安平鎬、福嶋健伸，2001，中世末期日本語と現代韓国語のアスペクト体系—アスペクト形式の分布の偏りについて—」，

『筑波大学「東西言語文化の類型論」特別プロジェクト研究報告書』平成 12 年度Ⅳ。

李仙花，2003，「「てくれる」文と「てもらう」文について―成立条件と＜恩恵性＞を中心に―」，『文化』67（1・2）。

庵功雄、高梨信乃、中西久実子、山田敏弘，2000，『初級を教える人のための日本語文法ハンドブック』，株式会社スリーエーネットワーク。

庵功雄、高梨信乃、中西久実子、山田敏弘，2001，『中上級を教える人のための日本語文法ハンドブック』，株式会社スリーエーネットワーク。

石綿敏雄，1999，『現代言語理論と格』，ひつじ書房。

井上和子，1976，『変形文法と日本語（下）』，大修館書店。

井上優，2001，「現代日本語の「夕」」，つくば言語文化フォーラム『「夕」の言語学』，ひつじ書房。

今井忍，1993，「複合動詞後項の多義性に対する認知意味論によるアプローチ――「～出す」の起動の意味を中心にして」，『言語学研究』12。

今泉志奈子、郡司隆男，2002，「語彙的複合における複合事象―「出す」「出る」に見られる使役と受動の役割」，伊藤たかね編，『文法理論：レキシコンと統語論』，東京大学出版会。

奥田靖雄，1994，「動詞の終止形（その 2）」，『教育国語』2・12 号。

奥田靖雄，1978，「アスペクトの研究をめぐって」（上）（下），『教育国語』53 号，54 号。

奥田靖雄，1978/1977，「アスペクトの研究をめぐって――金田一的段階――」，『宮城教育大学国語国文』8，松本泰丈編『日本語研究の方法』，むぎ書房。

影山太郎，1993，『文法と語形成』，ひつじ書房。

影山太郎編，2001，『日英対照　動詞の意味と構文』，大修館書店。

菊田千春，2008，「複合動詞「Ｖかかる」「Ｖかける」の文法化―構文の成立とその拡張」，『同志社大学英語英文学研究』81・82合併号。

北原博雄，1998，「移動動詞と共起するニ格句とマデ格句――数量表現との共起関係に基づいた語彙意味論的考察――」，『国語学』195号。

北原保雄，1981，『日本語の世界6　日本語の文法』，中央公論社。

木村英樹，1982，「中国語」，森岡健二、宮地裕、寺村秀夫、川端善明編『講座日本語11：外国語との対照Ⅱ』，明治書院。

木村英樹，1997，「動詞接尾辞"了"の意味と表現機能」，『大河内康憲教授退官記念中国語学論文集』，東方書店。

金田一春彦，1974，「日本語と封建性」，文化庁『外国人のための日本語読本―中級―』，大蔵省印刷局。

金田一春彦，1976/1950，「国語動詞の一分類」，『言語研究』15，金田一春彦編『日本語動詞のアスペクト』，むぎ書房。

金田一春彦，1976/1955，「日本語動詞のテンスとアスペクト」，金田一春彦編『日本語動詞のアスペクト』，むぎ書房。

金田一春彦編，1976，『日本語動詞のアスペクト』，むぎ書房。

工藤真由美，1995，『アスペクト・テンス体系とテキスト――現代日本語の時間の表現――』，ひつじ書房。

国廣哲彌、柴田武、長嶋善郎、山田進、浅野百合子，1982，『ことばの意味3　辞書に書いてないこと』，平凡社。

倉光雅己、日髙吉隆，2004，「行為の授受表現「～てあげる/くれる」の文型と提示」，『創価大学別科紀要』16。

定延利之，2004，『日本語と中国語のとりたて表現の数量的側

面に関する認知的研究』，平成13年度～平成15年度科学研究費補助金（基盤研究C（2））研究成果報告書。

霜崎實，1983，「形式名詞「の」による代名用法の考察」，金田一春彦博士古稀記念論文集編集委員会編『金田一春彦博士古稀記念論文集　第1巻　国語学編』，三省堂。

社団法人日本語教育学会編，1982，『日本語教育事典』，大修館書店。

杉本武，1991，「「てしまう」におけるアスペクトとモダリティ」，『九州工業大学情報工学部紀要（人文・社会科学篇）』4。

杉本武，1992，「「てしまう」におけるアスペクトとモダリティ(2)」，『九州工業大学情報工学部紀要（人文・社会科学篇）』5。

砂川有里子代表，1998，『教師と学習者のための日本語文型辞典』，くろしお出版。

高橋太郎，1976/1969，「すがたともくろみ」，金田一春彦編『日本語動詞のアスペクト』，むぎ書房。

寺村秀夫，1982，『日本語のシンタクスと意味　I』，くろしお出版。

寺村秀夫，1984，『日本語のシンタクスと意味　II』，くろしお出版。

時枝誠記，1954，『日本文法　文語篇』，岩波書店。

時枝誠記，1978，『日本文法　口語篇』，岩波書店。

中川正之，1982，「中国語――とくに助詞「も」に対応する一音節副詞をめぐって――」，森岡健二、宮地裕、寺村秀夫、川端善明編『講座日本語11：外国語との対照II』，明治書院。

長嶋善郎，1997/1976，「複合動詞の構造」，斎藤倫明、石井正

彦編『日本語研究資料集　語構成』，ひつじ書房。

橋本進吉，1948，「国語法要説」，橋本進吉『国語法研究』，岩波書店。

姫野昌子，1977，「複合動詞「〜でる」と「〜だす」」，『日本語学校論集』4。

姫野昌子，1999，『複合動詞の構造と意味用法』，ひつじ書房。

福嶋健伸，2000，「中世末期日本語の〜テイル・〜テアルについて——動作継続を表している場合を中心に——」，『筑波日本語研究』第5号。

文化審議会，2007，『敬語の指針』，http://www.bunka.go.jp/1kokugo/pdf/keigo_tousin.pdf。

文化庁，1972，『日本語教育指導参考書2　待遇表現』，大蔵省印刷局。

彭広陸，2000，「日中両国語における姿勢動詞の比較」，『日中言語対照研究論集』第2号。

前田直子，1989，「「使役受動態」の意味と用法」，『言語・文化研究』7号。

益岡隆志、田窪行則，1992，『基礎日本語文法——改訂版——』，くろしお出版。

松田真希子，1993，「開始の局面動詞と副詞—「〜始める」「〜出す」「〜かける」—」，『日本語教育論集』5。

松本曜，1998，「日本語の語彙的複合動詞における動詞の組み合わせ」，『言語研究』114。

三上章，1970，『文法小論集』，くろしお出版。

森田良行，1978，「日本語の複合動詞について」，『講座日本語教育』14。

森山卓郎，1988，『日本語動詞述語文の研究』，明治書院。

矢澤真人，1985，「連用修飾成分の位置に出現する数量詞につ

いて」,『学習院女子短期大学紀要』23 号。
山田孝雄, 1908,『日本文法論』, 宝文館出版。
山田孝雄, 1936,『日本文法学概論』, 宝文館出版。
山田孝雄, 1954,『日本文法講義』, 宝文館出版。
山梨正明, 2000,『認知言語学原理』, くろしお出版。
山本清隆, 1984,「複合動詞の格支配」,『都大論究』21。
楊紅、柏崎雅世, 2006,「日本語教育の視点からの着の用法分析」,『東京外国語大学留学生日本語教育センター論集』第 32 号。
吉川武時, 1971,「現代日本語動詞のアスペクトの研究」, 金田一春彦編『日本語動詞のアスペクト』, むぎ書房。
吉川武時, 1989,『日本語文法入門』, アルク。
林璋, 1991,「文の構成と分析」, 北京日本学研究中心編『日本学論叢Ⅱ』, 外語教学与研究出版社。
林璋, 2001,「範囲と達成量」, 日中言語対照研究会第 4 回大会, 大東文化大学。
林璋, 2002,「中国語の数量詞とアスペクト」,『日中言語対照研究論集』第 4 号。
林璋、佐々木勲人, 2000,「福州語文法概要」,『筑波大学「東西言語文化の類型論」特別プロジェクト研究報告書』平成 11 年度Ⅲ（PartⅠ）。
林璋、佐々木勲人, 2000,「福州語文法概要——中国南方方言記述文法の作成に向けて——」,『筑波大学「東西言語文化の類型論」特別プロジェクト研究報告書』（平成 11 年度Ⅲ）。
林璋、佐々木勲人, 2002,「厦門語文法概要」,『筑波大学「東西言語文化の類型論」特別プロジェクト研究報告書』（平成 13 年度Ⅴ）。
林璋、佐々木勲人、徐萍飛, 2000,「寧波語文法概要」,『筑波

大学「東西言語文化の類型論」特別プロジェクト研究報告書』平成12年度Ⅳ。
林璋、佐々木勲人、徐萍飛，2002，『東南方言比較文法研究—寧波語・福州語・厦門語の分析—』，好文出版。
渡辺正数，1978，『教師のための口語文法』，右文書院。
渡辺実，1971，『国語構文論』，塙書房。
Hopper, Paul and Elizabeth C. Traugott，2003/1993，『文法化』，日野資成訳，九州大学出版会。
Comrie, Bernard..1976. *Aspect*. Cambridge: Cambridge University Press.
Milroy, J. and Milroy, L..1985. *Authority in Language: Investigating language prescription and standardisation*. Routledge & Kegan Paul, London.
Varo, Francisco..2000/1703. *Francisco Varo's Grammar of the Mandarin Language*. An English Translation by W. South Coblin and Joseph A. Levi. Amsterdam: John Benjamins.

图书在版编目（CIP）数据

追寻意义的足迹：汉日语言研究与探索 / 林璋著. -- 北京：社会科学文献出版社，2023.9
ISBN 978-7-5228-2314-0

Ⅰ.①追… Ⅱ.①林… Ⅲ.①汉语－对比研究－日语－文集 Ⅳ.① H1-53 ② H36-53

中国国家版本馆 CIP 数据核字（2023）第 152430 号

追寻意义的足迹：汉日语言研究与探索

著　者 / 林　璋

出 版 人 / 冀祥德
组稿编辑 / 赵　娜
责任编辑 / 李　薇
责任印制 / 王京美

| 出　版 / 社会科学文献出版社·群学出版分社（010）59367002
地址：北京市北三环中路甲 29 号院华龙大厦　邮编：100029
网址：www.ssap.com.cn
| 发　行 / 社会科学文献出版社（010）59367028
| 印　装 / 三河市龙林印务有限公司
| 规　格 / 开　本：787mm×1092mm　1/16
　　　　　印　张：25　字　数：319 千字
| 版　次 / 2023 年 9 月第 1 版　2023 年 9 月第 1 次印刷
| 书　号 / ISBN 978-7-5228-2314-0
| 定　价 / 168.00 元

读者服务电话：4008918866

版权所有　翻印必究